「実験」とは何か

科学・社会・芸術から考える

福島真人［著］

東京大学出版会

What is ‘Experiment’?:
Thinking through Science, Society and Art
Masato Fukushima
University of Tokyo Press, 2025
ISBN 978-4-13-010160-8

Σανάη,
Η αγάπη μου για σένα είναι σαν ένας μεγάλος ουρανός

はじめに

現代の世相をあらわすキーワードは多数存在するが、その中で、大騒ぎはされていないが、じわじわとその使用頻度が高まっている概念がある。それは「実験」という言葉である。自然科学では、実験は「理論」や「観察」とならぶ大きな柱の一つであるが、この実験概念が、象牙の塔を飛び越え、社会の多くの分野で使われる様になってきた。実際、自然科学に於ける実験法といった入門を超えて、社会科学等でも、実験経済や政治、更には、「組織実験が世界を変える」といった大見出しのついた経営学誌特集が出版されている。また交通実験の様に、官庁が率先してキャンペーンを行う場合も増えている。

とはいえ、こうした実験への広い関心は、昨日今日に始まったとも言えない。プラグマティズム哲学者のデューイ（J. Dewey）が試みた前衛的な教育システムは「実験学校」と呼ばれたが、それは一九世紀末、一八九六年に始まっている（メイヒュー・エドワーズ 2017）。また戦後、政策に関する新たな社会科学方法論で名を馳せたキャンベル（D. Campbell）は、「実験する社会」という概念を主張し、実験的手法を社会科学に応用することがもたらす、多くの利点について声高に論じている（Campbell 1991）。あるいは芸術領域でも、戦後すぐ、芸術の様々な領域を横断した日本の前衛的アーティスト・グループは自分らのことを「実験工房」と呼んでいた（西澤ら 2013）。

この様に、実験という概念は、社会の諸領域に広く浸透し、それぞれ独自の進化を遂げつつ実践されている。とはいえ、ラボでの実験、多様な社会実験、そして実験芸術の間に、言葉の同一性を超えて共通する要素というのは本当にあるのだろうか。本書は、こうした実験についての多様な実践／議論を通じて、そもそも実験とは何を意味する行為なのかという問いを、領域横断的に探ることを目的としている。

対象とする領域と時間の幅は膨大であり、とてもその全てを網羅的に検討することはできない。他方、その代表例を概観しただけでも諸領域における実験という概念、試みの内容は、力点の置き所が大きく異なっている。実際、隣接した領域でも、何が実験の実際の効果なのか、そもそも実験とは何を意味するのか、その理解がかなりずれている場合も少なくない。更に領域が離れるとその目標が真逆に見える場合すらある。

本書の目的は、実験という、極めて多様な実践様式を、複数の領域を横断して観察することで、それが社会全体に与える影響の意味を総合的に検証しようという試みである。その目的の為に、本書では大きく分けて三つの領域、則ち科学、社会、芸術という三領域に於ける実験の在り方を比較する。とはいえ、その量、質から言っても、これはある意味無謀な試みであり、それ故ここでは否定神学の顰みにならって、本書が「何でないか」という点を先に明らかにしておいた方がいいかもしれない。

まず、本書はこのテーマについての包括的な記述を目指していない。近年の実験ブームも相まって、どの分野に於いても、関係する議論は相当の量になる。本書はそうした多様な実践や議論の網羅的記述を目指していない。また紙面の関係もあり、社会科学の一部で近年称揚されている、実験政治学や実験経済学という分野は（それ自体大変興味深いが）ここでは扱われていない。また教育や経営学に於ける諸実験も、ここでは取り上げない。

本書で注目するいくつかの諸領域に於いても、必ずしもその分野の最新事例を扱っている訳ではない。分野によっては、むしろ発展の初期段階に注目して詳述している場合も少なくない。その分野で特徴的な実験理解が、その発展の初期に顕著に見られる場合も多いからである。現在、特定分野での最新事例を知りたい場合、それにふさわしい良書が多く出版されている。また、ある意味当然だが、本書は実験手続きのマニュアルでもない。科学実験のみならず、近年では各種の社会実験（例えば交通実験等）に関しても、そのプロトコルを解説する本が複数存在する。

では本書は何をめざすのか。一言でいえば、いまや巨大化した、実験をめぐる生態系についての、一種の知的探検記とでも言えようか。現代民族誌の範を作ったマリノフスキー（B. Malinowski）以前の人類学は、探検という装いで現地調査を行ったが、こうした探検は、特定地域の詳細な民族誌には明らかに劣る。とはいえ、未踏の地の全体的な在り方について、ある種の見取り図を作成するにはそれなりの功績があった。

同様に、個別の分野での実験論はそれなりの蓄積があるとはいえ、それらを横断し、その多様な顔貌をザックリと比較した研究はあまり見当たらない。本書の目的は、多様な実験概念とその実装についての、横断的探索・比較研究である。当然そうした探検では、特定地域を網羅的に探索することは出来ない。他方、そうした領域を超えた横断を行うことで、各所の特性を浮かび上がらせ、今まで見落とされてきた様々な問題のつながりを発見することは可能である。

こうした探検を支える道具、あるいは観測装置として、本書ではＳＴＳ（科学技術社会学）とそれが生み出してきた実験論を採用する。ＳＴＳは一九七〇年代後半から、欧米の一部で活発になってきた研究分野で、社会科学を通じた科学技術の動態研究と定義できる。この分野の国際学界や議論は年々活発になっている。本邦でも二〇年くらい前から輸入が始まったが、いまだに科学広報や技術倫理と言った分野が中心で、国際的ＳＴＳがもつ社会文化的な議論への広がりを欠く。その学的展開の中では実験（その概念および実践）の多様性についての議論も盛んである。本書が扱う、実験概念の横断的比較も、こうしたＳＴＳ的研究履歴と密接に関係している。

とはいえ、国際的ＳＴＳですら、現実に行われてきた様々な実験を構造的に比較すると言う試みはまれで、また現実の実験がＳＴＳの議論に部分的ですら影響を受けるようになったのはごく最近のことである。科学実験はもちろんのこと、多様な社会実験や芸術でのそれですら、ＳＴＳ登場以前にすでに多くの試みや議論があり、当然そこにはＳＴＳ自身が見逃してきた実験論も少なくない。とはいえ、特に国際レベルでは、二〇〇〇年代を過ぎたあたりから、諸領域における実験を論じる文脈の中に、ＳＴＳ由来の概念や枠組みが登場することが増えてきた。本書の各章に於いて、ＳＴＳの基本的枠組みや、それが当該分野に影響を与える様子も横断的に分析している。

本書は四つの章からなる。第1章は科学に於ける実験を論じる。ここでは特にＳＴＳ初期のラボラトリー研究、則ち実験科学の現場についての詳細な民族誌的、ミクロ社会学的な研究、それに呼応した関連領域の研究を基礎に、科学に於ける実験のもつ意味や、理論との関係の再検討といった議論の骨格を紹介する。こうしたＳＴＳの議論は、内部では実験と社会、あるいは実験と芸術といった、本章の構成に直接関係する議論に発展した一方で、関連領域、例えば科学史では、過去のラボラトリー発展史についての批判的再検討といった新たな側面を生み出した。本章では、特に実験を行うラボという特殊な社会的空間がどのように形成されたかについての近年の科学史（特に化学関係）の議論を紹介すると同時に、こうしたラボが組織化、あるいは近年のように巨大化するモメントについても、いくつかの事例を紹介し、後続章の実験概念との関係を概観する。

第2章は、社会実験にまつわる様々な潮流の紹介、分析である。この章は、本書中最も長い章でもあるが、その理由は、社会実験と一般に総称される領域が、その目的と手法に応じて極めて多様に進化しているからである。この章では、そうした多様性を概観するため、社会実験を、その目的が知識の獲得か、それとも社会参加の促進か、あるいは実際に社会に介入するか、間接的にそれを行うか、といった条件によっていくつかのタイプに分ける。そして、それぞれについて、初期の発展の様子を選択的に詳述し、相互に比較するという試みをする。実際、国によって、社会実験のプロトタイプが異なるという面もある。また近年では、より即興的、架設的な活動を強調する建築系の社会実験や、イノベーション政策との関係が深いリビングラボという活動も盛んで、脱炭素化政策とのつながりから、STSの技術発展論がその理論武装に応用されている場合もある。こうした多様な社会実験は、相互に強調点が異なり、それぞれに長所、短所があるが、それを概観するのが第2章である。

第3章は芸術分野に於ける実験を扱う。この分野、特に音楽に関しては、実験的という言葉の意味が、前衛的と対比されるなど、他の領域では見られない、独自の歴史的進化を遂げている。この点を理解する為に、特にその祖の一人とされるケージ（J. Cage）とその周辺の複雑に込み入った概念の密林に立ち入ると同時に、先行する章ではほとんど見かけなかった実験概念の独自の解釈の発展も詳述する。その中には、科学的実験のパロディという側面を強調する思想もある。言わば実験概念が極めて特殊に進化し、反・科学のような様相をえることになったとも言える事例である。

この章の後半では、ＳＴＳ的実験研究が芸術実験の現場と部分的に交差する様子を分析する。特に重要なのは artistic research と呼ばれる、芸術と科学（的研究）の融合を唱える動向で、特に欧州でその影響が強い。この背後には、その地に於ける芸術と高等教育政策との間の関係の変化がある。その文脈で芸術実験が多少奇妙な形でアカデミズム、あるいは科学実験と収束していく点を、ＳＴＳ概念利用の功罪も含めて論じている。

第４章はＳＴＳに於ける議論を中心とした総括である。先行する三つの章で緩く共通するテーマ、則ち理論と実験の関係、および実験をめぐる様々な制約の問題を取り上げる。ＳＴＳはその発展当初から、実験を理論（仮説）の単なる検証の手続きと考える実験観を批判し、その自律性と独自性を強調してきた。しかしそれが理論と完全に切断できるはずもない。ここではＳＴＳの一部が近年関心をもつ哲学的潮流を例に挙げて、ＳＴＳ内部に於けるこうした理論・実験関係にかかわる論点を概観する。特にそうした論点が社会実験、および芸術実験においてどのように理解されてきたかを論じる。

また実験には様々な制約がある。この点は私の「学習の実験的領域」（ＥＺＬ）論の基本テーマでもあるが、日々ミクロのレベルで行われる日常的実験は、その制約のダイナミズムによって内容が大きく変化する。本書で取り上げた多くの事例は、半ば公的に「実験」と呼ばれる場合も多く、その環境条件は必ずしも同一ではない。他方それぞれにおいて固有の制約があり、その点を議論する。

この章の最後は、実験の未来についての概観である。現在本書で取り上げた以外の領域でも実験的という言葉は大いに盛り上がっているが、それがかつて言われた「実験する社会」を意味するのか、また実験が何をもたらし、実験の結果に対して我々がどう対応するかと言った点から、その将来を考察する。

実験をめぐる生態系は極めて複雑であり、その中には砂漠もあれば密林もある。本書では時に応じてその両者とも横断することになるため、時に議論が煩雑になる。しかしそれは実験という考えにもともと内在する、ある種の複雑性の反映とも言える。そのことが実験についての考察を、とりわけ魅力的にもしている原因でもある。

実験とは何か・目次

第2章　社会実験

第3章　芸術実験

第1章　科学実験

序

1　実験の二つの顔

本邦を代表する基礎科学の研究所にあるバイオ系の研究室で、その活動をＳＴＳ的視点から勉強し始めた時の話である（福島 2017）。たまたま与えられた席の隣に座っていた分子生物学者と雑談していた時、あたかも全くのシロウトに教え諭すように、彼が「実験」には二種類ある、と言い出した（以下はだいたいの趣旨である）。「世間の皆さん［私のことらしい］は、実験というと特定の仮説を実証する為に、装置や手続きを完備して、万全の体制で行うものを想像しがちだが、それは実験の一つの形に過ぎない」「実験にはもう一つの顔がある。例えば他の研究者の発表を聞いて、面白そうだな、と思うと、研究室に戻って、自分なりにちょっと試してみたりする。こういう実験もある」と。彼は続けて、勿論前者のような厳密な実験もやるが、それは例えば色々試みて、最終的に論文をジャーナルに投稿する前段階として、そういうのも必要だ。しかしそれは実験室で行われる様々な活動の、ほんの一端に過ぎない、と。

当該ラボは、生物学と化学をカバーする新興領域で、基礎研究を踏まえつつ、創薬にもその触手を延ばす、野心的かつ組織規模も相当大きなものだった。その為、活動の全体像を理解するにかなりの日数がかかったが、その調査の入り口で聞いた、この「二つの実験」という考え方は、私自身のＳＴＳ的研究に対しても少なからぬ示唆を与えることになった。

ここで言う二つの実験のうち、前者の方、つまり環境を厳密に統制し、自由度をひたすら小さくしながら、厳密な因果関係を確定する試み、という定義が我々がラボでの「実験」をイメージする時のプロトタイプに近い。こうした狭い意味での実験概念について、心理学のような、自然科学と人文社会系の中間に存在する分野では、こうした実験的手法への批判も過去に随分と耳にした。生態学的妥当性という観点から、人工的な室内実験ではなくフィールドで明らかにされる現実が重要だ、という主張である。それは環境を人工的に統制してデータをとるか、それともより実情に則した状況下で人々の行動を観察するか、という違いである。

他方、前述した生物学者が指摘した「もう一つの実験」は、何かを具体的に試みてみるという、より緩いニュアンスをもったふるまいである。分野によっては、科学でもこうしたタイプの実験も盛んに行われている、ということだろう。厳密な形式の実験は、いわばそうした様々な試みの結果として登場するという訳である。

この「広い意味での実験」の感じを知るには、フランス語を見てみるといい。名詞レベルでは、フランス語には英語でいうexperiment（実験）とexperience（経験）の区別がなく、expérience（経験＝実験）の語が基本的に使われる[1]。まさに実験とはまずもって自分で経験することなのである。それゆえここでの実験は、即興やインプロビゼーションと言ったニュアンスも持つ。

2　観念と実体

さて、本書では科学、社会、芸術に至る異なる領域間の比較研究を行うが、こうした多領域の比較研究を行う際の固有の困難がある。その第一は、実験という概念と、実際の行為としての実験という二つの側面の関係である。同じ実験という言葉を使っても、その外延が何か、領域や歴史上の時期によって異なるという問題とも言い換えられる。歴史学や人類学等の分野ではよくある話だが、例えば、日本史に於いて「百姓」という言葉が、我々が一般的に理解するような農民を意味するのではなく、別の意味であれば、文書記録の理解が大きく変わってくるはずである（網野 2003）。

後に詳説するように、実験の場としての laboratory という言葉にも、それなりの歴史があり、しかもその言葉が指し示す内容が歴史的にもだいぶ変化している。また別の言葉が、同じ様な意味で使われたりもした。そこで行われる作業も、現在我々がイメージするのとはだいぶ異なる場合も少なくない。言葉も実践も、現在のそれに落ち着くまでに、かなりの紆余曲折があったという点が重要である。

こうした歴史上の変化に加えて、領域間に於ける概念上の差異という問題もある。例えば民主主義の様な概念も、その実践は国によって大いに異なる。インドネシアのスカルノ大統領が提唱した「指導される民主主義」というのは、もともとジャワの古典的な王権概念をスカルノが独創的な形で読み替えたものだが（土屋 1979a; 1979b）、これと西洋流の民主主義の間にどういう関係があるかはかなり議論の余地がある。またかつて私がジャワの灌漑について調査結果を報告した時、中国研究者がいちいちその内容に疑問を投げかけてうるさかったが、それは彼が考える中国の灌漑と、ジャワのそれが実はかなり異なっていたからである。同様の食い違いが、ここで扱う科学、社会、そして芸術という分野の実験についても起こる。まさにこの齟齬こそが本書の重要なテーマのひとつである。

3 実験への予備考察

実験という言葉は現在科学のそれを超えて、多くの分野で使われており、近年では社会実験という言葉が一部で流行っている。また、「実験する組織」について、ビジネス誌に特集が組まれたりもする。他方、特定の文脈では、実験という言葉に、微妙に否定的なニュアンスがない訳でもない。「実験」学校で有名な哲学者のデューイは、自分の学校に「実験」という言葉を使うことに抵抗があったという。子供をまるでモルモットのように扱うと誤解されかねないという懸念を持ったからである（メイヒュー・エドワーズ 2017）。実際、前に所属していた文系の研究所で、海外から頼まれた簡単な心理学的アンケートに対して、「モルモットになるのはいやだ」と逃げ回っていた変人研究者がいたが、デューイに似た感性を持っていたと言ったらほめすぎであろうか。

本書でいう実験は、非常に広く取れば、モルモット対象ではなく、あらゆる分野に遍在する試行錯誤の過程全体を意味する概念である。科学に於ける実験とは、それがある特定の方向に進化、先鋭化した制度的な成果でもある。こうした広い意味での実験を、私は「日常的実験」と呼んだ（福島 2022）。とはいえ、広い意味での試行錯誤という理解だけでは、本書で論じる実験には不十分だという点もいうまでもない。

実験にはいくつかの基本的要件があるが、それが何であり、適用される対象に対しそれらがどういう意味や効果を持つかは、本書全体を通じて探求する内容である。ちょうどウェーバー（M. Weber）が「資本主義の精神」を探求した際に、まず資本主義を暫定的に定義してから、漸次その正体に肉薄していったように（ウェーバー 1998）、ここでの定義はあくまで仮のものであり、解釈学的循環に於ける前理解の様なものである。

ここで暫定的に、実験的行為の基本的特徴をまず示しておく。実験とは、平たく言えば何かを単に思念するだけではなく、実際に試して見る、という振る舞いのことである。だが、特に科学等での文脈では、理論的想定（仮説等）に対する検証という意味で使われることも多い。但し後に述べるように、この両者の関係は科学に於いてですら一様ではなく、状況に応じて様々な関係性がありうる。一部で誤解がある様に、理論が常に先行し、実験はただそれを検証するだけ、というのは、理論—実験関係をかなり狭くとった誤解の一つと言える。

実験はまた、単発では終わらず、繰り返し行うことで、そこから学習する過程でもある。それは何かを試みる過程であるが、その結果を分析し、内容をフィードバックするというプロセスが常に必要である。しかし全ての領域でそうした学習過程が明示的に実行されているとも言えず、明らかに単発で終わるケースもある。

更に実験は、失敗のリスクを伴う。この失敗という概念は極めて多義的だが、現実に試してみることの効用に随伴する形で、想定した内容からの距離が大きいものを失敗と呼ぶとすると、たいていの実験は失敗し、その失敗自体が貴重な情報をもたらす。それゆえ失敗は学習の基礎である。他方、失敗は、文脈ごとに異なる意味をもち、それがもたらす否定的な副作用が甚大になる場合も少なくない。実験室での失敗は、その内部に封じ込めることが出来るのが普通だか、社会的文脈に置かれると、必ずしもそうとは言えなくなる。実際領域ごとに失敗の形態や、リスクを封じ込める体制が異なっている。あるタイプの実験はそれにまつわる人為的なリスクがほとんど存在しないが、別の場合は、想定される損害によって実験そのものが非常に困難にもなる。

実験は結果として新しい情報を産出するが、実験の目的が、そうした新しい情報だけなのか、それとも別の要因が係わるのか、といった点はそれぞれの領域において大きく異なる。特定の分野で実験という言葉が使われる理由の一つとして、「新しさ」という面を強調する為という場合もあるが、他の分野ではそれが前面に出てこない場合もある。

4　本章のアウトライン

さて本章は、こうした実験概念について、特に自然科学のそれを中心に議論するが、当然のことながらその領域は膨大であり、またそれについての全ての論説が本書の目的に合致している訳でもない。ここで主に取り上げられるのは、本書が基盤とするＳＴＳ内での実験論、あるいはラボラトリー論であり、またその議論との関係が深い科学技術史研究も議論の対象になる。

本章で取り上げるテーマは、大きく分けて五つの項目がある。まず最初に概観するのは、ＳＴＳに於ける実験、およびその場所であるラボラトリーについての研究群で、これについては私自身の著作も含め、すでにある程度の解説を行ってきた（福島 2017; 日比野・鈴木・福島 2022）。その中でも、後続の各章で繰り返し論じることになる基本概念については、それらとの関係も含めて詳しく論じる。特に重要なのは、ラボとそれを取り巻く社会や文化の関係についてのSTSでの一連の考察である。こうした研究は、後に社会や政治実験のそれとの関わりについて論じたり、ラボを芸術系スタジオに拡大したりする形で、現在の国際STSでも活発に議論されている。

第Ⅱ節では、こうした研究に影響を受けた、科学技術史的な研究の成果の一部を取り上げる。実験あるいはラボという概念／実践が歴史的にどう発展し、どの様に現在我々が考える自然科学の標準的な実験／ラボイメージに収束していったかという点である。

現在、これらの概念（特にラボのそれ）は多かれ少なかれ、科学実験室を前提として語られることが多い。他方、こうした概念が他の分野に拡大する際に、科学界での特徴が他の分野に丸ごと転写されるということはまれである。むしろそれぞれの分野で、独自の進化を遂げるのが現実であろう。この点が、科学外の多様な文脈に於ける実験とは何を意味するのか、という問いが興味深い理由だが、その点が概念的混乱の原因にもなりうる。

この節では、特に西洋科学史の周辺でこうした概念（ラボのそれも含む）がどのように推移してきたかという点について、近年の研究を概観する。特に興味深いのは、厳密な科学的実験と、より日常的なそれの関係がどのように変化し、固有の場としてのラボが、社会の中でどう生成し、周辺と分離してきたかという問いである。この点は、STSでも繰り返し論じられる、ラボと社会の関係という話とも呼応しており、第2章以降の議論の重要な前哨ともなる。

第Ⅲ節では、こうした比較的混沌とした状況から、我々が現在考える、いわゆる「近代的ラボ」の形成に大きく貢献した、ドイツの有機科学者リービッヒ（J. v. Liebig）のラボについて比較的詳しく検討する。第Ⅱ節で見る様に、現在我々が考える研究に特化したラボという特殊空間の起源については様々な議論があり、資料の欠如も含めて判然としない面も多い。他方、現在我々が知る標準的組織形態、つまり大学や研究機関の一部として、単に実験を行うだけでなく、研究者そのものの育成がセットになった仕組みを作った人々の一人が、リービッヒである。この点は、化学史のみならず、ＳＴＳのラボ研究に関心を持つ科学史家の間でも、必ずその重要性が強調されてきた。それゆえこの領域については歴史的、社会的研究の厚みもあるが、この蓄積を利用して、こうした近代的なラボが成立した背景、そしてそれがなぜ化学（特に有機化学）だったのか、といった様々な社会的含意を探っていく。実験という概念が高等教育機関とセットになったということは、後続する章で繰り返し問題になる、社会参加と研究、高等教育機関と実験の関係というテーマと密接に関係する。また第3章の芸術領域に於ける実験に関して、近年大きな問題になっているリサーチと芸術の関係という話とも繋がってくる。

　第Ⅳ節では、一転、ビッグ・サイエンスという、科学実験のスケールの問題を論じる。こうした実験（研究）の規模は、特に第二次世界大戦を契機に大きく拡大する傾向を見せ、それに関する論考も数多く発表されている。近年では、分子生物学等の勃興により、ビッグ・バイオロジーといった言い方をする場合もある。こうした実験規模の巨大化は、その運営組織、資金、拘束期間といった点で、いわば巨大スケールの実験をどう管理するかという、組織論上の問題を生み出す。ここでは、問題に対して臨機応変に対応するという実験のある側面が失われ、官僚組織的な側面が前面に出てくる。ビッグ・サイエンス関係の諸問題は、特に第2章で論じる社会実験でも似た様な問題を引き起こす面があり、実験の巨大化、硬直化に対する対応策が、科学と社会の両方の領域で並行して試みられている点も重要である。

第Ⅴ節では、実験がもたらす予期せぬ結果と、それによる研究過程の非線型性について論じる。実験は事前に予想をしなかった結果を生むことがあるが、それは一般にセレンディピティと呼ばれることもある。こうした偶然の結果がもたらす研究過程の蛇行は、ＳＴＳでは強調される点であり、そうした非線形性に対応する組織の柔軟性が求められる。またこの偶然性という概念は、特に後続する第3章では芸術創作の場面に於いて、大きな意味を持つことになる。

第Ⅵ節は、フィールド実験という問題をあつかう。実験科学がよくも悪くも人為的に統制された環境に於いて、厳密にデータをとることがその発展の一つの要因とすれば、そうした統制が難しいフィールド科学に於いて、研究者がその状況をどう扱い、その後のフィールド科学の発展にどう関係してきたか、という問題である。この点は、自然科学領域に止まらず、社会領域での実験と深く関係しており、本書第2章で扱う社会実験は、その大半が言わば社会的フィールドに於ける実験である。その意味で、この節は、本章と第2章を直接つなぐ、言わばかなめの様な役割を果たすのである。

I　STSにおける実験とラボ

1　ラボラトリー研究

さて科学に於ける実験については、科学哲学、あるいは科学史といった分野での多様な研究が既に存在する。本書がその分析の基盤とするSTSに於いて、実験（科学）の社会科学的実態調査という点で、それまでの研究と一線を画したのはラボラトリー研究と呼ばれる一連のミクロ社会学的、人類学的研究である。この分野の研究史については、別稿でもすでに詳述しているが（福島 2017）、通常その嚆矢としては、ラトゥール（B. Latour）と科学社会学者ウルガー（S. Woolgar）との共著が挙げられる（Latour & Woolgar 1979; 1986）。これは当時脳下垂体の分泌物質の特定に関して、ライバルであるシャリー（A. Schally）としのぎを削っていたカリフォルニア・ソーク研究所のギユマン（R. Guillemin）（後にノーベル賞を受賞する）のラボにラトゥールが滞在し、そこでの活動を民族誌的にまとめたものである。

このギユマン・シャリー間の競争についてはウェイド（N. Wade）が科学ジャーナリズムの視点から著作を物しているが（ウェイド 1992）、それを読むと科学ジャーナリズムとSTSの本質的な違いが分かる。ウェイドの著作はそこで起きた出来事を時系列に並べたドラマ仕立ての読み物であるが、ラトゥールらの

図1 ソーク研究所

それは通常の民族誌形式で、日常的な科学的実践の細部、例えば実験室内部の空間的な構造や、当該タンパク質のアミノ酸配列について、その決定過程が右往左往するプロセスを詳細に記述している。

この著作および、同時期に同じカリフォルニアのバイオ系ラボで行われた複数ミクロ社会学的な研究を手始めに、欧米では九〇年代頃まで、同様の研究が盛んに行われる様になるが、その内容はかなり多彩であり、対象とされる分野も異なる。同時期のそれに限っても、クノール・セティナ (K. Knorr-Cetina) のそれは、より社会学的、テクスト論的な色彩が強い。他方、リンチ (M. Lynch) は、会話分析的な手法に基づいて、科学者達が、曖昧、あるいは意外なデータに直面したとき、どういう言語的な反応を示すかという様子を微細に分析している (Lynch 1985)。

ラトゥールらの研究を含めて、こうしたラボについての詳細な民族誌的、ミクロ社会学的分析は、その後のSTSあるいはその周辺分野に大きな影響を与えたが、その影響は本書の各章でも見られる。直接的影響としては、科学を論じる際、それを理論物理学に代表される、理論レベルの特性に還元せず、比較的

第1章 科学実験————12

等閑視されてきた、実験科学現場でのリアルな活動に注目するという点である。

実験は具体的な時空間、装置、そして組織の一部として実行される。それは単に科学理論の形式的側面だけを論じても見えてこない特性である。また実験科学の活動は、収集されたデータから様々なノイズ（アーティファクト）を除去し、最終的には論文という形にまとめるまでの複雑な紆余曲折を含む。こうしたプロセスは、従来の科学史では、論文の内容を重視するいわゆるインターナリストと、科学実践の制度的な側面に着目するエクスターナリスト間の論争という形で、その立場が分岐していたが（e.g. 廣重 1972）、ラボ研究は、こうした論争を無効化する。ラボにおける論文形成のプロセスでは、その内容面と制度面が複雑に絡み合う様子が直接観察できるからである。

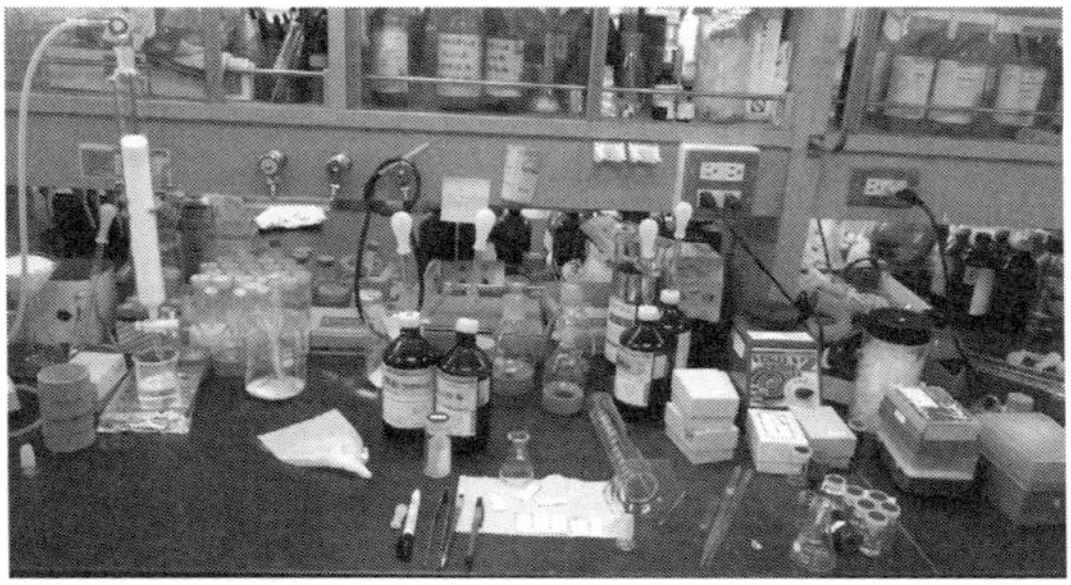

図 2　研究室内部

別所で詳述したように（福島 2017）、こうした初期のラボラトリー研究は、その後様々な方向にその内容が拡張された。その一つは、実験室で使われる様々な実験装置（research technology とも呼ばれる）を使う為の暗黙知的な経験の必要性や、その装置の働きをめぐる諸問題についての研究である（Collins 1985; Clark & Fujimura 1992）。さらに実験装置の開発と流通をめぐる歴史的なプロセスや、開発者のアイデンティティ問題（Joerges & Shinn 2002）といった研究もそれに続いた。

また複数のラボが相互にどう連動して研究が進むのかといった点に

ついても、多くの研究がなされた。その中で最も重要なのは、コリンズ（H. Collins）による、「実験者の無限退行」という懐疑論的な主張である。これは特定の実験結果に対し、他のラボが再現実験を行う場合に起こりうる問題についての議論である。最初の成功報告に対して、次のラボが行う再現実験の結果が同じく成功であれば問題はない。しかし結果が異なる場合、問題が生じるとコリンズは指摘する。次のラボは「同じやり方でやったが再現出来なかった」と主張するのに対して、最初のラボは「いややり方が違っているから再現出来なかった」と反論出来るという話である。こうした齟齬が生じるのは、複数のラボに於いて、装置、手続き、そして技量が完全に同じというのは現実にはあり得ず、そのどこかで違いが生ずるからである。それゆえ反論側は、同じなのに再現できない、といい、発見側は、いや違うから失敗した、と言いかえせる。仮に第三のラボが参入しても、問題は解消されない。これが実験者の無限退行であるが、原理的にこの問題に解決策はなく、現実には様々な状況的（社会的）な条件によって話が収束すると彼は主張する（Collins 1985）。

　これは、再現実験が持つ微妙に社会的な性格についての議論である。その他の研究としては、共通の実験装置と理論枠組みをもとに、複数のラボが特定のテーマに向かって一斉に動く、いわゆる「バンドワゴン」についての研究（Fujimura 1996）、あるいは医療において、研究と臨床の間に出来つつある強力なゾーンとしての（バイオ医療的）「プラットフォーム」と言った研究がある（Keating & Cambrosio 2003）。

　他方、ラボとその活動についての研究が進むにつれ、初期のラボラトリー研究の限界も多く指摘される様になってきた。例えばラトゥールらが調査したギユマンのラボは、政府から多額の研究資金を獲得している、言わばかなり特権的なラボであり、そうした政治経済的な側面は彼らのラボ研究には全く反映されていない（福島 2017）。ただし、別稿で詳しく述べたように、ラトゥールの学問的背景は聖書解釈学と哲学であり（福島 2023）、ラボ活動における、政治経済的な背景が彼の関心を全く引かなかった可能性は高い。こうした政治経済的な制約に関心があるクラインマン（D. Kleinman）は、製薬会社との関わりで研究するバイオ系ラボにおいて、研究の内容が製薬会社の知財戦略によって大いに制限される様子を詳細に分析する（Kleinman 2003）。なお、本邦ではＳＴＳという分野の紹介そのものが、科学史あるいは科学哲学系が中心に主導されたという点もあり、どちらかというとＳＴＳ学説の紹介といった話が主流で、ラボラトリー研究の様な、いわゆるＳＴＳの基礎研究に当たる部分を等閑視する傾向があった(3)。

私自身の研究（福島 2017）は、元来抗生物質研究を基盤とするラボに関するもので、基礎科学系の研究所の一部として、その領域では四代にわたる長い歴史的な来歴を誇る研究室であった。研究分野の組み換えが激しいこの研究所の文脈では興味深い履歴だが、抗生物質研究は、当時既にそのピークを過ぎ、研究テーマの再構築が必須と考えられていた。こうした中で、当該ラボでは、研究内容をケミカル・バイオロジーという新興領域へとシフトすべく努力していた。さらに研究所としても、創薬に参加しようとする気運が高まっており、研究分野と制度面の二つの領域での大きな変化に晒されていた。

この目的の為には、バイオ系と化学系の密接な協力関係が必要だが、それぞれの研究関心とラボ全体の研究方針の間にはギャップがあり、また知識や関心の分布にはかなりの濃淡の差があった。実際、バイオ系と化学系の科学観の違いは、それ自体が興味深いテーマである。またケミカル・バイオロジー自体、創薬に直結するのか、それともより基礎的な研究を目指すのかという点について、解釈にかなりの幅があった。これらの要因が日常的な業務のパターンにも影響を与えていたのである（福島 2017）。

ラトゥールらの古典的研究は、ラボを取り巻くこうした諸関係を分析していないが、彼らが事実上無視した重要な先行研究を見ると、彼らが何を見過ごしたのかも分かってくる。それは彼らよりも十年近く前に発表された、アメリカの実験的な精神医療センターの調査である。著者のペリー（S. Perry）はアメリカ精神分析医サリバン（H. S. Sullivan）の薫陶を受けた最初期の科学社会学者で、マートン（R. Merton）による科学の規範構造論を前提として、ミクロ社会学的な現場研究を行った。この研究は、当時まだ禁止されていなかったＬＳＤを統合失調症患者に投与するという実験的治療法に関して、その治療チームの一員として参加し、その詳細を記録し分析したものである。この斬新な治療法（？）に対し、患者が予想外の苦痛の反応を示し、その結果治療チームは動揺し、研究計画が二転三転したのである。ペリーには精神分析の背景があり、その民族誌では困難な研究を前にした研究者の感情の動き（情動的ダイナミズム）を詳細に記録している。これは実は最近のＳＴＳで取り上げられるようになったテーマでもある。当時としては非常に先駆的だったが、それゆえ後続のラボ研究からは完全に無視された（Fukushima 2020; 福島 2022b）。

2　ラボとその外

国際的ＳＴＳ内部では、ラボをめぐる詳細な研究は、その後複数の異なる分野での知見を積み重ねたが、そのピークはだいたい一九九〇年代くらいである。その後こうした研究は、一方では実験概念の拡大、つまり政治や社会全体を含んだ、より広い範囲での実験の考察という方向（第2章と密接に関係する）、他方では、ラボのミクロ社会学的研究という関心を、別の領域、たとえば芸術やデザイン分野でのスタジオへ応用するといった流れ（第３章）になって行く。

ラトゥール本人は、ＳＴＳ内部でこうしたラボラトリー研究の端緒を開いた訳だが、本格的にアクターネットワーク理論形成への集団的な営為に参加する。ここでラボ研究時には無かったネットワークという分析概念が、その後の彼の研究に頻出するようになる（福島 2023）。そうした立場から、ラボと社会の関係を考察したのが、国際的ＳＴＳではよく参照される、Give me a laboratory（Latour 1983）という論文である。その後このタイトルをもじって Give me ○○, and I will ××というタイトルの一連の論考が発表されるようになる。(4)

この論文のポイントは、ラボの生産物である知識が、社会的な影響を持つ為の条件である。この議論の前提として、ラトゥールはまず、その外部社会に比べラボの内部では、認識論的に特別なことが行われている訳ではない、と主張する。つまりもともとラボでの実験結果が、最初から外の世界に対して（認識論的に）優越しているから、それが影響力を持つ、という訳ではないという。むしろ、ラボの外部での問題がラボで処理され、さらに外に戻されると言う形でつながりを持つときに、ラボが梃子の様な形で、社会的な影響力を持つのだと（Latour 1983）。

この論文は、ラボを外界に対して、比較的閉ざされた単位として取り扱う傾向にあった初期のラボラトリー研究に比べ、それをラボ外との関係で再定式化したという意味で、その後しばしば引用されることになった。他方この図式に異議を唱えるものもいる。例えばこの図式では、実験という行為については、ラボが主体で、ラボ外部はあくまでそれと関係づけられることで、実験の（社会的）意味が定着するとされる。この議論に対して、社会に於ける実験という、より大きなテーマに興味を持つ論者の一人であるグロス（M. Gross）は、この図式を批判し、むしろ社会内実験が先にあり、ラボでの実験はそれに続くと主張している（Gross 2016）（この詳細については第2章で詳述する）。少なくとも、こうした議論は、国際STS内部でも、実験概念をラボに限定せず、それを取り巻くより大きな社会的文脈で考えようとする傾向を反映している。それが第2章で扱う社会実験についてのSTS系の関心につながっていくのである。

Ⅱ　実験／ラボラトリー概念の系譜学

さて、ここでこうした国際的ＳＴＳのラボラトリー研究に触発された、周辺分野の議論を見ていくことにする。

1　内包と外延

日本語の実験という言葉はもともと英語の experiment の訳であるが、この原語自体はラテン語の experimentum、あるいは experiri、つまり「試してみること」という言葉に起源がある。同じ言葉から派生したものに、experience（経験）や expert（専門家）といった言葉があるが、内容的な関連は明らかであろう。序で触れたように実際フランス語では、経験と実験という二つの区別が無く、名詞では一つの単語（expérience）が使われる傾向がある。

この歴史的変遷は、実験という言葉自体に何重もの層があることを示すが、この点は本書の議論にも重要な意味を持つ。様々な分野を横断して、実験のあり方を考えるという本書の試みそのものが、実験という言葉がもつ、何層もの意味論的構造の影響を受けるからである。特に西洋科学思想史といった分野では、科学に於ける実験についての、哲学的主張や解釈についての多くの研究があるが、ＳＴＳとの関連から言うと、ここまで論じてきたラボラトリーという社会的な特殊空間についての議論がより興味深い。

こうしたラボ実践が、どのような変遷をへて現在に至ったか、という歴史的研究は、本書とも深く関係するが、実はこうした歴史的研究は（科学史学者達が自ら認めている様に）盛んという印象がそれほどない。それはこうした研究には歴史学固有の困難があるからである。その一つは、過去の実践を再現することの方法論的な困難である。過去の歴史的実践は直接観察できないので、残された資料から再現するしかない。ラボノートや実験装置についての記録等が残っていればある程度の再現は可能であろうが、資料がなければ、その実態は間接的に推測するしかない。

もう一つの問題は、歴史を遡るにつれ、実験（experiment）や実験室（laboratory）といった言葉が指し示す外延が、現在我々が考えるそれとは異なってくるという点である。現状ではこの experiment という言葉は、科学に関係というニュアンスが強いが、歴史的に遡ると、はるかに広い意味で使われている。例えば、フィールドに於ける実験の意味を論じたコーラー（R. Kohler）は、こうした実験概念を『ノヴム・オルガヌム（新機関）』といった実験擁護論で有名なベーコン（F. Bacon）から始めているが、ここで使われる実験の意味が、現在のそれよりもはるかに広いと指摘している（Kohler 2008）。

歴史学者達によれば、ラボラトリーという言葉が現在で言うような意味として確立するのは、ほとんど二〇世紀に入ってからだという。多くの初期的な実験は自宅で行われたが、それ以外にも教会、修道院、あるいは公衆の面前や路上、といったものもある（Gooding et al. 1989）。例えばニュートン（I. Newton）の光の屈折にかかわる実験は明らかに自宅で行われており、他方ボイル（R. Boyle）の法則に関係する真空実験はしばしば公開の場で、一種のエンターテイメントとしても行われた（神山 n.d.）。実はこの公開実験と、いわゆるラボで行われる実験の意味の差異は、後にＳＴＳ研究者達が科学者／公衆（the public）との関係でしばしば論じることになるが、その点は後述する。

現在科学実験とラボは半ば不可分の関係にあるように見えるが、歴史を遡れば、その関係はかなり曖昧で、意味論から見ても、多様な要素がその関係の中に含まれていた。ラボラトリーと言う単語の中のlaborという部分が現在、労働という意味で使われていることからも分かる様に、この語は元来、様々な作業をする場所、というかなり一般的な意味で使われていた。実際、原語であるlaboratoriumは、一四世紀ごろから使われ始めた言葉で、もともとは修道院における作業場を示し、scriptorium（写本する場）、dormitorium（僧院）といった語との対比で使われた（Schmitgen 2011）。

図3　化学ラボの原形？

一六世紀になると、この言葉の意味が変わってくる。興味深い例としてデンマークの天文学者ブラーエ（T. Brahe）のラボが挙げられる。望遠鏡があった彼の城は三つの部分からなり、そこには私的天文観測所である上階、データの計算を行う中階、そして錬金術の作業を行う地下室があった。別々の機能を持つ空間が一つの場所に同居していたのである。興味深いのは、この天体観測と錬金術がマクロ・コスモスとミクロ・コスモスの両方を同時に研究すると言う意味を持っていたという点である（Schmitgen 2011）。

この時期を過ぎると、laboratoriumという言葉に、錬金術、薬局、さらに冶金術等の作業場という意味が加わる。多くの道具や資材、薬品等に囲まれたある空間が、こう呼ばれるようになるのである。ここで興味深いのは、この時期のラボラトリーという言葉には、現在で言う「化学」との関連性を思わせる部分が多いという点である。化学史家のクライン（U. Klein）によれば、この言葉の中心的な意味は、一六世紀は錬金術、一七世紀は薬局が中心で、学術的、職人的な両方の意味で化学とそれにかかわる場所という意味合いが強い。一八世紀になると、この言葉は様々な意味で物質の変換にかかわる作業を司る場所、則ち化学、薬局、兵器倉、冶金学、造幣局、染料や陶器工場、蒸留所や香水工場等を示すようになる(5)（Klein 2008）。またグッデイ（Gooday 2008）によると、この時期、ほぼ同義として用いられていた言葉にelaboratoryという言葉がある。これは特定の試料を加工洗練する（elaborate）作業をする場所の意味である。

歴史的に見れば、このような作業場である当時のラボは、周辺社会との連続性が強く、実際多様な場所がラボラトリーと呼ばれていた。また学術的／職人的といった対比も曖昧で、研究と言えそうな部分と、商業的な活動（例えば薬局や製品の作業場）との間に、厳密な区分は無かった。前述した様に、このラボラトリーという言葉が、現在の様な意味で使われる様になるのは、実に二〇世紀になってからである。

2　実験の別の場

ここまでは、ラボラトリーという単語を中心に、その含意の変化を見てきたが、逆に「実験的」活動そのものに焦点をあてると、それが行われた場所は歴史的には非常に多様だったと研究者達は指摘する。実際初歩的な実験が行われる場としては、自宅、教会／修道院、公共の場等々多くのバリエーションがあった（Gooding et al. 1989）。ある程度制度化されていたレベルで言えば、シアター（theatre）という場も重要である（Klein 2008: 772）。現在でも英語で手術室のことをoperation theatreと言うが、この語には専門的作業を公開の場で行うというニュアンスがあり、教育上の目的が中心である。こうしたいわば公開実験の場としてのシアターに対して、ラボという社会的装置が段々と分離、隔離されていく。近代化学の文脈でこうした実験室の組織的改革を行ったのはドイツのリービッヒ（J. Liebig）だが（後述）、モリス（Morris 2015）によれば、それ以前の著名な化学者、例えば英国のファラデー（M. Faraday）に於ける実験は、基本的に講義室に於ける教育用のそれを意味していた。これも一種のシアターの延長と言える。

実際の作業の場としてのラボと、一般への公開、教育的目的を基本としたシアターという弁別に近い話は、STSでも論じられており、本書でも度々その違いが問題になる。コリンズとピンチ（T. Pinch）は、公開の場での自動車衝突実験について分析したが、もともとこの実験は、そうした衝突に耐える性能を公開の場で「実証」する予定だった。しかし、予定に反して爆発炎上してしまい、メディアの恰好の餌食になった（コリンズ・ピンチ 2001: 第三章）。

コリンズらは、本来の実験と公開の場での実験との間の大きな違いを指摘している。期待に反して爆発したのは、公衆に成功を印象づけるという広報戦略としては失敗だが、エンジニアにとって、この結果は多くの貴重な情報を含んでおり、その意味ではこの実験は成功だったのである。実験室的な意味での実験と、こうした公開実験（あるいはデモンストレーション）は、その成功・失敗の意味が異なるのである（コリンズ・ピンチ 2001）。歴史的には、科学上の実験／エンタメとしての公開実験、あるいはシアター／ラボという対比として現れるが、本書でもこの差異は、特に社会実験という文脈に於いて重要な意味を持つことになる。

こうした対比に加え、ラボという言葉と微妙な関係がある別の言葉は、ワークショップ（workshop）である。この言葉は作業場、工場といった、人がものを作る現場という意味で、工房と訳されることも多い。ある時期、この語もラボラトリーという言葉と交換可能な形で使われていた。しかし自然科学がその権威を増して地位を向上させ、新たな知識の産出の場というイメージが強化されるのと並行して、片方が科学的実験、もう一方が工芸品や工業用品を作る現場という形にニュアンスが変化してきたのである。

現時点で興味深いのは、ワークショップという言葉が、教育の現場では新たなモデルとしてブームになっているという点である（e.g. 苅宿他 2012）。紙幅の関係上この点には深入りしないが、ワークショップという言葉がもつ、共同的な創発性のようなニュアンスが一般受けしているのであろう。しかし実はこの点は、ラボに於ける実験にも言える側面であり、本書での実験は、共同作業による創発的な行為という意味合いを強く含んでいる。この二つの概念の近接性は、意味論の歴史的展開の過程でも見て取ることが出来るのである。

歴史を遡ると、実験およびラボラトリーの概念は、近傍の類似した概念と複雑に絡み合いつつ、次第に専門分化する方向へと進んできた。実際、現在のラボ（実験室）で行われる、諸条件の厳密な統制下による実験という狭い定義からのみ実験を考えると、同じ自然科学の分野でも、フィールド科学でのそれはその範疇からはずれてしまう。また社会や芸術に於いても、最も狭い意味での実験が可能な領域はあまり存在しない。

他方、こうした狭義の実験／ラボ概念が定着する以前は、これらの概念は周辺のそれと緩やかに交わっていた。こうした概念の外延を辿っていくと、今では分離した多くの事象の間に、今まであまり気がつかなかった連続性が見えてくるのである。

3　ラボと社会の分離

他方、複数の研究者は、特にこの初期化学とその周辺に於いて、ラボという特殊な空間が、周辺社会から分離し、自律性を持つ様になったと考えている。現在我々が考えるラボ空間の特殊性の始まりである。クライン（Klein 2008）はこうした分離の理由として、四つの原因を挙げている。まず第一に、こうした化学系の作業では炉を使用し、煙突、水、燃料、といった一連の装置や材料が必要であること。第二に、こうした作業によって発生する煙、臭い、さらには有害物質により、専用の空間がいる。第三に、化学的作業は多くの工程を伴い、それに必要な試料や器具を保管する空間の必要性。そして第四に、こうした現場では、多くの試料に対して長期的、連続的な作業が要求されるが、そのための場所がいる、といった点である。

ここに科学的実験の原初的な特徴が現れているが、その一つは、長期的な研究活動という点である。クラインが指摘する様に、特に化学の実験に於いては対象の反応を長期的に観察する必要があり、専用の空間は不可欠である。もう一つは、実験に関わる危険、あるいはリスクの問題である。薬物を用いる化学実験は、有害物質の発生や爆発と言った複数のリスクがある。現在でも、大学の教授会等での事故・インシデント報告のかなりの部分は科学実験に由来する。また後に論じるドイツのリービッヒといった有機化学者も、若いころは私的な実験の過程で、何回も爆発事故を起こしている（Brock 1997）。そうしたリスクのため、特に化学の分野で、ラボという言葉は他の周辺社会から自立した、独自の空間と言う意味を持つようになったというのがクラインの主張である（Klein 2008）。

このクラインの指摘を、ラトゥールが主張する、ラボの独自性の否定（Latour 1983）という主張と照らし合わせてみるのも面白い。前述したように、彼はラボに於ける認識論的固有性を否定し、ラボの力の源泉を周辺社会での問題との関連性を確立することとした。この議論を初期ラボの歴史的議論と重ね合わせてみると、実際、ラボと社会の間のある種の連続性があること自体は間違いない。それは当時のラボラトリーという言葉が持つ外延の広がりからも想像できる。他方ラトゥールが主張する様に、ラボの内と外が全て連続的だった訳ではない。そこで行われる作業（今で言えば実験）に関して、社会との間の境界線が必然的に生じてきたのである。それはラボ内作業の特殊性、専門性と同時に、実験的行為にかかわる様々なリスクの回避、それによる境界線の生成という面も否定出来ないのである。

Ⅲ　近代的ラボの原型

1　リービッヒ・ラボとは

さて、この「作業する場所」という緩い意味合いだったラボが、現在我々が考える、大学や研究所、企業等の中にある研究中心のラボというイメージに変化した要因の一つは、ドイツの有機化学者リービッヒがギーゼン大学につくったラボを以ってその嚆矢とする、という点は多くの歴史家が認めている。その基本は、実験を通じて学生を訓練し、専門家集団として再生産する制度的な仕組みの誕生である。実験を通じた次世代研究者の養成という特徴は、本章では後続するビッグ・サイエンスの問題と関係し、実験規模の巨大化が人材育成に深刻な悪影響を与えるというテーマとして登場する。こうした特性を考えるためにも、組織的人材育成の基礎を作ったリービッヒ・ラボの特徴は論じるに値する。

加えて、リービッヒを敢えて取り上げるもう一つの理由は、私が以前長期調査したラボが、リービッヒをその始祖の一人とする農芸化学に関係するラボだったからでもある。ただしこの分野は、日本に導入されると原形を超えて、独自の発展を遂げていったが（福島 2017）。現在我々が考える、ラボ＝研究のための実験の場所、という性質を考えるうえでも、近代的ラボの創設者であるリービッヒとその周辺の様子を多少詳しく見てみることにする。

2　リービッヒの来歴

リービッヒは一八〇三年にダルムシュタットの薬種商の子として生まれ、小さいころから化学に親しむ環境にいたが、古典教育中心のギムナジウムに馴染めず退学し、薬局で徒弟奉公をした（Brock 1997）。その後ボン大学で化学を学ぶが、当時の欧州化学研究のセンターであるフランスに留学し、そこでドイツの博物学で有名なフンボルト（A. Humbolt）に出会う。その紹介で近代化学の祖の一人ゲイ＝リュサック（J. Gay-Lussac）の研究室に所属し、有機化学の基礎を学んだ。当時の有機元素分析法は、正確だが時間が恐ろしくかかったため、帰国後リービッヒは七年かけてより迅速な分析が可能になる装置を開発した。それが五個のガラス球からなる「カリ球」という装置で、これにより資料分析が他の装置に比べ五〇倍弱のスピードになったという（Brock 1997; 島尾 2002: 59-60）。

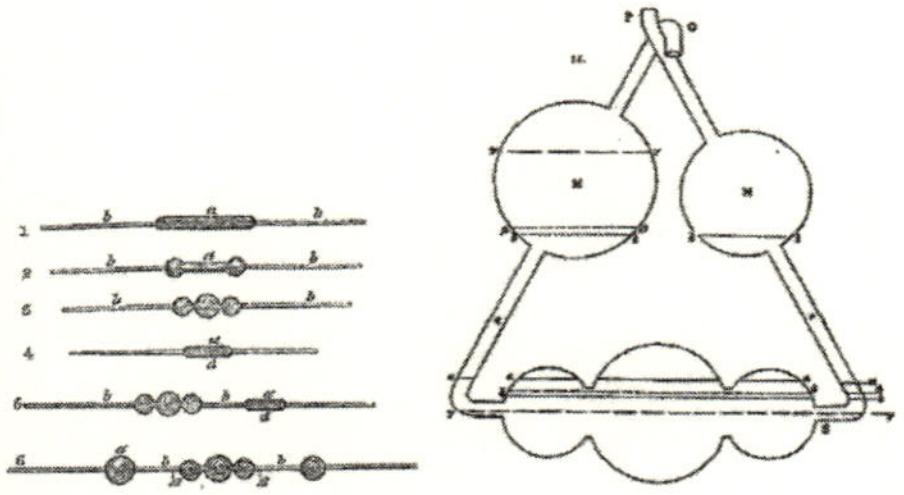

図4　カリ球

彼は有機化学の研究から入り、その後農芸化学、動物化学、さらには食品加工産業にも貢献している（島尾 2002: 64-69）が、必ず指摘されるのが、前述した、現代のラボにつながる組織を生み出したという点である。

実際、モレル（Morrell 1972）は単に大学に於ける化学のラボという意味では、リービッヒ以前に一八世紀末のパリや、一九世紀初頭のドイツの他の大学でもそうした試みが無かった訳ではないと指摘している[6]。そこで登場するのがリービッヒだが、そのラボについて丸々一冊を献じている山岡（1952）は、リービッヒ以前の化学教育について諸国の事情を詳しく記載し、ドイツおよび近隣諸国でも、ごく少数の学生をラボに入れて実験をさせたケースはあると指摘している[7]。他方、リービッヒの貢献は、研究者の再生産の場所として、ラボという装置を大学という教育制度の中に埋め込み、それに相応しい組織形態を確立したという点である。現在の（特に大学での）ラボは、研究と教育（実習、研究者育成）という二つの目的が同時並行して進む。こうした組織的な形態の源流がリービッヒのそれだという。山岡は、このラボの在り方（これをある伝記作家の言葉を借用して「学生実験室」と呼んでいるが）、について以下のように強調している。

「たとえ学生を自分の実験室に入れることがあっても、それは例えば、既に薬局かどこかで勉強してきたか、化学の実験に多少熟練しているところの、特志《ママ》の勤勉な一人の学生に、自分の研究を手伝わせ、或はこれに参加させるような場合のことであって、しかもこれさえも、全く異例の優遇と云わなければならないのである。」（山岡 1952: 97–98）

山岡（1952: 98）は続けて、一八二四年にささやかに設立されたこの「学生実験室」の効果は絶大で、ドイツ内外からギーゼン大学の実験室に学生が殺到し、適切な化学実験室をセットにして有力化学教授の招聘を行うという動きがドイツの他大学にも波及したと言う。モリス（Morris 2016: 92）も、リービッヒは、有機化学の発展の為には、彼自身が開発した技術を使って、信頼できる結果を生み出せる化学者を訓練する必要がある、という点をよく理解していたとし、そこで生み出されたのが、画期的な訓練空間としてのラボである(8)。

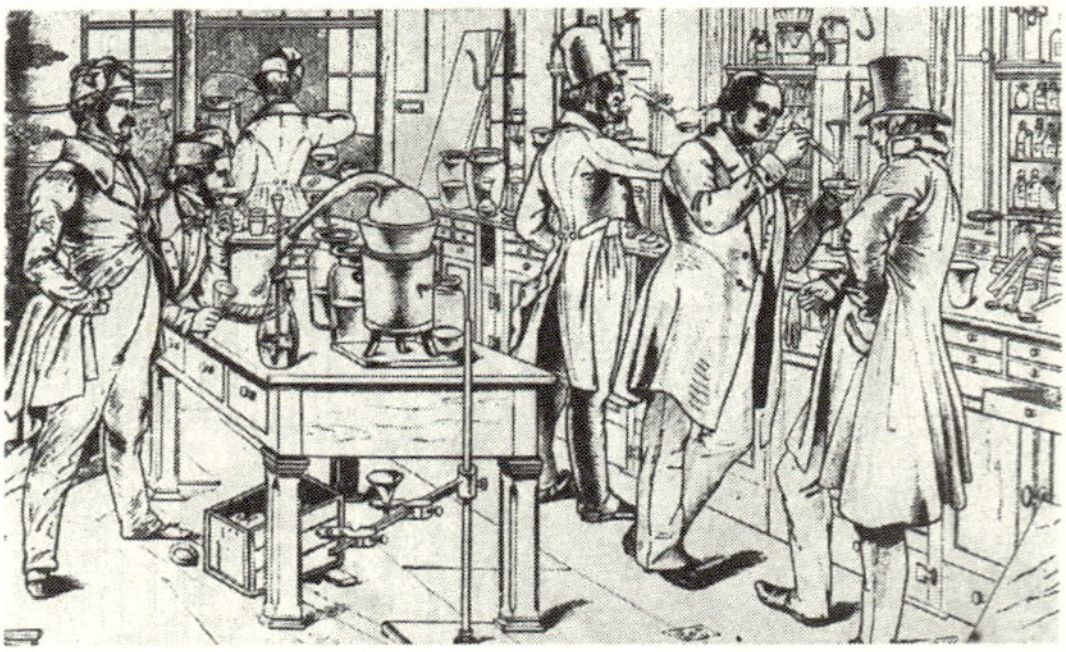

図5　リービッヒ・ラボ

3　教育組織としてのラボ

山岡（1952: 113–114）は、この学生実験についての記録を詳しく集めているが、まずは学生訓練用の練習実験で、定性分析により物質の色を知り、段々と複雑な材料に移行する。次に定量分析、さらには化学薬品の製法を実習させる。そうした基礎が出来ると、教官に課題を与えられ、自分一人でそれを解くことが求められる(9)。大学の学科課程として「化学実験」が取り入れられ、二〇名の学生に同時に実験を練習させるというのは史上初の試みで、前例も無いため、全て暗中模索のまま行われた（同右 118）。本書の言い方でいえば、これ自体がまさに教授法の「実験」だったのである。更なる仕組みとしては、研究助手による丁寧な基礎技術の教授に加え、学生のモチベーションを高めるために、リービッヒは懸賞課題を出し、優秀者には様々な賞品（白金の実験用ナイフなど）が与えられ、リービッヒ本人も驚くほどの効果をもたらしたという（同右 116–119）。

実験室になった空間は、旧兵舎をリービッヒが個人的に改造したもので、最初の受講者は薬学志望の一二名、週六日、八〜九カ月続く課程が、パリやロンドンの四分の一の費用で可能であった。一八三三年に、大学側がこれを公的施設と認め、三〇年代後半には化学系が薬学系を上回る。一八三九年の第二次増築後は、学生はドイツを超えて、欧州ならびにアメリカ、メキシコからも集まり始める。推定では、総受講者は薬学三〇〇人、化学四三一人、留学生は、一四カ国、一九四人に達したという（島尾 2002: 61-62）。

4　リービッヒ・ラボの政治経済的背景

リービッヒ・ラボの学問的、社会的成功は顕著であったため、その成功の原因について多くの科学史家（特に化学史）が詳細な分析を残している。化学史の一般的な解説書では、リービッヒの貢献の一つは、学派（research school）を形成したこと、と指摘する議論は多い（山岡 1952; 島尾 2002）。モレル（Morrell 1972）はこの点について、ほぼ同時期にエジンバラ大学で無機化学のラボを持っていたトムソン（T. Tomson）のケースと比較している。二者間の相違点をまとめると、①研究分野、②教育、③必要技術、④出版、⑤学内権力、⑥学生との関係、⑦資金といった点である。

ラトゥールは、パスツール（L. Pasteur）がフランスであれだけの影響力を持ったのは、当時彼の周辺に存在した様々な資源（その中には人もモノも含む）を戦略的に活用したからだという分析をしているが（Latour 1988）、この議論に倣うと、様々なネットワーク上の諸関係をうまく利用したのがリービッヒで、失敗したのがトムソンということになる。とはいえ、これら多くの条件の中には、本人が操作可能でないものも少なくない。例えば①研究分野については、リービッヒが選んだ有機化学というのは当時まだ研究者も少なく、ライバルもいなかったため、その分野に進出すると、すぐさま頭角を現すことが出来た。他方、トムソンの無機化学は当時すでに群雄割拠の状態で、彼の書いた本が後にその記述の間違いを批判されたりしたという（Morrell 1972: 8-17）。ラトゥール流に言えば、「クレジット・サイクル（学的信頼性の向上のパターン）」（Latour & Woolgar 1979）に関して、リービッヒのそれがうまく上昇機運に乗ったのに対して、トムソンのそれは勢いにうまく乗れなかったのである。

また③必要技術という点は、前に紹介した、分子生物学におけるバンドワゴンの形成と、それを作るための基本的な理論と使いやすい分析道具のセットという話に似ている（Fujimura 1996）。リービッヒの開発した燃焼分析（それとデュマの窒素同定技術）という方法は、学生にとってマスターしやすく、多様な対象に利用可能であったため、学生をトレーニングするのに役立ったという[10]（Morrell 1972: 26-27）。他方トムソンはそれほど実験中心と言うわけでもなく、学生の関心もバラバラで、組織性を欠いていた（同右 20-26）。フジムラ風に言えば、前者のみが「やれる科学」（doable science）に参入することができ、バンドワゴン形成が可能になったのである[11]。こうした諸要因により、リービッヒに忠実な学派が形成され、ドイツおよび世界各地でその影響を拡大すると同時に、自分がコントロールできるジャーナルの創設により、その学説自体を広く流布できた。他方、トムソンはそうした気運に乏しい。学生との距離感があって一体感を生めず、宣伝用媒体もないため、リービッヒのそれに該当する学派を形成できなかったとされる（Morrell 1972）。

ただし、こうしたリービッヒ英雄史観と言えなくもない議論に対して、より社会構造論的な反論も盛んに提出されている。例えばロック（Rocke 2003）は、ギーゼン大学とヘッセン・ダルムシュタット州が当時意図していた大学近代化への意志、その為の積極的な人材確保の計画、また産業政策の一部としての薬学の振興（当時化学教授は薬局との関係が深く、そのネットワークの管理もその責任の範疇にあった）といった様々な政策的思惑を強調する。そうした背景からリービッヒが厚遇され、その試みが地方政府から支持されたと主張している。

リービッヒの成功を個人英雄史に還元するか、当時の社会文化的な環境の中で論じるかについては様々な立場がありえるが、興味深いのは、こうした新形式のラボが、周辺諸科学でも同じ様に可能だった訳ではない、という点である。例えばロック（Rocke 2003）は、物理学や森林学に関して、ギーゼン大学が、物理学や森林学の新型ラボを設立しようとしたが、前者では学派の形成には至らなかった一方で、後者ではかなり強力な研究センターを設立出来たと指摘する。物理学等と比較しても有機化学が、日常生活との連続性が強く、理論と応用が連続的につながっていることがリービッヒ・ラボ組織化の要因としている(12)（同右）。この点に関して、歴史家のチャン（Chang 2017）は、化学が独自の領域として、簡単に隣接領域、特に物理学に還元されない理由として、化学が最初からモノをつくるという行為と密接につながっており、錬金術に始まり、医療、薬学、冶金、そして化学産業という形で常に基礎と応用が密接な関係があったこと、さらに化学の実験というのは他の領域にくらべても五官全体を通じた経験であり、それが日常的な経験と密接に関わっているという点で、他の分野と一線を画するという主張すら行っている。

5 リービッヒ・ラボの哲学的副産物？

リービッヒの歴史的事例に関しては、多くの科学史家が、実験科学という文脈に於けるその組織論的な重要性を強調してきた。それに加え、実験という行為の持つ「哲学的」な含意の考察という文脈で、興味深い副産物を生んだとも言える。それはアメリカを代表する哲学的潮流の一つであるプラグマティズムの創設者、パース（C. S. Peirce）の生い立ちと関係する。プラグマティズムに関わる議論は、第2章以降、繰り返し登場するが、そのルーツの一つがリービッヒ・ラボである、と言ったら言い過ぎだろうか。

パースは複雑、多面的な人物で、その研究内容も科学、論理学、記号論、神学、そして哲学と極めて多方面にわたっている。人間の行為は信念がベースにあり、反省的懐疑はあくまで具体的な問題に対する対応から生まれる、という彼の初期の議論は後のプラグマティズム哲学に大きな影響を与えている。その主張は「可謬主義」とも呼ばれるが、煎じ詰めれば、我々は、過誤と失敗の修正を通じて真理に漸進的に到達するという考え方である。また、少数の事例から特定の仮説を作り出すプロセスとしてのアブダクションは、原理から結論を生み出す演繹とも、多数の事例から結果を導く帰納とも異なるが、現実の我々の思考様式において、アブダクションは極めて重要な役割を果たす（伊藤 1985; メナンド 2011; ドヴァール 2017）。

本節での関心は、こうしたパースの思想のルーツである。その源泉が、実はこのリービッヒ・ラボとの隠れたつながりなのでは、という話である。パースの叔父であるチャールズ・パース（C. H. Peirce）は、ハーバード大学で教えていたホースフォード（E. Horsford）の助手だったが、後者はリービッヒのもとで研鑽した有機化学者であった。彼は、リービッヒの革新的なラボ運営方式をハーバードに導入しようと試みた人である（Morris 2016: 185-186）。パースの伝記によると、彼の生家にはこの叔父の影響で私設の実験室が作られ、幼いころからパースは、ここでお手製の化学実験に親しんでいたという[13]（ブレント 2004: 97）。フーコー（M. Foucault）や、分野が異なるがタイの映画監督アピチャポン（Apichatpong W.）といった人々が、医学や病院という制度の中で幼年期を過ごし、その哲学的スタンスや、芸術的テーマに大きな影響を受けたという逸話を彷彿とさせるが、パースの場合それは、リービッヒ由来の私設の化学実験室だったのである。

実際、パースの哲学的な発想の中には、実験的営為という点から考えると納得がいくものが少なくない。例えば、実験とはまさに、多くの失敗を経由して漸進的に解に至る、行きつ戻りつの過程である。パースの可謬主義とは、そうした実験過程の経験をそのまま理論化したものとも言える。また懐疑よりも信念が行動の基盤にある、とはまさに、実験的営為はやってみて修正するという手続きの連続であり、この出だしの一歩はまさにこうなりそうだ、という信念である。それが無ければ、我々は一歩を踏み出すことが出来ない。そして少数のケースからのアブダクションという考えも、既存の理論の延長上であれば、その理論はあまり変更されないし、逆に常に十全なデータを集めてから考えるというのも、あまり現実的ではない。現実的に何か新しい試みをするとすれば、この両極のどこか中間から始めなければならない。それがアブダクションなのである。

Ⅳ　実験とスケールの問題——ビッグ・サイエンスとその周辺

さて、この様に様々な分野に拡散していた実験という行為が、特に自然科学に於いて、ラボ／大学といった社会的、地理的な条件に収束していく様子は、化学以外の分野にも大きく影響を与えたが、本書の文脈で重要な意味を持つ変化の一つは、こうした実験規模の巨大化と言う問題である。この点は特に第2章の社会実験との関わりが深い。

観測も含む実験科学では、より大きく、より遠くといった形で研究の規模が拡大し、それに伴い研究期間や予算規模も大きくなる傾向がある。第二次世界大戦前後のこうした傾向は、既に多くの議論を呼んでおり、ビッグ・サイエンスという名称で呼ばれることも多い。この起源の一つはアメリカに於ける原子爆弾開発計画で有名なマンハッタン計画で、政府の肝煎りで巨大開発計画をトップダウンで行ったものである。また研究者によってはそうした傾向は戦前のドイツ化学産業等に於ける研究の組織化に起源があるとする者もいる (Galison & Hevly 1992)。こうした巨大化は様々な分野で進んでいるが、天文学、素粒子物理学等、その事例は少なくない。素粒子物理学研究に不可欠な加速器は、その規模が段々と巨大化し、ついにはＣＥＲＮ（欧州原子核研究機構）のような巨大な組織が欧州共同で運営されている一方で、アメリカではその予算規模が国会の承認をえられず廃案になったケースもある(14) (綾部 2003)。

従来、ビッグ・サイエンスという言い方は、実験（観察）装置の巨大化との関連が深かったが、近年ではビッグ・バイオロジーという新たな名称が使われることもある（Parker et al. 2010; Vermeulen 2010）。ヒトゲノム計画や生態学的研究の大規模化がこう呼ばれるのである。但し、装置系ビッグ・サイエンスでは、実験（観察）装置の巨大化は、それに関わる研究者集団の巨大化、組織化をも必要とするが、バイオや環境系では、参加する研究者数は大きくなるものの、個別の研究単位は小規模なままのものも少なくない。個別のラボが大規模に連携する、いわばネットワーク状の構造を取る傾向がある。

ビッグ・サイエンスに関する論集を出したガリソンらが、そうした組織化と脱組織化の流れを、アーティストの組織活動との関わりで比較検討しているが（Galison & Jones 2001）、こうした芸術に関する部分は第3章で詳述する。ここでは、ビッグ・サイエンス化の後に、科学研究の動向はむしろ拡散化の方に進み始めたという彼らの主張が重要である。巨大実験装置の典型であるスイスのＣＥＲＮで開発されたＷＷＷといったデータ共有装置によって、科学的データが遠隔地でも利用可能になり、同時にシミュレーションという新たな研究方法が発達してくると、研究者は特定の場所を共有する必要も無くなってくる。つまり大戦前後の中央集権化のプロセスから、段々と拡散型の構造に変化しつつあるというのである（同右 208）。

私が分析したタンパク三〇〇〇計画は、いわゆる『ゲノム敗北』（岸 2004）、つまり国際的ゲノム解析競争に於いて、日本が大きく立ち遅れたと言う事実から始まっている。もともと高速解析の萌芽的技術を持ちながら、米英に後れをとり、数パーセントの解析しか貢献出来なかったのである。そこで遺伝子がだめなら、それが作り出すタンパク質の構造分析に於いて、世界をリードしようとしたのがこの計画で、理研を中心に、本邦の構造生物学者が総出で、タンパク構造の解析に取り組んだ。予算規模で言えば、宇宙科

図6　理研NMR群

学で言う戦略的中型ロケット計画と同じくらいであったが、その成果に対して評価が二分したという点は別稿で詳しく論じた（福島 2017）。

ある意味これもビッグ・バイオロジーの一つであるが、同じビッグと言っても、巨大装置を中心としたそれとは組織論上の構造が異なる。分析装置を結集させ、労働集約的なスタイルをとった理研と、大学系研究者たちが分散してそれぞれの課題をこなすという、違う研究スタイルが組み合わさった、ハイブリッドな組織形態であった（福島 2017）。

こうした研究スタイルや組織の構造が研究領域ごとに異なるという議論に関しては、クノール＝セティナ（K. Knorr-Cetina）らの研究が有名である。これはもともと、細胞生物学と素粒子物理学に於ける研究スタイルの違いを比較したもので、彼女らはそれぞれを規定する特徴を、「認識的文化」（epistemic culture）と呼んでいる。前者では小回りが効く実験が可能で、対象となる実験動物には直接触れることも出来るが、後者では実験は大きなチーム中心で行われ、実験対象はデータを通じてあくまで間接的にしか接触出来ない。つまり領域に応じて、対象の実在性への感覚も異なるという。

更に業績の発表形式やキャリアの形成方法も違ってくる。前者の論文では、実験担当の筆頭著者と、ラボ主催者という構造があり、それにより実験に於ける役割が分かるが、後者では関係者が三桁やそれ以上になることもあり、著者名はアルファベット順で記載されるので、氏名の順序は前者の様な組織構造上の意味を持たない。またその後のキャリア形成も、前者では実験／論文における個人の役割を特定出来、それにより個別業績の評価も可能になるが、後者の様な集合性が高い組織形式ではそれが難しいので、どのチームに所属していたかという履歴が重要な要素となる、といった違いである（Knorr-Cetina 1999）。

実験の規模が小さいと小回りが効き、個人で試すことが可能という話は、本章冒頭で紹介した分子生物学者の話、つまりちょっとした即興的実験の重要性という話と通じる点がある。他方こうした即興は、実験が巨大化すると難しくなる。この問題がまさに現在喫緊の課題として論じられているのが、宇宙科学、特にロケット打ち上げに関わる一連の巨大化、その回数の減少という傾向とその副作用である。戦後の日本の宇宙科学の発展史では、初期のペンシルロケット開発から始まり、順調にそのサイズを拡大し、それに伴い計画の規模も拡大してきた（的川 2017）。宇宙科学にはもともと元祖ビッグ・サイエンスという側面があるが、最先端の研究ではその規模が超巨大化し、そのための準備もますます長期化する傾向がある。実際こうした大規模プロジェクトでは、その準備期間に一〇年、二〇年、あるいはそれ以上かかるといったものも少なくない。

巨大加速器計画が米議会の承認を得られず廃止になったという事例は既に紹介したが、特に本邦に於いては、計画の巨大化長期化に付随して、それに充当する予算の方は増えるどころかせいぜい横ばいである。こうした規模の拡大にはリスクも伴う。特にロケット打ち上げに関し、宇宙空間では不具合の修正がほとんど不可能なので、大金が無駄になる可能性も高い。実際日本内外の過去の計画でも、いくつかのプロジェクトが、装置の不具合等で失敗し、多くの予算がまさに宙に散った。二〇一六年に打ち上げられたエックス線衛星（ひとみ／Astro-H）がその典型だが、高い解析能力による成果が期待されたものの、衛星軌道達成直後にバランスを失い失速した。後の解析で一部の数値入力の間違いが指摘されたが（宇宙航空研究開発機構 2016）、組織論的観点からは、こうした巨大プロジェクトにふさわしいマネージメントが行われていたかという点について、厳しい指摘が相次いだ（常田 2016）。もともと宇宙科学研究所（ＩＳＡＳ）は、ＮＡＳＡやＥＳＡといった海外の巨大組織に比べ、はるかに小規模で、かつ小回りが効く組織運営を生かし、理工連携を進めつつ、急速に成果を挙げてきた（Maddox 1993）。しかし組織の規模が拡大し、そうした柔軟、臨機応変の対応では済まされない複雑さの急速な拡大が、こうしたミスを生んだという指摘も少なくない(15)（松浦 2016）。

さらにここに別の問題がある。現状で懸念されているのは、実験の巨大化が進み、ロケット打ち上げ数自体が減少すると、若手がその実験過程を実際に経験する機会自体が減少するという問題である。宇宙科学系の会議ではこの問題が繰り返し話題になるが、そこでは失敗を許さない状況に対応する為に、それ以前に良質・安全な形で失敗を経験することの必要性が繰り返し指摘されている。

この議論は、前節で議論した、リービッヒのラボの「近代的」特徴が、まさに研究者の育成と関係する、という内容と密接に関係する。つまり実験の巨大化が、この近代的ラボの基本特性に負の影響を与えはじめているのである。さらにこの議論は、私の学習の実験的領域論の基本的な論点の一つでもある。この理論については第4章で解説するが、その源泉の一つである、中岡（1974）による石油化学コンビナートの事故分析も、形式的には同形の問題を含んでいる。一九七〇年代のコンビナートに関わる装置は故障が多かったが、それがエンジニアに多くの学習機会を与え、システムの理解に役立った。しかし自動化が進み、内容がブラックボックス化すると、事故が減る一方で学習機会も減少するため、故障が起こると、直せるのは引退したエンジニアだけだったという話である（福島 2023）。

巨大化、長期化、そして予算が巨額化するプロジェクトに対し、出来るだけ小型の衛星を作成して研究するという新動向は、実験のチャンスが減少する中で、失敗しても損害が少ない形で新人に学習機会を与えるという宇宙科学側の防衛策である[16]（中須賀 2021）。ただしこうした（超）小型衛星という試みの科学的な成果がどの程度のものになるかは、今後の議論を待つべきであろう。装置の規模が巨大化するのは、宇宙探索をより広く、より遠く、そしてより精密にという科学自体の要請によるもので、内的な必然性がある。その傾向を超小型衛星でどれだけカバー出来るかという点が興味深いポイントでもある。

図７　超小型衛星

V 実験と非線型性

実験規模の巨大化は、この様な様々な利点と欠点を持つが、これを別の視点から見ると、本章の冒頭で紹介した、実験の二つのタイプという話とも間接的につながってくる。全てを整えた上での実験に対し、即興的なそれが特にバイオ分野では重要だという話だが、そうした即興性は、実験の別の側面、則ちそれが予期せぬ結果を生む可能性があり、そうした事態への対応が必要となる、という性質ともつながってくる。

自然科学の分野で「偶然」が話題になるケースとして、「セレンディピティ」、つまり偶然（幸運）による大発見という話がある。多くの歴史的大発見の逸話の中には、通常の培地の濃度を間違えて百倍にして実験したとか、混合する試薬の量を一桁間違えたとか、普通なら考えられない様な失敗の結果、それまでのやり方では得られなかった大発見が可能になったという話が少なくない（マイヤーズ 2010）。

また、当初否定されていたが、後に大発見と認められたという逆転劇も科学史には散見する。分子生物学における、テミン（H. Temin）の「逆転写」の発見というテーマは特に興味深い。分子生物学の基本テーゼとして、アニメ（エヴァンゲリオン）にまでその用語が転用されている「セントラル・ドグマ」という議論があるが、遺伝子に関わるプロセスは、ＤＮＡ↓ＲＮＡ↓タンパク質という流れで、その逆は無いという話である。これが絶対と信じられていた時期に、その逆もあるとしたテミンらが受けた当時の学界からの無視や侮蔑は、科学界の実情についての重要な情報を含んでいる。こうした「誤謬」への修正を目的に、当時の『ネイチャー』誌の編集者が記載した学界レポートには予想外の反響があり、逆転写酵素発見への道筋となる。その時の研究者達の反応を研究者は以下のように記している。

「[この不思議な酵素の影響の大きさは]科学界全体に対しては、一九七〇年の論文から早くも数週間後には、大反響をまき起こすことになる。アメリカ国内での研究の優先順位の劇的変化、何百人という研究者たちのテーマ変更、そして十数年後のエイズウィルスの発見へとつながっていく大きな流れである。」(ワインバーグ 1999: 95–96)。

テミンのケースは、それまで単なる愚かな誤謬と考えられていた説が、実は巨大な未開拓の領域を示していた例である。また、そうした突然の変化に対する、研究者達の反応を垣間見ることが出来る、大変興味深い事例でもある。実験を含む、研究過程そのものの非線型的な性質は、複数のSTS研究者が繰り返し強調している点である。例えばラトゥールは、研究に於けるこうした紆余曲折の過程を必然とし、むしろ直線的な研究計画自体をある種「病理的」だとした(Latour 2003)。またナチによる化学物質の不法投棄を研究したグロスは、後世の人々がそうして突然現れる未知の投棄物に対して、「驚き」をもって反応する一方で、そうした突然の事態に対し、柔軟に反応する為の研究組織の在り方について議論している(Gross 2010)。

実験を含む研究過程の非線型的な性質は、自然科学領域を超えて実験を考える際に重要な論点を提供する。後述する様に、政策と深く関係する社会実験領域では、実験を単に仮説の検証と見なす考えへの大きな反論となる。また芸術領域に於いては、偶然による発見や態度変更という姿勢が、実験という概念そのものの本質を表すものとまで称揚される様になるのである。

VI　ラボとフィールドの間

1　フィールド生物学における実験

さてここまで、実験を行う場としてのラボ概念の来歴、それが研究者養成機関として制度化される過程、そして活動スケールの拡大という話をした。それに加え、ラボという特殊空間の外側に於ける実験の在り方、という点はそれ自体が興味深い問題である。科学とそれが基づく地理的、空間的な特性についてはリビングストン（D. Livingstone）が包括的に論じている。古典的実験室以外にも、植物園、博物館、キッチンといった、科学の空間的特性についての議論である（リビングストン 2014）。この点は本章でも既に指摘した。

他方、ラボでの実験が制度的に整備される過程に於いて、その空間の外にあるフィールドでの実験がどういう意味を持ったかという議論は、それ自体本書にとって重要な意味を持つ。いうまでもなく、第2章で扱われる社会実験は、それ自体がフィールド実験の社会版とも解釈出来るからである。そのため、フィールド実験についての考察は、本章と第2章をつなぐかなめの役割を果たす。この問題に関して、特にSTS内外でよく参照されるのが、コーラーによるフィールド実験の史的分析である（Kohler 2002）。

コーラーの研究は一八七〇年代から一九五〇年代の約八〇年間にわたる、アメリカに於けるフィールド生物学の格闘を追跡したものである。一九世紀末は、遺伝学や生理学の勃興により、ラボを中心とした実験生物学の基盤が急速に発展した時期であった。コーラーの関心は、当時博物学と呼ばれた分野が、どのような経由でフィールド生物学と呼ばれる様になったか、という点である。この分析に際して、コーラーはSTS研究者であるギエリン（T. Gieryn）の「境界同定作業」（boundary work）という概念を利用している。これは特定の組織や領域に於いて、内と外の境界線を作り出す作業のことである。科学では特に、科学的／非科学的という境界を作り、科学性を担保する為の努力のことを示す(17)（Gieryn 1999）。フィールド科学に於いて、こうした境界同定作業が重要視されたのは、一歩先にその科学性を担保された実験科学に対し、フィールド科学側も、その科学的妥当性を主張する必要があったからである。実際コーラーの研究は、科学性を保証すると信じられた様々な分析手法や手続き、更には基本概念がどの様に発展してきたかの詳細な歴史的分析である。

2　同一化への努力と蹉跌

実際その過程は複雑怪奇で、簡単な要約を拒むものだが、そこには次章の社会実験とも密接に関係する多くの論点が含まれている。コーラーの指摘は多岐にわたるが、目立つのは実験科学とフィールドのそれ（その初期は博物学であるが）の対立点である。則ち、実験を行う場所のある無し（Kohler 2002: 第2章）、原理的な研究か（ここでは特に遺伝学の急速な発展が重視される）、それとも単なる事例の集積か（特に分類学への批判）（同右　第3章）、量的測定が可能か、それとも単に記述的で計量化ができていないか（同右　第4章）、さらに実験的介入が可能か否か（同右　第5章）等。

当時こうしたフィールド生物学は、実験科学のオーラに対し、ステータスが低く、初期には狩人やボーイスカウト等と同一視されていたという。第6章は全体として、この領域で活動した一連の研究者達の人生を追っているが、そのかなりが曖昧な環境に根負けし、キャリア追求を諦めたり、実験科学側からの評価が得られないまま人生を終わっている。

コーラーの分析が興味深いのは、当時のラボ中心の実験生物学から見たフィールド派の科学性の低さに対して、フィールド派がどのような戦略で地位を向上させてきたかという点である。その過程は複雑だが、ざっくりとまとめると、実験室由来の概念や方法、更には分析装置で直接導入しようとした初期の試みの失敗の後、むしろフィールド研究の固有性に合わせてそれを改良することによって自らの立場を確立した、という点であろう。加えて、実験生物学の範疇に納まらない概念や装置を開発することで、フィールド生物学としての、固有な価値を主張出来るようになったと彼は指摘する。

ここでいう初期の試みは、「自然の中での実験」という節でまとめられているが、これはフィールド研究者が、実験室のそれに近い様な実験をフィールドで試みた歴史である。例を挙げれば、実験室での人工的な介入による遺伝子変異を、フィールドでの知見と直接結びつけようとした試み等。ある研究者は、遺伝に於ける環境要因の測定として、一つの種を他の地域に移植（transplantation）し、その特徴を観察することで、環境要因の影響を見ようとする。しかし実際にやってみると、こうしたコロニーの維持が難しく、環境、天候、あるいは政治的な理由でそれが破壊されたり、コロニーに出入りする蜂を制限出来ない、更にはコロニーでの環境測定を研究者がさぼり、一般的な気候データでごまかしたりと、問題続出だったとされる[18]（同右 145-148）。また、量化は実験側にとっての科学性主張の基盤の一つだが、二〇世紀初頭に一時期はやったバイオメトリという、植物変異をひたすら数える手法は、その理論的な根拠が乏しいとして、すぐに廃れてしまった（同右 63）。

3　独自の方法の開拓

こうしたラボ的実験手法の直輸入的なやり方が惨敗すると、フィールド科学側は、より現実的なフィールド条件に合わせる形でその手法を改善しはじめる。量化に関して言えば、その単位として革新をもたらした概念の一つが方形区（quadrat）と言う、基準となる土地の区分法である。これは植物群生の標準標本を作る為の単位であるが、いわば何をフィールドで測定するかという際の基礎単位を示すものである。また観測装置の改良も興味深い。例えば従来の気象学で使われていた湿度計は、湖沼学が直面する多様な条件では使えない。そこでこうした条件下でも使える改良版が蒸発計（atmometer）で、地表から出る水蒸気を測定する装置である。しかも実験室用の装置と比較すると、構造が単純かつ堅牢で、どんな場所でも使える様に改良されたのである（Kohlker 2002: 120-121）。

このような紆余曲折を経て、フィールド科学側がその独自性の根拠を見いだしていく過程が興味深い。その別の例が、「自然実験」、つまり自然自身が行う「実験」という概念の発展である。こうした実験観は、後に歴史学等での比較研究にも大いに参照される様になるが、これは自然に起きた大規模な変動、例えば火山の噴火や洪水によって従来の環境が一変した際、それを「自然が行った実験」と見なし、そこから重要な情報を得ようとする姿勢のことである。そこで重要になるのが、注意深い観測と巧みな比較であるという（Kohller 2002: 217）。

こうした観点が生まれると、多くの特定の「場所」がこの自然実験の観察場になる。コーラーは川床、氷河、森林破壊、更には砂丘、池、そして島と言った特定の場所が、森林の遷移や種の進化を比較観察する重要な場所としてクローズアップされ、①量化、②個体群研究、③総括調査、④特定の場所、という四つの点、特定の場所全体をある種のラボと見なすための基本として確立していく、とまとめている。

このコーラーの結論は、特にＳＴＳ研究者にとって、社会実験（それ自体が社会に於けるフィールド実験とも言えるものだが）が持つ特性を分析する際の重要な参照点として、繰り返し参照されることになる。その点は後続する章でくわしく議論する。

図８　自然実験の場——西ノ島

結語

さて本章では、ラボラトリー研究を起点にして、本書全体の構造とも密接に関係する論点を六つ紹介した（括弧内は後章での表記になる）。

①STSにおける実験／ラボラトリー（STSとの関わり）
②実験／ラボラトリー概念の系譜学（揺らぎ）
③近代的ラボの原型——リービッヒ・ラボ（ラボと社会の関係）
④ビッグ・サイエンスとスケールの問題（実験の巨大化と即興性）
⑤セレンディピティと非線形性
⑥ラボとフィールドの間（フィールド科学）

といった点である。この六項目はかなり込み入った形で、後続する章での議論、すなわち第2章「社会実験」、および第3章「芸術実験」と関係することになるが、その関連性はそれぞれの章で詳しく見ていくことにする。ここではこの六つの領域の中で一種の通奏低音として浮上してくる横断的なテーマをいくつかまとめてみる。

第一は、連続性である。本書冒頭で、正式な実験に対し、より即興的なそれがラボ内部でも並行して存在する、という分子生物学者の発言を紹介した。研究領域によっては、ラボという文脈に於いても、実験という概念そのものにかなりの広がりがあることを意味する。日常的な文脈に於いては、実験という言葉の最も広い外延は、自ら経験する、やってみるということだが、科学史研究が明らかにした様に、実験はその初期には自室やキッチン、教会や修道院、路上や公開の場等々、多様な場で行われ、様々な役割と機能が共存していた。

第二は、その逆の非連続性である。社会とのこうした連続性の一方で、実験の場としてのラボが他の社会領域から相対的に自律していく要因の一つとして、実験が予期せぬ発見を生み出す手段であると同時に、様々な危険もあり、そのリスクへの対応が必要だったという点がある。本章では化学のケースを中心に議論したが、この領域は錬金術からの歴史的つながりもあり、また周辺社会との関係も深いため、連続性をベースにしつつ、ラボが特別な空間として分離していく過程そのものをその歴史から見て取ることが出来る。実験が生む新しさとそのリスク、それに対する制度的対応は、実験概念を他領域に拡大する際、しばしば随伴する問題である。

第三は、実験が持つ時間的な性格としての持続性、反復性という性質である。実験は長期的学習のプロセスであり、行きつ戻りつする過程のなかで対象についての知を拡大する作業である。それゆえ単発的に介入を行うが、何の振り返りも無ければ、それは本当の意味での実験とは言えない。こうした持続的な性格は、他の社会領域に於ける実験が、どの程度自然科学のそれと関係づけられるかという点についての、一つの評価基準となる。

最後は、即興と組織性である。本章に於いて、前者は実験のスケールと密接に関係するが、実験現場に於ける組織性と即興性は、分野によって大きく異なる。分散型プロジェクトは小回りが効くが、組織的に巨大化すると自由度は乏しくなり、人材育成にも大きな影響が出る。それ故この問題は、特に行政等が社会実験に関わる際に大きな問題になりうる。また微妙に意味が異なるが、芸術実験に於いては、即興という概念に独自の新たな解釈が加わり、一部ではそれが芸術実験の本質とする主張も出てくるのである。

第2章　社会実験

序

1　科学と社会

第1章では、STSに於ける実験／ラボラトリー研究を土台にしつつ、実験概念を再考する際に重要と思われるいくつかの領域／テーマについて、関係する議論の概略を紹介した。第2章の目的は、実験という概念／実践が、社会的文脈の中でどのような広がりを持ち、それが自然科学系のそれと、どう交錯し、どこで分岐するかを辿っていくことにある。本書が基盤とするSTSの文脈に於いて、実験的行為や概念についての関心は、初期以降脈々と続いており、科学以外の領域での様々な実験についての議論も少なくない。前章で紹介した様に、ラボ活動の詳細な研究を皮切りに、ラボと社会をつなぐ関係性、更には社会一般に於いて実験とは何か、という点に議論が拡大したからである。

とはいえ、現在社会の諸領域で多様に用いられる実験という概念／実践そのものが、こうしたSTS内部の議論と直接的な関係を持つケースは少ない。こうした社会実験は、各領域で独自のやり方で進化しており、その実態は自然科学のそれよりもはるかに多様で拡散的ですらある。もともと複数の構成要素を含む実験概念が、社会の異なる特徴と組み合わさって、独自に発展したからである。前章の後半で論じた様に、フィールド科学では実験室的な実験概念をそのまま適用出来ないため、様々な工夫がなされ、そこで自然実験といった独自の考え方が生まれた。この考え自身、人文社会系での実験を考える際に重要な役割を果たすことになる。

このような多様性により、社会実験は自然科学のそれよりもはるかに複雑で入り組んだ様相を示す。その一方で、後述する様に、現場レベルでは妙に硬直した実験概念が援用される場合も少なくない。前章初頭で示した様に、ラボ内の実験ですら、かなりの多様性があるが、そうした事実があまり知られていない為でもある。ただし現場の研究レベルからは、こうした現状への批判も出始めている。

本章では、社会実験の多様な進化形態のいくつかを議論するが、関係する領域が膨大なため、第1章同様、その全体を同じ密度で分析することは出来ない。それゆえ全体としては前章と同様、ＳＴＳの関心領域を中心として議論を進める。それでも内容が広範なので、本書で分析する社会実験のベースとなる、実験と社会の関係について、基本的な座標軸を暫定的に設定しておく。

ここで、前章で取り上げた六つのテーマをおさらいしておく。すなわち①ＳＴＳに於ける、実験／ラボ研究、②実験／ラボ概念の系譜学、③ラボの組織化、④実験のスケールと巨大化、⑤セレンディピティと非線型性、⑥フィールド実験という六項目である。ここで道標として本章との関係を前もって略述しておく。ただし、本章ではそれぞれの項目の重みが前章とは異なるので、本章のそれに合わせて順番が入れ代わっている。

①フィールド実験（もとの番号⑥）　前章の最後で議論したフィールド実験についての考察が、一部の社会実

験に於いては主導的な原理となる。社会実験にも様々なバリエーションがあるが、特に研究的な色彩が強い社会実験は、ある意味フィールド実験そのものである。前章で示したように、実験室的な厳密さをどうやってフィールド科学に求めるか、それとも違うやり方を追求するか、という選択肢は、厳密な社会科学の道具としての社会実験を探求する場合にも現れる。それゆえ自然実験、あるいはそれに近い概念が、一部の社会実験では大きな重要性を持つ。但し、社会実験は単に研究目的だけで行われる訳ではなく、様々な目的と関係すると言う点で、この項目からはみ出る要素もある。

②実験／ラボ概念の揺らぎ（②）　前章ではexperimentやlaboratoryといった概念の内包、外延の歴史的変化を議論したが、こうした概念上の揺らぎが社会実験に拡張された場合、どういう現れ方をするかという点は大きな問題である。後述するように、社会実験はそもそも何を目的としているか、という点について、領域によってかなり異なる理解が存在し、強調点も違ってくる。その違いを大きく分けると、社会実験の目的が、（社会）科学的知識の獲得なのか、それとも社会参加の実践なのかという点であり、社会実験全体をめぐってこの点が繰り返し議論されることになる。

③ラボと社会の関係（③）　前章では、ラボという装置の社会的位置と、リービッヒ・ラボに代表されるその組織化について論じたが、社会実験に於いては、その関係性はかなり複雑になり、概念そのものも拡張、あるいは変形される場合も少なくない。まずラボという概念が社会的メタファーとして用いられる場合がある。特定地域、都市や国家そのものを一種の実験場、つまりラボとみなすという発想である。この話の

典型例として、シカゴ市を筆頭に一連の議論が分析される。

実際的な社会実験に於いては、何らかの形で研究者が参加している場合が多く、その意味では研究的側面を常に含むものの、実施母体はしばしば多業種の混成組織でもあり、必ずしもそれをラボと呼ばない場合も少なくない。これとは別に、ラボという概念を前面に打ち出すケースもある。実験の場としてのラボを、象牙の塔から社会の真ん中に移動させ、いわば社会の中で実験するという試みである。「リビングラボ」、あるいは「都市ラボ」といった存在がそれにあたる。

④実験の巨大化と即興性（④）　自然科学の諸分野では、より多く、正確なデータを求めて、実験の規模が巨大化する傾向があり、そこには様々な副作用がある点は既に指摘した。あるタイプの社会実験も、その性質上規模が大きく手続きが煩雑になり、容易に実験が出来なくなるという欠点が目出ちはじめている。一部の社会実験では、こうした問題を解決するため、より小回りのきく、即興的な社会実験の可能性を追求する動きがある。

⑤セレンディピティと非線型性（⑤）　実験には常に予想しなかった結果を生み出す特徴があり、実験を含む研究過程はたいてい非線型的である。他方社会実験は、政策との関わりで実行される場合も多く、偶然の結果による軌道修正が研究場面とは異なる意味を持つことが少なくない。また特に工学系の研究者の間で多用される、仮説検証のため（のみ）の実験という枠組みそのものに、こうした実験の非線型性と言う理解が乏しいケースもある。

⑥ＳＴＳとの関わり（①）　様々な社会実験は、ＳＴＳ興隆期以前に開始され、前者と後者の間には時間差がある。第3章の芸術実験でもそうだが、ＳＴＳの諸議論がこうした社会実験論に（間接的にせよ）影響を与えるようになるのは、二〇〇〇年代以降である。実際、本章で取り上げる初期社会実験は、ＳＴＳ系の議論とは縁がないが、一部で論じられた「実験する社会」といった初期の考えが、後のＳＴＳ研究者達の議論と重なる場合もある。現在ではＳＴＳに於けるラボラトリー研究やテクノロジーの発展図式が、特に欧州の一部の社会実験論や計画に対し、多少影響を与える様になり、その相互関係が議論可能になりつつある。この点は第3章の芸術実験とも共通した面である。

2　社会実験の分類

以上が、前章と本章をつなぐ概念構造であるが、他方自然科学と言う形で限定された前章に比べ、社会実験には様々な独自の側面があり、それが多種多様な場面で実行されるため、全体としてその目的、方法に多くのバリエーションがある。この節ではそれらを大まかに分類し、その内のどの部分を本書で取り扱うかを概観する。現在、社会科学に於ける新たな潮流として実験的手法が喧伝されつつあるが、その中には、実験室的な環境で実験を行い、その結果を分析するタイプがある。実験経済学や実験政治学と言った分野でよく議論されるのが、こうした手法だが（cf. 西條・清水 2014）、これは社会に﹅つ﹅い﹅ての実験の実験室バージョンである。他方、本章が議論する社会実験は、実際に社会に関係し、そこで実験を行うタイプである。加えて、後者の中にもいくつかのパターンがある。その最も重要な違いは、社会実験の目的が、学問的な知識の獲得か、それとも社会参加か、という点である。

前者のケースは、自然科学に於けるフィールド実験の社会版とでも言えるものである。具体的には、特定の政策の有効性を確認する手段としての社会実験という内容が多い。更にこのタイプの実験は、研究者が社会に直接介入してデータをとる（その代表例がランダム化実験）、あるいはフィールド科学での自然実験の様に、現実に行われた政策を利用して、そこからデータを抽出するか、という違いがある。

他方、社会実験の別の考えとして、それを社会参加の一つの手法と考える流れがある。この場合、地域住民が自ら様々な改善の試みを行うこと自体が社会実験と呼ばれるケースも少なくない。勿論、ここにも研究的側面がある場合も少なくないが、知識獲得と社会参加のバランスは多様である。そのバランスに腐心する場合もあれば、即興的社会参加に注力し、データの収集が目立たない場合もある。

このように社会実験をめぐる概念は、複数の弁別によって、いくつかのパターンに分かれる。厳密な知識や政策の有効性の検証と言ったいわば研究目的のそれに最も近いのは、一方では歴史研究に於ける自然実験中心のアプローチであり、それを政策面でやろうとすると、ランダム化実験、あるいは疑似実験、つまり現実に行われた政策を一種の実験と見なして、そこから相関関係を調べると言った方向性となる。これが一つの極だとすると、もう一つは社会参加重視という別の極である。

3　本章のアウトライン

こうした大まかな分類を前提としつつ、本章では以下のような流れで議論を進める。全体を大きく四つの節に分けるが、第Ⅰ節は社会実験という言葉が持つ両義性の典型として、実験あるいは実験室（ラボ）というメタファーが様々な領域（地域、都市、あるいは国家）に用いられているケースを紹介する。STS界隈で特に重要なのは、「シカゴ社会学」の「都市＝実験室」というレトリックの揺らぎに対するSTS研究者ギエリンの考察である。彼の議論は、前章のフィールド科学論と、社会実験の間をつなぐ重要な理論的枠組みを提供するが、特に九〇年代以降、様々な領域のSTS系社会実験論に影響を与える様になる。

続く第Ⅱ節では、「厳密な知識獲得の方法」としての社会実験、つまりランダム化実験／疑似実験を政策に導入することを主張した社会心理学者キャンベル（D. Campbell）を取り上げる。彼は「実験する社会」という主張をベースにしつつ、社会（政策）実験を広く称揚する一方で、社会実験の難しさや、研究者と政策担当者の間のぎくしゃくした関係等にも深い理解を示した研究者である。その流れで、特にアメリカに於いて、彼の議論との関連が深い初期ランダム化実験が、実際にどのような経路を辿ったかという点についても歴史的に概観する。

第Ⅲ節の中間考察に続き、第Ⅳ節では、特に日英等で主流と考えられてきた、社会参加をメインに考える社会実験に焦点をあてる。その代表例が交通実験であり、地域社会全体を巻き込む社会実験の実践の特徴と、それがもたらす余波について論じる。こうした交通実験等の巨大化傾向に対して、続く第Ⅴ節ではより即興性を重んじる建築系の社会実験を対比し、特にその中心的な新潮流としてのタクティカル・アーバニズムについて、それをＳＴＳの議論と重ねて紹介する。

第Ⅵ節では、特にＳＴＳに於ける実験論と関係が深い、地球温暖化をめぐる諸政策とも係わる社会実験のタイプ、すなわち都市（リビング）ラボと呼ばれる試みの歴史を概観する。ここでは「ラボ」という概念が新たな装いを経て再登場するが、イノベーション実装を主体としつつ大きな政策目標と関係が深い点が特徴的である。またその議論の一部に於いては、ＳＴＳに於けるラボラトリー研究やテクノロジー発展図式を直接援用した議論も散見される。ここでは（社会）実験という概念そのものが実践に近い文脈で、ＳＴＳ的視点から再検討されることになる。

I　メタファーとしての実験

1　様々な「実験国家」

さて、このアウトラインに従って、社会実験の様々なバリエーションを論じていくことになるが、最初に論じるのは、フィールド科学で論じた様な実験、つまり研究者が直接介入するのではなく、実験的な状況がいわば自然発生的に生じたような環境についての議論である。研究者がそれを「実験的状況」と見なし、そこからデータをとるというアプローチである。

このタイプの「実験」概念で意味論的に最も緩いのは、特定の地域や国を全体として実験（室）的と見なすという考え方である。こうした表現の対象になるのは、歴史的伝統がある地域よりも、人工的な変化に晒され、どう移行するか予測できないような地域がそう呼ばれる傾向がある。例えば『実験国家アメリカの履歴書』（鈴木 2003）という労作は「アメリカという国家も、アメリカ人という概念も確立していない、言わば国家も国民も未完成の状態から誕生した国、それこそアメリカという国」と指摘し、アメリカは「人為的な国家建設と国民統合という、いつ完了するかも分からないような壮大な実験を宿命づけられて出発した実験国家」であると主張する（同右 5）。同様な観点から実験国家とされるのはソ連（松戸 2017）

だったり満洲国（興津 2015）だったりする。これらも内容は様々だが、基本的な観点として、歴史的、伝統的諸制約から相対的に自由であった国家に於いて、実際何が起こったかという点についての、歴史的な研究である。

これらは前章で紹介したコーラー（Kohler 2002）が歴史的に分析した、フィールド生物学に於ける自然実験の、言わば社会的バージョンのようにも見える。他方、この問題を特定の都市の発展と密接に係わる形で論じてきた、社会学的に有名なケースがある。それはシカゴである。

2　シカゴという場所

一九二〇年代のシカゴは、勃興するアメリカ資本主義の象徴の様な地域であり、急激な経済発展、屹立するビル群、そして移民の流入等、まさに沸騰状態にあった。知的にも多くの分野の活発な交流が盛んで、例えばプラグマティズム哲学の巨匠であり、近年のＳＴＳでも繰り返しその名が語られるデューイらは、その実験的な学校教育の実践も含めて、ここシカゴで様々な活動を展開した（魚津 1978; メイヒュー・エドワーズ 2017）。

シカゴのこうした社会的沸騰は、様々な分野の来訪者にも強い印象を与えている。社会学者ウェーバーは、長いこと患っていた神経症から回復し、アメリカ旅行に出た際に、この勃興する都市に大きな関心を寄せている（ウェーバー 1987）。また『過程と実在』等の形而上学的研究で有名なホワイトヘッド（A. Whitehead）は、現在のＳＴＳの一部にも大きな影響を与えているが、六〇歳を過ぎてからハーバード大学哲学科教授になるため渡米し、そこで晩年を過ごした。彼の日常会話を記録した本によると、ギリシャ語が堪能で、プラトンを自由に読めると豪語する彼が、シカゴはかつてのギリシャの哲学の都に匹敵する、言わば現代のアテネだ、と驚くべき発言をしている（プライス 1980）。本書の別の部分ではデューイらのプラグマティズムに対し、それが思念的な側面を十分に評価しないと異議を唱える発言をしているが（同右）。彼のような知識人にとっても、シカゴというのはそれほど印象的だったのである。

シカゴはまた、アメリカ社会学史上重要な学派を生み出した。それがシカゴ社会学である。この学派は、シカゴを中心とした多様な社会学的調査で有名で、特にその民族誌的な研究は社会学の領域を超えて、人類学等にも影響を与えている。またその研究の学際的性格も重要であり、社会学者や地理学者に加えて、哲学や人類学と言った分野との緊密な関係はよく知られている（e.g. Lewis & Smith 1980）。

その創設者の一人であるパーク（R. Park）は、本書の内容に直接関係するような、「社会的実験室としての都市」という興味深い論文（パーク 1986）を物しており、翻訳論文集のタイトルにこの句が採用されている。論文の巻頭でパークは、都市は人間が環境に対して人工的に介入したものだから、その点において「社会実験的」であると指摘する（同右 11-12）。更に、例えば法の制定が社会調査を伴って行われる様になり、政治の形式が教条主義から経験主義に移行する傾向もある。この点も実験という言葉にふさわしいと言う（同右 12）。より一般的に、パークは、自然環境および慣習の制約に従属的だった段階から、新しい社会秩序を自分なりに構成する必要のある文明人は、実用主義的かつ実験的な態度をとるようになると主張する（同右 14）。

この理論的導入部に続き、パークは当時進行中の諸研究を紹介しているが、初期の研究が住民の衛生、住宅、貧困や犯罪と言った、具体的な社会問題と共に発展してきたと指摘し、それらが実際の諸改革に直接影響を与えたと同時に、文学のような他領域にも影響があったとする（パーク 1986: 19）。彼が指摘するのは、一九世紀終わりの英米で実施された、セツルメントと呼ばれる福祉運動が、後のより組織的な都市社会調査の先鞭となったと言う点である（同右 15-16）。アダムス（J. Addams）はアメリカの社会事業家で、全米最初のセツルメントである「ハル・ハウス」を一八八九年にシカゴに設立し、外国移民支援の事業で大きな功績を残した。彼女は一九三一年にノーベル平和賞を受賞している（同右 注1）。このアダムスが一八九五年に出版した『ハル・ハウス——地図と文書』という文献がここでいう先駆的な社会調査研究の一つである（同右 15）。この点はのちにSTSでも再論されるが、後述する。

二〇世紀になると、ピッツバーグ市、それに続く形でシカゴ市でも大規模な社会調査が目白押しとなるが、パークが紹介する代表的なシカゴ学派的モノグラフは、彼らのいう「自然発生的地域」（natural areas）、つまり日雇い労働者の居住地区、ユダヤ人地区、あるいは複数のそうした地区を含むより広い地域の調査ということになる（同右 21）。このあたりからパークの「実験室」メタファーには、「自然的」という形容詞が増え始める。

個人を対象とした研究（例えばパーソナリティ研究）に於いて、シカゴが「実験的」性格を示すというのは、例えば少年審判所が全米に先駆けて一八九九年にシカゴで開設され、少年精神病研究所（Juvenile Psychopathic Institute）がそれに続き、少年非行についての先駆的研究が開始されたからだと言う（パーク 1986: 26-28）。都市の実験的な性格は、家族の様な伝統的社会制度を解体し、再編成するという圧力に於いて「家族制度の新しい形態が実験される」という点に現れるとされる（同右 31）。

結論でパークは、都市生活という状況下で制度一般は急速な成長を遂げる為に「その過程を観察することも、また成り行きによって実験することも可能」であるという（パーク 1986: 34）。それに加えて社会的実験室としての都市が優位なのは、人間の本性がそこで拡大される、つまりどんな風変わりな人間も、その仲間やそれを表現する環境を見い出せるために、その特徴が拡大するからだ（同右 35）。彼の主張を生物学風に翻案すれば、都市という存在は、いわば菌を培養する「培地」の様なものだ、ということであろうか。

パークの小論は、もともと「シカゴ、社会調査の実験」という論集の一部として発表されたもので、シカゴという都市を「社会的実験室」と明確に性格づけている。しかし、よく読むとそこにはいくつか矛盾した印象の議論が並立している。記号論的にその対立項を見てみると、まず都市／農村という対比がしばしば繰り返される。そこでのポイントは（前述したように）都市は人工的で、住民が意図的に作りあげるものである（パーク 1986: 11-12）。それを実験室と呼ぶのは、人工的な環境という意味に於いてである。そうした「実験室」環境では、伝統的な社会的紐帯は解体、再構築され、変化も速いので、目の前でその動態を観察することが出来る（同右 31）。他方、都市は単にそうした新たな潮流を（ギブソニアン風に言えば）「アフォード」するだけでなく、それに介入、あるいは観察する様な制度をも同時に作り出す（例えば少年審判所）。それによって介入実験も観察も同時に行われるという訳である。

他方、そうした急激な変化を支える地域的集合を、パークらは自然的地域とも呼ぶ（パーク 1986: 21）。社会的実験室の中に自然的地域があるというのも妙な話だが、この社会的実験室は、その環境を厳密にコントロールは出来ないので、自然発生的クラスターも成長するという意味なのだろう。だが、そうすると、社会的実験室としての都市環境がその環境をどこまでコントロール出来るとパークが考えているのか、判然としないのである。

パークが強調する、伝統の拘束の少なさ、変化の急速さ、あるいは観察の容易さといった諸点は、コーラーがフィールド生物学で強調した自然実験（火山噴火や急に誕生した新島等）を連想させる面もある（Kohler 2002）。他方パークは伝統的な農村社会との対比で、都市住民自体が「実用的、かつ実験的」（パーク 1986: 14）だと言う。そこで研究者は何をするかというと、住人が行う実験を観察するのだとされる。つまり社会実験の主体は住民だが、しかし成り行きに応じて研究者も「実験」という形で介入するというのだ。

実際パークの定式化では、都市住人はそれ自体が実験的な振る舞いをするが、自然的なクラスターも作る。また研究者や行政官にとっても、観察と介入の区別はつきにくい。実際研究の先駆者として彼が挙げているのは、一連のセツルメント活動に伴う調査報告であり、また治安維持や衛生保健についても、実践的介入と研究は絡み合っているのである。

3　ラボとフィールドの間

シカゴ学派全体の言説、特にその実験室概念の揺らぎについて分析したのはギエリンの研究である（Gieryn 2006）。第1章でも、最終節のコーラーの研究に関係してその名が登場したが、STSの文脈では、ギエリンの名は、前述した様に、境界同定作業という概念との関係で知られている（Gieryn 1999）[1]。科学は真理を担保する仕事として、自らとそれ以外の境界にはことのほか気を使う。たまに噴出する「似非科学をやっつけろ」的な排他的バッシングは、まさにその作業そのものである。他方、こうした境界は科学内部で複雑に交錯する。特に新興領域に於いては、その領域が十分に科学的と言えるのかという点について論争が起こることもある。(2)

前述したコーラーのフィールド生物学についての歴史的研究は、このギエリンの境界同定作業と言う概念に影響を受けているが (Kohler 2002)、他方ギエリンの分析自体、コーラーの研究を下敷きにしている。ギエリンはシカゴ学派の諸研究を通覧し、そこには先程の「実験室」という概念と同時に、「フィールドとしてのシカゴ」という別の発想があり、シカゴ社会学のレトリックがこの二つのメタファーの間を揺れ動いていると指摘した (Gieryn 2006)。ギエリンが参照したコーラーの研究では、フィールド上で厳密な実験が出来るのかという問いは、自然実験を含めた、フィールド固有の在り方をベースとした手法の開発という方向に向かう (Kohler 2002)。他方、ギエリンの分析によるシカゴ社会学では、こうした二極が同時に存在していることになる。

この二極のどちらによるかで、見いだされる事実の解釈も変わってくる。フィールドとしてのシカゴにおける事実は、その場所に固有のユニークなものである。他方実験室としてのシカゴでは、そこでの事実は他の地域でも多かれ少なかれ共通して見いだされる筈である。研究者の態度も、フィールドにおける対象への近接、没入という面と、実験室に於ける客観的、中立的な観察という二つの主張が混在しているとギエリンは指摘する (Gieryn 2006: 21-24)。

実際、この時期のシカゴ社会学に於いて、社会学を自然科学に近づけることで地位向上を狙うという思惑は否定出来ない。とはいえ、彼らの間でも、目標とする自然科学が、実験科学なのか、はたまたフィールド科学なのか決めかねている様子がある、とギエリンは言う。実際学派内で使われているメタファーを列挙すると、フィールド科学、都市生態学、人類学、社会実験室等多様で、詳細なフィールド調査が、科学者が顕微鏡で対象を観察することと等価、とされたりもしているのである (Gieryn 2006: 12)。

面白いのは、実験という概念そのものについてのシカゴ学派の解釈である。ある著者は、自然科学に於ける実験は実験者が作り出すものだが、シカゴに於ける実験は環境が生み出すものだとしている。またパークらは、そうした実験によって作り出される様々なバリエーションは、市民や行政が産出するものであり、そうした多様な試行錯誤を提供する場がシカゴだという訳である (Gieryn 2006: 15)。

「実験室」としてのシカゴで得られた「事実」が、どの程度普遍妥当性を持つかという問いに対し、学派内で意見が割れたという。パークとバージェス (E. Burgess) による『都市』(Park et al. 1967) という著作では、シカゴの概略図と、それを抽象化した一般的な同心円図が描かれているが、特定の地域としてのシカゴと、それを一般化したモデルがほとんど同一視されている。実際、個別性と普遍性を一気につなぐこうした主張に対して、当時から批判の声もあったという (同右 16)。

事例研究とその一般化の問題は、特に質的な社会科学では大きな問題でなる(3)。私が研究したケースでも、高信頼性組織という、リスクが高いテクノロジーを管理する組織についての研究では、日常レベルの運用の細部が重要な知見をもたらす。他方、こうした詳細な民族説的組織研究は、極めて限られており、少数の事例から一般化せざるを得ない。それ故実際の研究プロセスに於いては、特定のケーススタディからまず暫定的な一般化を行い、後続する様々なモノグラフがそれを段々と修正して複雑化し、結果としてその初期の枠組みが機能しなくなるというパターンになりがちである (福島 2023)。

シカゴ学派の言説に於ける、実験室メタファーの揺らぎに対して、ギエリンはその後興隆した、ロスアンゼルスを基盤とした都市社会学者達のスタンスを対比させる。後者は前者の様な、自然科学的な観察対象としての都市という枠組みそのものを否定し、多様で収束点のない都市というイメージをベースに研究を推進した。シカゴ学派のリアリズムに対して、ポストモダン風の、様々なイデオロギーの闘争の場としての都市（研究）というスタンスが前面に出てくるのである（Gieryn 2006: 26-27）。

社会を実験室の様に見立てて厳密な知識を目指すか、あるいはフィールドとしてその文脈性、偶発性を重要視するか、という点についての揺らぎは、社会実験に関わる社会科学的研究一般につきまとう問題でもある。実験室的に厳密にやろうとすると、関連する様々な手法（例えば対照群の確保等）を実施する必要がある。他方、より自然な観察を中心とすると、自然実験といった概念も重要になる。それは歴史学に於ける自然実験や、政策学周辺に於ける疑似実験の分析と言ったさまざまな潮流に分岐していくのである。

4　実験家としてのアダムス

さて、こうした実験的介入と観察、実践と研究が複雑に絡み合う状況そのものは社会科学としては日常的だが、シカゴの様な都市そのものを（社会的）実験室と呼ぶのはどうか、という批判が出ても不思議ではない。本章第Ⅵ節の都市ラボという議論の中で、社会実験の主体としての都市という概念が、ギエリンの議論も含めて再燃するが、その点は後述する。

近年のＳＴＳ周辺では、こうした状況をシカゴ社会学に限定せず、ここに現れた事例の一部を、社会と実験の関係を考える為の新たな試金石とする試みもある。その一つが、社会事業家と同時に黎明期の社会学者とも言える、前述したアダムスのユニークな実験概念についての、グロス（M. Gross）の分析である[4]（Gross 2009）。

上述したパークの、社会的実験室としての都市という概念は、パークのみならず、初期シカゴ学派で緩く共有されてきたものだが、グロスは当時のシカゴにはこうした社会学者の議論とは異なる形で、実験と社会実践の関係を定義した人がいて、それがアダムスだと言う。前述したパーク自身の解説にもあったように、アダムスらは、全米初のセツルメントを立ち上げたグループである。セツルメントとは、大学教員等が貧困地区に住み着いて福祉教化活動を行う活動で、一九世紀半ばの英国がその発祥の地とされる。そのアメリカ版が、アダムスらによるシカゴ市のハル・ハウスである。彼女達は、ロンドンのイーストエンド地区に建てられたトインビー・ハウスというセツルメントにヒントを得て、一八八九年にハル（C. Hull）という名のビジネスマンの邸宅を借り受け、そこをアメリカ版のセツルメントとした。この試みをアダムスは「偉大なる実験」と呼んでおり、その成果はのちに一冊の本にまとめられている。

グロスが注目するのは、アダムスが、こうした試みを積極的に「実験」と呼んでいた一方、ハル・ハウスに（社会的）実験室といった称号を与えるのを拒否したという点である（Gross 2009: 84-85）。アダムスの実験とは、バルコニーでちょっとした授業を行ったり、ソフトドリンクを工夫して、それをアルコールの代わりにする、といった試みのことである（同右 86）。私の用語なら「日常的実験」だが、彼女にとっての実験は、集団的学習プロセスであり、不確実性下での柔軟な試みのことを示す（同右 87）。それゆえ条件をいろいろ工夫して厳密な知識を得ようとするタイプの実験を彼女は「ドン・キホーテ的な実験」（Quixotic experiment）と揶揄した[5]（同右 88）。

グロスは、このアダムスの実験概念を精察し、彼女がセツルメント内外に於ける実験を、知識生産／知識応用、統制下／特殊状況の二つの軸からなる四象限としていると分析した。それをフィールドでの観察、ラボ実験、フィールドでの（知識）応用、館内での試みの四つと分類してみせた。アダムスにとっての実験とは、これら四つの象限すべてを含むもので、それらがいわば全体として絡み合いながら、協働的実験（cooperative experiment）という全体の一部分となるのだとグロスはまとめている（Gross 2009: 90–92）。

こうまとめると、アダムスがなぜ実験概念を肯定しつつ、社会的実験室という呼称は拒否したのかよく分かる、とグロスは言う。つまりこの理解では、「実験」概念の方が包括的で、自然科学的なラボで行われている実験はその下位領域に過ぎないのである（Gross 2009: 92–94）。ＳＴＳを含め、従来の社会実験についての議論は、多かれ少なかれラボ的実験から出発し、それを概念的に延長したのが社会実験とする。それに対してグロスは、アダムスの事例から異議を唱え、（社会的）実験が先で、自然科学的な実験室はいわばその後だ、とまで主張しているのである（同右 92–94）。

このグロスの議論は、当時のシカゴに於ける広範囲な実験的試みと実験概念の振幅を知るという意味のみならず、本論第1章における実験（室）概念の履歴という点からも肯定すべき点が多い。他方彼が見落としている面もある。例えばグロスは実験室的な実験概念を肯定したデューイと、それを拒否したアダムスという対比で議論している（同右 86）。確かにデューイは実験的な試みを教育に生かすという意味で「実験学校」という言葉を使っているが、実は、前述したように教育の文脈で実験という言葉を利用することにはそれほど積極的ではなかった。そこには児童をまるでモルモットの様に扱うという語感があったからである（メイヒュー・エドワーズ 2017）。

Ⅱ　政策における実験

1　キャンベルの社会実験思想

さて、本章に於いて、シカゴ社会学とそのＳＴＳ的解釈を本章の第Ｉ節で紹介したのは、社会と実験との関係を考える際、多様な解釈の可能性が存在する点を示す為である。そこには恒常的な曖昧さがあるが、それは対象となる社会に対し、それを「観察」するのか、それとも「介入」するのかという二つの極の間に、多様なバリエーションがあるからである。こうした多様性の一つの極として、社会に対する（厳密な）知識を獲得する手段としての社会実験、という考えの領域がある。

前述した様に、知識目的の社会実験では、自分で実際に（社会）実験を行い、その結果を分析しデータを得るという方向と、いわゆる自然実験、つまり現実に起きた出来事を自然が行った実験と見なし、そこから因果関係を推定するという方向がある。本章の関心は、社会実験という試みに於ける、知識獲得と社会参加という、二つの大きなベクトルの間のせめぎ合いにあるので、知識獲得に特化した議論の詳細には深入りしない。とはいえ、前者のようなケースでも、そこで獲得された知識が、現実の政策現場にどう影響を与えるかという点は、ＳＴＳ的観点からいっても興味深い問題である。そうした文脈で、前者の様なアプローチの代表的論者の一人がキャンベルである。

キャンベルはもともと社会心理学出身で、その実験的手法を社会科学一般、特に政策研究に応用するという試みの開拓者として夙に有名である。条件をコントロールするのが困難な社会的状況下で、いかにして因果関係の厳密な推定を行うかという問題設定に基づき、サンプルをランダム化することで因果関係を推定する方法、あるいは特定の政策が実行された際、その前後を厳密に比較することで、その政策のインパクトを探る方法といったものを提唱した (Campbell 1969)。政策形成に於ける社会実験の役割という大きな流れのきっかけを作った一人である。また後に「実験する社会」(Campbell 1991) という概念を提唱し、社会に於ける実験が、民主主義的体制とどう関係するかといった問題にまで踏み込んだ議論をしている。そのため、後にSTSで同様の議論が論じられる際は、このキャンベルの主張が一種の仮想敵とされる場合も少ない (e.g. Gross & Krohn 1995)。

彼の一連の著作の中で、特に政策の文脈での社会実験の重要性を論じたのが、「実験としての改革」(Campbell 1969) という論文である。ここでは、政策への実験概念の応用のポイントが明確に述べられており、政策実験を論じる際、しばしばその筆頭に引用される (e.g. Berk et al. 1985)。キャンベルは論文の冒頭で、アメリカを含む近代国家は、社会改革への実験的なアプローチを準備する必要があり、その為の政策評価プログラム、社会指標の整備、さらには「データバンク」の必要性といった点を列挙している。続いて、こうした新アプローチに対する行政担当者の否定的な姿勢を指摘し、データやその解釈の曖昧さという難点に加え、行政官が、自らの政策は成功が義務付けられていると考えている点が問題だとする。それゆえ彼らはネガティブな実験結果に対し、拒否する傾向があると端的に指摘する (Campbell 1969: 164-167)。

この点は後に詳しく述べる。

続けて、得られたデータの質に関し、実験室環境に於ける厳密な統制からみて、フィールドで実験する場合の問題を一〇項目に分けて分析している。その中で、データをランダムに採取するランダム化実験がベストだとする。とはいえ、その実行には様々な現実的制約があるため、次善の策として彼が推奨するのは「疑似実験」である。ここでは交通改革政策の事例を取り上げ、その効果の分析法を複数論じている。彼がここで提唱したのが、政策導入の直前・直後を特定閾値の前後で比較するもので、後に回帰不連続デザインと呼ばれる手法である(Campbell 1969: 156)[6]。

彼の死後、複数の友人が追悼文を寄せているが、ある論者は、表面上キャンベルは「ランダム化手法」の唱導者として世間に名を馳せたが、彼の真の愛情はこうした「疑似実験」にあったと指摘している(Trochim 1998)。実際、この「実験としての改革」論文で示される一見単純なデータ(改革前と改革後)の自動車事故数の推移に関する彼の読み込みは執拗で、可能なバイアスや内生変数のリスクをこれでもかという感じで暴き出している[7]。

こうした分析手法の提唱に加え、キャンベルはより大きな政策データ関係の運動にも関わっていた。エビデンスに基づく医療(ＥＢＭ)というのは、「コクラン共同計画」として医学界では有名だが(津谷 1999)、これは様々な種類の医療系データをその信頼性の度合いによってランクづけし、そこから科学的に信頼度が高い因果関係を整理する試みである。彼はこれに刺激を受け、社会政策関係でも系統的レビューを通じて評価を行うという計画を立ち上げたが、これは「キャンベル共同計画」と呼ばれている。そこにはキャンベルの政策思想が大きく影響している(Shermann et al. 2002; 津富 2003)。

彼はまた、こうした実験的手法を単に社会科学だけではなく、社会全体に応用するという野心も持っていた。これが前述した「実験する社会」(Campbell 1991) という主張である。この主張は、実験的アプローチを教育から政治にいたる諸分野に適用しようとしたデューイおよびプラグマティズム一般のそれと類似する面でもある。またこの議論は、意思決定過程が透明で、権力が分散し、更に政策が科学的知見によって検証され、柔軟に修正されるという内容で、ポパー (K. Popper) の『開かれた社会とその敵』(ポパー 1981) を連想させる主張でもある。また一九八〇年代になると、STS興隆期と重なるため、その時期によく議論されていた、クーンのパラダイム論やそれに刺激をうけた初期STSの議論についても論評を行っている (e.g. Campbell 1985)。

キャンベルは、社会実験がもたらす厳密な知識についての楽観的な唱導者、という印象で語られることが少なくないが、その実態はより複雑でニュアンスに富むものである。前述したランダム化実験の提唱についても、後に彼はあまりに統計学を強調しすぎたと洩らしていたという (Ginsberg 1998)。統計学が最強の学問だ、と言い張った訳でもないのである。実際キャンベルは、実験的手法による厳密な因果関係の確定について様々な提案を行った一方で、それによって我々のより常識的な理解の有効性が否定される訳ではない、とも主張していた。その中には民族誌の様な質的研究から、もっと一般的な経験的判断そのものも含まれる (同右)。

実際キャンベル自身、文化人類学者と組んで比較民族誌的な研究や、文化の影響による質問者のバイアス問題といった、実際の調査に関係する様々な自己反省的研究も盛んに行った(8) (Ginsberg 1998)。社会科学をゴリゴリの実験科学化しようとしたというよりも、複雑な層を持つ現実に対し、様々な手法を組み合わせることで対応しようとしたのである。

こうした多角的アプローチは、彼が自らの研究履歴を語る語り口にも現れている。そこでは、自身の研究人生は、成果が出ずに中途半端に終わったプロジェクトや途中で方針が変わった研究など、偶然と方向転換の連続として表現されている（Reichardt 1998）。第1章で紹介した様に、後に研究に於ける偶然、非線型性、あるいは驚きという議論が一部のSTS学者の間で強調されることになったが（Latour 2003; Gross 2010）、キャンベルは、研究のリアルに於ける、偶然と方向転換の連続という点を正確に理解していたのである。

キャンベルのこうした思想の背後には、進化認識論があるとされる。認識の成長をダーウィン的進化論との関わりで考えるこの議論は、認識の発展についての偶然の役割と自然選択という過程からその成長を考えるが（Mark 1998）、ある意味STS、特にオランダ系の技術社会学者達が常に関心をよせてきた進化経済学（cf. van den Belt & Rip 1987）と似たような理論的関心があったとも言える。実際、死後出版された追悼論文集である『実験する社会』（Dunn 1998）の書評の中でも、キャンベルのスタンスは、現在のSTSで大人気のデューイのプラグマティズムに似た楽観がある、という評すらある[9]（Keaney 1999）。しかし現在のSTSでデューイの名が連呼されるのに対して、キャンベルの名がほとんど聞かれないのは何故だろうか。

まず第一に、実験という概念の違いである。デューイは「実験学校」等を通じて、現実の社会実践に深く関わったが、キャンベルの主要な関心は、あくまで既に行われた政策（すなわち疑似実験）の事後的な分析であり、「実験学校」の様に、実際の社会介入的な実験（的なもの）を率先して行った訳ではないという点。キャンベルが、あくまで研究者としてのデータ解析のスタンスを維持したのに対して、デューイの介入は社会的な広がりをもつ為に、一部のＳＴＳの活動家的野心と共鳴しやすいのである。

第二に、前述した様に、キャンベルの社会科学観の実際は、量的、質的双方のアプローチを多層的に利用することを理想とし、その意味でゴリゴリの自然科学的手法の信奉者と呼ぶことは出来ない。また彼の進化認識論的な哲学的背景も、ＳＴＳの立場との親和性がある。他方、一九八〇年代に興隆した、当時のＳＴＳの議論とは相いれない側面もあった。その典型が、クーンのパラダイム論に対するキャンベルの反論である。彼はパラダイム論を、特定の社会システムに密接に関わる科学的な営為と理解し、それを科学の「部族モデル」(tribal model) と呼んだ。そしてその源泉としてパースからデューイに至るプラグマティズムや論理実証主義の一部も挙げているのである (Campbell 1979: 181-183)。こうした流れに対して、キャンベル自身は自分の立場を「記述認識論」(descriptive epistemology) と呼び、そこでは時空を超えた普遍的な認識論に対する批判的な立場をとる一方で、上記の部族モデルについても同時に批判的なのである(10) (同右 183-184)。

他方、論文の最後では、キャンベルは自分がポスト実証主義哲学の側に立つと主張し、自らの立場を、ポパーからファイアアーベント (P. Feyerabent) に至る一連の科学哲学者と同じ立場だと言い切っている。しかしそれに加え、彼はこうした論者を批判し、科学において「実験」が果たす役割を過小評価している、と指摘している。これは第1章で論じたように、後にＳＴＳや科学史学者らが展開するようになった主張と同じである。キャンベルは、実験は理論家が求めるような内容のものでは決してなく、ある意味常に理論家に対して、欲求不満を起こさせるものだとすら主張する (Campbell 1979: 197-199)。

この実験重視という主張に於いても、ＳＴＳの中心的議論との親和性が高いものの、他方彼はマートン流の科学の「規範的」在り方について信念を失わず[11]、それ故前者の「実験する社会」の記述が端的に理想主義的に見えてしまうのである[12]。

2　キャンベルに於ける実験と政策

さて、ここまで政策に於ける社会実験の唱導者として有名なキャンベルについて、かなりページを割いて議論してきたが、この話は、政策と実験をめぐる膨大な研究の極く一部を占めるに過ぎない。他方、キャンベルの興味深い点は、政策に於ける実験的アプローチを称揚する一方で、それが政策現場に於いて持つ現実的な限界についてもよく理解していたという点である。この点が後のＳＴＳ的研究との連続性を強く感じさせる側面でもある。

彼は、社会実験自体の認識論的な問題に加え、その結果がどれだけ現実の政策関係者に利用されうるか、という点についてかなり留保つきの観察を行っている。既に紹介したように、「実験としての改革」論文の冒頭で、こうした実験結果がもつ政治的脆弱性として、「すべての改革は成功することを運命づけられており、それ故こうした調査結果は即座に政治的な意味を持つ」とし、政治家が行うのは、その結果をメディア受けする様な形でコントロールすることだ、とまで言い切っている（Campbell 1969: 135）。

実際この論文は、疑似実験を称揚することに加え、政策担当者そのものの反応の分析でもある。論文の最後では、彼らを「成功にとらわれた」行政官と「(真に）実験的な」それに分け、前者が成功に固執する為に失敗が許されず、自分に都合のいい称賛の言葉や、それを導く為のサンプルへのバイアスがあると指摘する。他方、真の改革志向の担当者たるは、より良き案に改善していく点に集中すべきで、研究者は多層的な評価によってそれをサポートすべし、としている（Campbell 1969: 164-168）。

「実験する社会への方法」（Campbell 1991）という別の論文では、彼の「実験する社会」の理想的諸項目が並べられた後、どんな政治体制であれ、政策過程に於ける実験的アプローチを中立的に評価するのは容易ではないとし、その問題を「過度の唱導の罠」（overadvocacy trap）と呼んでいる。現在の行政システムではそもそも改革は非常に難しいため、改革がうまくいっていると必要以上に自己弁護する傾向がある、という訳である。こうした傾向に対し社会科学者がやるべきことは、何かをすべしという提案ではなく、過去の分析だと言う。つまり「実験」の結果は常に予測不能である以上、どんな改革案も事前には予期出来ない結果を生む可能性があり、やってみなければ分からないからである（Campbell 1969: 228）。

更にキャンベルは、ランダム化（無作為化）された政策実験について、特に住民側、行政側の双方の不安、不信に対しても丁寧に対応すべきとしている。キャンベルはランダム化実験の現実的な困難もよく承知しており、それ故この後は、研究者が社会に介入する訳ではない疑似実験についての詳細な解説が続くのである。最後に政治と社会科学の関係についての一般的な議論が来る。キャンベルは社会科学者がまるで司祭（priest）のように、政策の決定権を握るシステムを否定し、あくまでその役割は諮問、あるいは行政官の多面的な意思決定を援護する様なやり方だという（Campbell 1969: 255）。

具体的な政策現場に於ける（社会）実験の様々な機能、役割、そして解釈の問題は、そもそも社会実験と呼ばれるものが、厳密な意味での「実験」と言えるのか、という根本的な問題とも関係する。キャンベルの「実験する社会」の議論が、しばしば理想主義的で、現実の複雑さをよく理解していないという批判がＳＴＳ関係者からなされることは既に指摘した。こうした批判は明らかに、キャンベルの主張の半分だけを取り上げ、それのみを叩いているという点がよく分かるのである。

3　社会実験という「思想」

さてここから、キャンベルの主張の地理的、歴史的周辺で行われたいくつかのタイプの社会実験（特に実際に社会に介入するケース）と、それにまつわる様々な問題点について順次論じていく。まず最初は、こうした社会実験という考え方が、西洋の思想的文脈でどの程度、論じられて来たかという点である。ブラウン（Brown 1997）は、こうした社会実験を善しとする考え方は、そもそも西洋の思想的文脈ではあまり無かったという点を指摘している。実験が社会を変えるという考えは、それほど長い歴史を持っていた訳ではないと言う。

一八〜一九世紀に存在した（プロト）社会実験への思想的関心の裏にあった共通観念は、こうした実験の典型として、自然災害や革命の様な大きな社会的変化を前提としており、我々はそれを人為的に起こすことは出来ないと考えられた。そこで偶然生じる歴史的切断を詳細に観察することが肝要とされたのである（Brown 1997: 3）。これはフィールド科学に於ける自然実験と似た様な発想である。著者によれば、当時は、偶然に起こる社会現象から、一般的な因果関係を導出する方法について、共有された考えは存在しなかった。更に社会実験といった考えへの批判は根強くあり、実験室のように条件を厳密にコントロール出来ないものを実験と呼ぶのはふさわしくない。あるいは、人間は物質ではないから、モノを扱うようには行かないといった批判があった。さらにはコント（A. Comte）に代表される「社会の有機体説」、つまり社会全体は人体のように緊密に連関しているので、その一部に介入すると、その全体が反応してしまうと言う考えからの批判もあった（同右 4-6）。

ここで前述したキャンベルらの社会実験についての考察（ランダム化、疑似実験など）が出てくるが、こうした初期の社会思想家達は、経験的な因果関係を積み重ねることよりも、より壮大な社会改革ビジョンを描くことに関心があったのだと指摘する（Brown 1997: 9-10）。結論として、社会実験が定着する為の前提条件として、①統計学の確立、②経済、政治的な喫緊の問題の存在、③実験を行う為の財政的支援、という三つの条件を挙げている。そして、②の社会問題と③の財政援助に関しては、過去にも可能性があったものの、①の統計学が整備されるのは二〇世紀に入ってからであり、これがなければ実験結果の厳密な評価が出来ないので、この分野の未発達が社会実験の最大の阻害要因だったと主張している（同右 6-13）。

加えて、二〇世紀になって実験的手法を広める母体になったのが、実験心理学者達だったという事実も指摘する。彼らが生理学を経由して医療に影響を与え、さらに組織研究、産業心理学、そして社会一般に展開される様になった。二〇世紀初頭でも、社会理論家と現場実践の間で、厳密な実験を行うスキルを持っていたのは、実験心理学集団しかいなかったのである（Brown 1997: 13-19）。この分析を読むと、なぜキャンベルの様な社会心理学者が政策を含むある種の社会実験の先導者になったのか、その背景がよく分かるのである。

以上の話は、西洋に於ける社会思想全体と、アメリカに於ける実際を論じたものだが、このアメリカという文脈は、特殊な意味合いを持つ地理学的条件として、本章でもしばしば言及されてきた。「メタファーとしての実験」という文脈では、アメリカ、あるいはその特定地域であるシカゴやカリフォルニアは、他のいくつかの地域と並んで、まさに社会実験のための自然のロケーションといった風情がある。更にキャンベルの様な「実験する社会」という理想主義的な主張、シカゴを揺籃の地の一つとするプラグマティズム哲学の伝統、更には第3章で議論する戦後の実験音楽のメッカとしてのアメリカという点から見ても、この国は、様々な意味で（社会）実験の栄える国と言う漠然とした印象を受ける。

とはいえ、話がそれほど単純ではない、という点を論じたのがスナイダー（Snider 2000）である。この論文はアメリカの公共政策とプラグマティズムの関係を論じたものだが、プラグマティズムやそれに関係する実験的アプローチが、その発祥の地であるアメリカの公共政策に特別な影響を与えてきた訳ではないというのが彼の主張である。近年政策学周辺で言われる、プラグマティズムへの「回帰」という言い方は、歴史的事実に反すると言うのである。

この論文は、アメリカの大学に於いて、公共政策が組織的に取り上げられる一九二〇年代から、その教義が大幅に変化する五〇年代までを扱っているが、結論から言えば、この時期の公共政策学は、行政官による経験重視（その意味では実践的ではあるが）から、より厳密な学としてのそれへと方向が変化する。この流れの中で、一九二〇年代、デューイのニューディール批判への政策学者の反感（Snider 2000: 341）があり、更に四〇年代に巻き起こった科学的政策学志向、特に基本的に論理実証主義的なサイモン（H. Simon）やテイラー（T. Taylor）の影響により、公共政策に関する思想が、デューイらのプラグマティズムとは似ても似つかない方向へと進んで行ったという、興味深い履歴を分析しているのである。

4　初期ランダム化実験の命運

さてキャンベルの「実験としての改革」論文が書かれたのは一九六九年だが、その後アメリカに於けるこうした（ランダム化実験を中心とした）社会実験はどうなったのであろうか。ほぼ一五年後、一九八五年の時点で書かれたレビューをみると、重要な社会実験がいくつか実行された一方、既に多くの問題点が浮き彫りになって来ているのが分かる（Berk et al. 1985）。

例えば、ランダムに選ばれた家庭に補助金を出し、他の家庭には出さずにその結果を比較するという実験があったが、その実験の途中で行政官がルールを変えてしまい、補助金未受理の家庭も別の援助を得られるようになって実験の意味が薄れてしまったという事例がある。また実験の結果と政策の関係も微妙で、家庭内暴力と警察の介入に関する実験では、その結果がすぐに政策に反映されたが、他の実験では、結果が全く無視されたり、明らかに誤用されたものもあると言う（Berk et al. 1985: 389）。

ここで著者達が指摘するのは、ランダム化は確かに有効ではあるものの、特定の実験から一般的な結論を得ることの難しさ、そして実験の成功に関係する「偶然」の役割等が問題として残ると指摘する。そして当時の政策過程（一九八五年現在）に於いて、実験的アプローチはいまだ中心的な方法になっていないと指摘し、以下のような理由を挙げる。

第一に、政策担当者に実験を行うインセンティブがほとんど無いという点。実験は答えを探す過程であるが、政策担当者はそうした無知を世間に晒すのは好まないからである。（前述したキャンベルの「成功にとらわれた政策担当者」という言葉を参照）。またイデオロギー的な信念との差の問題、更に実験は時間がかかり、政治的な負担が重いという点もある（この点は本章後半でも大きな問題になる）。

他方、学者もやる気がない。こうした応用的研究は、（当時の）アカデミアの文脈では評価が低く、その結果を一流ジャーナルに投稿するのは困難である。さらに過去二〇年間に行われた社会実験は、その質も内容もバラバラで、一九八五年時点で社会実験の効用を喧伝出来るレベルにない。またその結果を政策担当者にうまく伝える技術も乏しい。加えて、社会実験が関係する問題そのものが解決困難で、単発の実験では白黒つけがたい様なものも多い。更に一般の誤解もある。特に厳密な社会実験については、非倫理的、コストがかかりすぎといった（現実とは必ずしも合っていない）批判などが存在したと言う（Berk et al. 1985: 389-390）。

ここで指摘されている諸問題は、ＳＴＳの文脈にとっても、一般的に科学（研究）と実際の政策の間の関係を考える上で重要な点を多く含んでいる。こうした批判に対し、著者達は、ある成功例を紹介、分析している。これは囚人への職業訓練についての社会実験のケースで、政策に有機的に結びついたものとされる。多少長くなるが、当時の社会実験の成功例とされるものを知るチャンスなので、詳細にその内容を紹介する[13]（以下 Berk et al. 1985: 399-401）。

「人材開発訓練法」（Manpower Development and Training Act）と呼ばれる法案が議会を通過したのは一九六二年のことである。その後修正案が次々追加されたが、要は州および連邦刑務所に収監されている囚人達の職業訓練に関する法である。その目的は刑期終了後の雇用の促進であるが、ある研究によるとこれは雇用にも、あるいは再犯防止にも効果が無かったと言う。

他方人材総局（Manpower Administration、のちに雇用訓練局 the Employment and Training Administration と改称）は、連邦刑務所を出所した元囚人たちが金欠で、仕事も見つからず、こうした経済的不如意が再犯に結びついたと結論した。こうした状況で、人材総局は元囚人たちに財政的援助を行うプログラムを計画し、これで再雇用を促進しようとした。ただしこの計画は「実験的」とされ、成果については厳格に事後評価するとされた。

少数のパイロット研究の後、本格的な「元囚人用の生前給与保険」（LIFE: Living Insurance For Ex-Offenders）実験が計画された。実験内容は、四〇〇名ほどの元囚人を四つのグループに分ける。第一群には、失業手当給付金に類似した給付金を与える（失業者は一三週間の間、週六〇ドルが支給される）。第二群には、職探し支援をする。第三群には、上記二つの支援を併用する。そして第四群は、こうした支援のないグループである。元囚人達は、四つのグループのどれかにランダムに分類され、それぞれの効果を出所後二年間、追跡調査すると言うものであった。

この実験案を、メリーランド州矯正局が受け入れ、バルチモア市で実験を行った(14)。実験の結果、財政援助なしグループの三〇％は窃盗で捕まったが、援助ありは二二％であった。他方、財政援助グループは仕事を見つけないだろうと予想されたが、実際には就業が促進されたという。さらにコスト・ベネフィット分析の結果、このプログラムで一人あたり四ドルが節約出来、経済的にも見あうものと結論づけられた。

とはいえ、この実験結果は満足なものには程遠かった。統計的な有意性はギリギリで、内容はほとんど偶然に近い。また研究者は熱心だったが、行政官はそれほどでもなかった。更にここで集められたハイリスク集団を全体の代表例と考えることは出来ない、等の批判が出て、次の実験が計画された（以下 Berk et al. 1985: 401-403）。

社会科学者、行政官、そして刑務所関係者の会合を通じて提案された「釈放された囚人用の暫定的援助」（TARP: Transitional Aid for Released Prisoners）という実験である。支援金受給者をランダムに決定し、二年間の経過観察をするという点では上記のＬＩＦＥと同じだが、その管轄は研究者でなく行政が行い、減税も制限されて就業時の収入も減少した。これは二カ所で実施し、それぞれ一〇〇〇人の元囚人（その内容に制限なし）が選ばれた。ＬＩＦＥ実験とは異なり、この新実験では、窃盗罪による逮捕数は減少せず、また支援金を得た人々が就業努力を怠る傾向が見られたと言う。また彼らが再犯に関わる傾向もあった。結局支援金が再犯抑止に効果があるのは、それが就業意図を減少させない場合だが、どうやったらそれが可能なのかは不明という結論になったのである。

ここで興味深いのは、こうした社会実験をめぐる、政界全体の潮流の変化という現象である（Berk et al. 1985: 401-403）。こうした政策に興味がないレーガン政権になると、ワシントン周辺では社会実験への関心が急速に衰えた。他方、カリフォルニア州の共和党上院議員はＬＩＦＥ実験に興味を持ち、刑務所内での時給労働に参加し、一五〇〇ドル以上稼いだ囚人は釈放後失業者給付金に応募出来るという内容の提案をした。これに賛成したのが民主党だったが、五年の時限つき、かつ終了後に厳格な事後評価をするという条件つきであった。

ところがここで問題が生じる（同右 403）。調査費用がカリフォルニア州矯正局の予算でまかなえず、同部局内に分析ができる専門家がいなかったのである。そこでアメリカ労働省雇用訓練局（US Department of Labor's Employment and Training Administration）が資金を提供し、カリフォルニア大学が分析スタッフを供給することになったものの、ここで手法がランダム化実験ではなく疑似実験になってしまった。

つまり政策を実行し、事後的にそれを解析するという方法に変ったのである。計画終了一年前に評価分析が行われたが、その半年前に、このプログラムは高価で価値が無いという批判が噴出し、公聴会まで開かれる羽目になった。最終評価では、結果は前述のＬＩＦＥ、ＴＡＲＰ計画と同様こうした政策には有効性があり、また一人あたり二〇〇〇ドルの費用を節約出来るとされた。しかし当時カリフォルニア州政府は財政危機のまっただ中で、結局こうした政策が本格的に採用されることは無かったのである。

だいぶ長々と紹介してきたが、こうした事例にみる政策および政治面での紆余曲折は、他の社会実験にも通底する複数の重要な問題を含んでいる。本書の文脈で言うと、こうした社会実験に関する、研究者と政策担当者の間の齟齬、関心の相違といったすれ違いの現実的側面が特に興味深いポイントである。

ＳＴＳでは、この科学／政治関係は、科学者による諮問委員会の機能、更にその両者を取り持ついわゆる規制科学（regulatory science）についてのジャサノフ（S. Jasanoff）の古典的な研究等がそうした関心の代表例である（Jasanoff 1987）。そのポイントの一つは、この両者の間の時間感覚の違い、つまり原則時間無制限で論争が可能な研究と、一定時間内に決断を迫られる行政との間の差をどう埋めるかという話である。その流れを受けた研究として、ガストン（D. Guston）による、アメリカ連邦下院主導の技術移転局の様な、議会と研究者を結ぶ「境界組織」（boundary organization）の研究（Guston 2001）等も盛んに行われている。更にそこに市民を含めると、カロンらが提唱する、多様なグループの出会いの場である、異種混交的な「混成型フォーラム」（hybrid forum）（Callon et al. 2009）といった組織についての議論もある。

こうしたＳＴＳ系の代表的な議論から見ると、上述の著者達は、社会実験センターといった、維持にコストがかかる制度化には否定的で、むしろ実験ごとのアドホックな委員会形式が推奨されている。この委員会は、政策と関連が深い実験を行い、更に新たな社会的問題の同定をもその役割とするとされる（Berk et al. 1985: 419-420）。

後述する交通実験のケースでも顕著だが、社会実験は、時間、資金、人材といった様々なコストがかかり、実行のための学術的／政治的正当性に関して、政策担当側や批判者から疑義が呈されるリスクもある。特に先の事例の場合、社会実験をめぐる政界の雰囲気が肯定から否定へと微妙に変化した時期だったという点も重要である。

社会実験のリスクが顕在化した別の例として、ランダム化社会実験を先導した先端的行政組織が、段々とその勢いを失っていく様子を分析した興味深い論文がある（Palmer & Petrosino 2003）。これはカリフォルニア青少年局研究部門（CYA: The California Youth Authority Research Division）と言う、一九五〇年代以降、司法関係の分野でランダム化社会実験を先端的に行い、一時期は全米の動向をリードした部局の話である。結論から言うと、八〇年代に近づくにつれ、様々な要因によりそうした先端的な地位を失い、同時にランダム化実験そのものも廃れていったと言う話である。

ＣＹＡは若年犯罪者の矯正、再教育を目的に一九四一年に設立された組織で、一九五八年には既に管理情報システム（Management Information System）を導入してデータによる意志決定を行った。その背景として、この局や上位組織のカリフォルニア矯正省（California Department of Corrections）の重要なポストに社会科学系スタッフが多く採用され、独自の「研究文化」（research culture）が育ったと、著者達は指摘している（Berk et al. 1985: 233-235）。その象徴が、一九五八年から七〇年代半ばまで活躍した「調査部門」（Division of Research）で、この時期がＣＹＡによるランダム化実験研究のピークだったと言う。

更に当時、ＣＹＡ長官やその上司もこうした研究に好意的で、調査部門の長には社会学者が就任した。彼は対照実験を推進して調査結果を行政に生かすという仕組みを作り、一九六三年までに一五名の博士卒の研究者を雇ってチームを形成した（Berk et al. 1985: 239）。

こうした推移は、ラトゥールが分析した、パスツール（L. Pasteur）の科学的成功の背後にある様々なネットワーク拡大の戦略（Latour 1988）を彷彿とさせる面があるが、一九七〇年代半ば以降、こうした成功にも陰がさす様になる。前述したＬＩＦＥ／ＴＡＲＦ実験に多少似ているが、若年犯罪に対して、社会復帰中心の方針から、犯罪者に対してより厳罰に処する方向（いわゆる司法 Justice モデル）へと時代の潮流が変化したのである。こうした変化の中で、ＣＹＡ調査部門は力を失い、調査部門よりも他の関係者や専門家が優先される様になった。また調査部門は、連邦政府内に新たに設立された、法執行機関（LEAA: Law Enforcement Administration Authority）から資金援助されることになった。この機関は前述した厳罰主義の司法モデルを推進しており、厳密だが時間がかかるランダム化社会実験よりも、より短期的に成果が出る研究が推奨される様になった（Berk et al. 1985: 243-244）。

面白いのは、こうした変化には、ＣＹＡのランダム化実験の成功そのものが関与していると言う。つまり従来の社会復帰モデル研究について成果があったのだから、今度は司法モデルについても成果を挙げてくれ、という訳である。またＣＹＡ自体もカリフォルニア矯正省に統合されることになり、司法モデルが主流になってしまった（同右 245）。著者達は、こうした衰退の背景として、アメリカ政治の政治的二極化と、それに関係した地域レベルでのポストの不安定化（同右 251-252）、更に研究者側の関心が、ランダム化実験から多変量解析へと変化したことも要因の一つと指摘している（同右 253-255）。

5　社会実験の忌避

これは行政側の事情の変化を中心に分析したものだが、この時期の政治学の観点から問題を分析したのがグリーンら（Green & Gerber 2003）の論文である。彼らによると、二〇〇〇年代に入っても、アメリカ政治学に於いてランダム化を中心としたフィールド実験的アプローチは盛り上がらなかったと言う。実際、政治学関係の最初期の社会実験は、一九二七年にシカゴでの投票行動について、市街地をブロックに分け、その一部に投票を促す手紙を書いて、その結果を他のブロックと比較するというものであった。その後も散発的にランダム化実験が行われたものの、こうした手法は二〇〇〇年代初頭まで定着せず、サーベイ研究が主流であった。

著者達はこうした実験的アプローチへの抵抗についていくつかの点を指摘している。第一は実験成果の一般化可能性についての疑問で、これはフィールド科学や社会科学のどの分野でもありうる議論である。また、政治学者がこうしたフィールド実験の具体的な方法について精通しておらず、実行するコストも馬鹿にならない。更に理論的に興味深い形でランダム化を行う経験が研究者に欠けていたといった点もある（Green & Gerber 2003: 101–103）。

とはいえ、過去の成功例を見ると、こうした実験が可能になるのは、研究者が政策担当者と密接な関係を持つ、あるいは新たな政策が実行される初期の段階等である。しかしこうした実験結果が政策に直接フィードバックされる範囲には限界があると、著者達は指摘する。例えば中央省庁や外交政策等に於いて、大規模なランダム化実験と言うのはほぼ不可能であり、代替の疑似実験が称揚される(15)（Green & Gerber 2003: 104-106）。

更にこうした実験的アプローチへの抵抗として、（政治学という分野から見た）理論的な意義の乏しさという問題もあったという。つまりこうした実験は、この特定の政策プログラムに近い関係者にとっては意味があるものの、そこから離れた、より理論的な意義を研究者が見出しにくい。また実験的介入とその結果がブラックボックス化されていて「なぜ」の観点が十分に呈示されていない、といった批判もあった（Green & Gerber 2003: 108）。

違う分野、例えば都市計画研究者達にとっても、社会実験についての状況はそれほど芳しかった訳でもないとするレビュー論文もある（Du Toit et al. 2012）。そこでは二〇一〇年代ですら、実験的手法による報告はほとんど見られないと言う。また別の論者（Honey-Roses & Stevens 2017）は、都市計画研究者達がこうした手法に無関心に見える理由について、その問題点を列挙している。

①こうした実験的手法に対して研究者がもともと不案内である。
②現実の計画立案に於いて、法的規制をクリアしたり、公共空間で行うための住民との折衝が難しいため、こうした実験はそもそも難しいと考えられている。
③実験に必要とされる時間の長さ。
④こうした実験結果が統計的に十分ではないという点。
⑤実験の倫理問題。
⑥やる気のある政策担当者を得られない等。

こうした問題点は、他のタイプの社会実験の困難とも重なる部分が多いが、著者達が比較的成功した例とするのが、交通実験のケースである。これらの成功例から都市計画研究者も学ぶ点が多い、と言う。結論で、著者達は、実験的手法が必ずしもベストという訳ではなく、他の様々な方法（事例研究からコンピユータ・シミュレーションに至る）と併用することを推奨している（Honey-Roses & Stevens 2017）。この点は前述したキャンベルの、複数手法の併用の必要性という主張と重なる面もある。

行政側と研究者側の双方に、こうした社会実験（ランダム化もそれ以外も）に関する抵抗や疑念があるという指摘が続くが、この二者間の関係そのものの問題点を強調するのがストーカー（Stoker 2010）の論文である。ここで特に焦点が当たるのは著者が伝達（delivery）問題と呼ぶ、研究・評価側と政策側の間のコミュニケーション問題である。まず彼が指摘するのは、実験や政策の様々な段階に存在する「拒否権発動者」（veto player）の存在である。社会実験は行政の様々なレベルでの役人の協力が必要だが、改革は彼らの地位を脅かすことになりかねないので、だれでも潜在的に拒否権を発動する可能性がある。

例えば政策決定者にとって、「ランダム化」というのは政策を偶然に任せるというニュアンスを持ち、受け入れがたい。また政策担当者は、政策の効果についてそれを実験に任せるのは、「その点について私は知らない」と言うのに等しく、これも容認しがたいと言う。更に、ランダム化はフェアでもない。つまり当該問題に対して、権利ある人が偶然に除外されるという印象も政治的にはまずいと指摘する（Stoker 2010: 51）。この点は、ＳＴＳでも、特にＨＩＶ患者をめぐる治験についての改善運動として、エプスタイン（S. Epstein）の有名な議論があるが、ここでも科学的厳密さと患者の権利の間の相剋が問題視されている(16)（Epstein 1996）。

こうした拒否権の様々なポイントを潜りぬけつつ、行政組織の広範囲の協力を得る必要があるが、たとえ協力がうまく行ったとしても、今度は参加した役人達から、見栄えのよい結果を求めるという圧力がかかる。この点は「ホーソン効果」、つまり組織実験の際、実験によって世間に注目されたという事実そのものが実験の結果に大きな影響を与えるという話に近いが、そうした見栄えが要求されるのである（Stoker 2010: 52）。この点は、次節で論じる交通実験の様な、公開型社会実験が持つ一種の「お祭り効果」とでも言える面と係わる興味深い指摘である。

これらの障壁を乗り越えても、話は容易には進まない。更にそこに現実の政策決定過程の複雑怪奇さが加わる。ここで著者はキングダン（J. Kingdon）の「政策の窓」理論をその理由として取り上げている。この理論は、政策が実行されるタイミングは三つの流れに係わるとする。一つは問題、つまり関心を持たれている事実についての流れ。次に政策、つまりどういう対策があるかの案についての議論の流れ。そして政治、つまり政界に於ける力学の流れ、である。これらのタイミングが一致すると、「政策の窓」が開き、政策実行への道が開かれるという（17）（Kingdon 1984）。

行政と社会実験の間にある、こうした諸バリアの存在に対して、著者が推奨するのは「デザイン実験」という新たな手法である（18）。ここで問題にされたのは、大規模なランダム化実験が、特定の変数間の一般的な因果関係と言う原則に固執しすぎ、現場レベルでの多様な状況にうまく適応していないという点である。これに対しデザイン実験は、現場での介入の有効性を、小出しに検証、修正して行く。著者は、このデザイン実験的手法を、従来の政策的実験手法に導入する際の利点と留意点を詳しく論じているが、特に重要なのは、デザイン実験が、因果関係ではなく、特定領域に於ける介入の有効性を改善するという側面が強いという点である。ここでは理論的な仮定は重要であるものの、政策担当者との密接な関係を保つため、介入の明確さも重視する。また観察対象に対する精密な観察が必要なので、ランダム化実験と民族誌的研究の中間的な性質を持つ。ポイントは因果関係ではなく、よりよい介入である（Stoker 2010: 367）。

実例として、二〇〇五年から〇八年の間に実行された、マンチェスター大学と地域行政単位の協力で行われた麻薬対策が挙げられている。これはメタドンという薬の処方に代わり、彼らが社会的アプローチと呼ぶ、薬物依存者への集中的サポートを中心とする新たな対策である。研究者が彼らの社会関係に組織的に介入する一方で、それを他の地区での従来どおりの処理グループと比較している。研究者と行政担当者の定期的会合、質問票調査、活動の直接モニタリング等が行われ、結果は月一回の会合で精査され、微調整を行う。

こうした成功例を基に著者は、当時労働党の首相ブレア（T. Blair）が指導したニューレイバー政策における「エビデンスに基づく政策」という考えに関して、その実際はエビデンスとは程遠いと言う批判があることを紹介し、実はデザイン実験的な方法こそが、より実効性の高い方式であると指摘しているのである（Stoker 2010: 54）。[19]

III　中間考察

1　メタファーとしての実験／ラボラトリー

さて、ここでいったん小休止し、第2章前半の議論の要点を顧みる。本章の目的は、第1章に於ける科学実験で呈示した複数の論点に関連づけつつ、それを多様な社会実験の実践と対比して議論することにある。前章の結語で、第1章の基本的なテーマとして、以下の六つの要素を抽出した。つまり

①STSにおける実験／ラボラトリー
②実験／ラボラトリー概念の系譜学
③近代的ラボの原型――リービッヒ・ラボ
④ビッグ・サイエンスとスケールの問題
⑤セレンディピティと非線型性
⑥ラボとフィールドの間

という内容である。

本章前半では、この全てに呼応する内容が議論された訳ではない。それは社会実験に於ける、実験とい

う概念／実践が実に多様だからである。第2章でまず取り上げたのは、その中でも、実験（室）という概念を一種のメタファーとして使っている諸研究である。そうしたメタファーは新たな活動が活発に行われる地域や国家にしばしば用いられてきたが、社会学等の文脈でそのメタファーが大きな意味を持ったのは、シカゴ社会学である。これ自体はＳＴＳの発展以前の話だが、ＳＴＳの実験研究の成果からそれを回顧すると、⑥の議論に近い、ラボとフィールドの間の相剋や揺れといった問題がその分析枠組の中に見え隠れする。また対象をラボと見るか、フィールドと見るかによって対象へのアプローチそのものも複数存在しうる。シカゴ学派ではそのアプローチは多彩で、厳密な因果関係を求めるタイプの研究よりも、民族誌的なそれが活発に行われた。また、当時のシカゴで繰り広げられた様々な実際の「実験」の中でも、セツルメントの様な活動そのものにもそうした実験的要素があり、このタイプの社会実験こそが実験の原初形態だとするＳＴＳの議論も紹介した。

2　因果関係探求のための社会実験

こうした、かなりアモルファスな実験／ラボラトリー理解、あるいは実践に対して、より厳密な形での（社会科学的な）因果関係を求める手段として、社会実験を考えるという大きな流れもある。本章前半では、そうした社会実験的知見を政策に生かすという議論の初期の代表的論客としてキャンベルを取り上げた。このタイプの議論にまつわる利点および難点について、彼本人が自覚的で、統計学が全てを解決するといった主張を行っていないからである。一般的にキャンベルは、ランダム化実験を社会に適用し、その成果を政策に適用するという意味で、近年の「エビデンスに基づく政策」といった議論の先駆者である、と理解される場合が多い。しかし彼は、上の六項目で言えば、たとえば⑤の実験の非線型的な性格をよく理解していた。

ラボラトリー内部で完結する（ように見える）科学実験すら、その結果は社会に対して何らかの影響を与え得る。近年科学政策界隈で強調されるELSI、即ち（科学技術に係わる）倫理的、法的、社会的イシューといった議論の背後には、実験結果についてのこうした認識がある。他方、どんな社会実験も、社会を対象に行われるため、それを構成する様々なセクターとの間に相互関係があり、そこでは実践主体、対象、影響の範囲、目的といった点に応じて様々なバリエーションがある。キャンベルが考えた様なランダム化実験も、実験の規模や必要な労力といった実施側の問題に加え、対象をランダムに設定することの倫理的問題といった点も批判の対象になった。そうした問題を理解した上で、キャンベル本人は、むしろ⑥で強調された自然実験の社会版、つまり疑似実験について詳細な手法の開発に努めたという点も重要である。

3　社会実験と政策

社会の様々なセクターと明示的に係わる社会実験、というテーマは、第2章全体の通奏低音であるが、特にここまでの話で注目されるのが、こうした初期社会実験に関する、その実施体制と政策担当者側の関係である。社会実験という概念が流行し、場合によっては官庁や役所が率先してそれを唱導するという現状から見ると、初期社会実験に対する、政策担当者側の忌避や距離感、そしてそれに対するキャンベルの警告といった側面はかなり特異に感じられるかもしれない。だが、こうした点が、現時点で完全に克服されたのか、それともこうした意識が未だ伏在するのかは議論が分かれるところである。少なくともSTSに於ける科学と政策関係についての一連の研究では、そうした対立が完全に解消されたとは言い難い。特に米国に於ける初期ランダム化実験をめぐる、歴史的な展開についての諸研究は、まさにこうした試みが、その時その時の制度的なあり方、ワシントンを含む、より大きな政治的潮流、更に関係諸科学での学説上の流行の盛衰等とも関係するという点を端的に示している。

他方、続く第2章後半で議論するのは、社会実験を単にフィールド科学の行政版と考えるのではない様な流れである。そこでは政策結果の厳密な効果の測定よりも、むしろ社会参加というモチーフが前面に出てくる。前節の最後で、因果関係の測定というモチーフから離れたデザイン実験の話を紹介したのは、まさにここまでの枠組みにとらわれない新たなタイプの社会実験との理論的なつなぎの役割を果たす為である。これに続く第Ⅳ節以降は、住民の社会参加という問題が強く前面に出てくる。そしてそれら諸要因を総合する形で、社会の中にラボラトリーそのものが進出し、大きな国家的政策と市場、そして住民参加の間の関係を取り持つ、というタイプの社会実験についても議論をすることになる。

ない。

Ⅳ　参加と研究の狭間で——交通系社会実験

1　異なる国、異なるプロトタイプ

さて、本章前半で示した社会実験についての観念と実践は、かなりのところアメリカという固有の文脈の影響が強い。この点を本邦に於ける「社会実験」関係の解説と比べて見ると、後者では、ランダム化実験のあれこれではなく、むしろ地域社会全体の参加を前提とする社会実験が取り上げられる場合も少なくない。

実際、「社会実験」を前面に打ち出した山崎編（1999）では、環境、町づくり、医療、行政といった様々な分野での社会実験の詳細が紹介されているが、その巻頭、第1章で詳述されるのは、交通分野に於ける社会実験である。山崎はその序論で、海外での社会実験の系譜を、一九七〇年代のノッティンガム市の交通実験を以ってその嚆矢としており、それに対応する日本の社会実験の始まりは、一九八〇年に日立市で行われた交通渋滞緩和実験だとする（山崎 1999: 4）。前述したアメリカでの議論では、社会実験の元祖は年金や投票についての疑似ランダム化実験とする傾向があり（e.g. Green & Gerber 2003）、何を社会実験の「プロトタイプ」とするかが、国によって異なるのも面白い。実際、本邦での社会実験の要点は、住民参加

（山崎編のそれでは PI: public involvement）であり、結果として、社会実験の歴史的な起源も、アメリカのそれとはかなり異なって認識されている（e.g. 藤本・島谷 2014）。

このように、住民参加という視点を重視した社会実験の事例として、本邦では交通系の社会実験が大きなウェイトを占める。実際、交通実験は現在かなりのブームで、国土交通省作成の事例集もあり、様々な実践報告が公表されている[20]（国土技術研究センター 2003; 国土交通省 2023）。他方、報告の多くは、その細部に関して組織社会学的な再解釈が可能なほどの民族誌的厚みがある訳ではない。実際、藤本ら（2014）は、多くの社会実験が単発的で、その評価の範囲が狭く短期間であり、更に民族誌的な（背景）情報にも欠けていると手厳しい。

とはいえ、例外もある。鎌倉市に於ける交通系の社会実験とその記録は、一般的報告の限界を超えた長期的な視点を持ち、歴史背景や実験プロセスについての詳細な記録を残している。ここで取り上げるのは、鎌倉市に於ける、一九九五年から二〇〇二年まで、足かけ七年間の間行われた、鎌倉地域交通計画研究会、および複数回の交通社会実験の詳細な記録である（高橋・久保田 2004）。本章第Ⅳ節では、この鎌倉市交通実験とそれに関係した一連の試みについて詳しく見ていくことにするが、ＳＴＳ的観点からこれを再解釈するための、四つのポイントがある。ここでその概略を示しておく。

①ロケーションの問題　住民参加を伴う社会介入を行う際には、場所としての地域の特性が重要になる。この点は、前述したギエリンのシカゴ社会学分析にも登場した論点である。ここでは鎌倉というロケーションの特性が重要なポイントとなる。

②実験とデモンストレーション　狭い意味での実験は実験室の中で完結するが、社会実験はその内容が一般社会に知られ、そのレベルでの反応も、当該実験の効果の重要なポイントである。他方、この二つの視点の違いが、社会実験の動向に大きな影響を与える。

③実験の規模とハイブリッドな組織　後述する様な大規模な社会実験の実行には、異なるジャンルの参加者の緊密な協働が不可欠であり、そのためにもハイブリッドな実行組織が必要となる。どうやってそれを円滑に運営していくかは、社会実験にとって中心的な課題である。

④テクノロジー体系の特性　ここには交通システムという固有の問題もある。それは多くのステークホルダーと密接に関係する一方で、持続するテクノロジー体系という顔も持っているという点である。この点はテクノロジーのオブデュラシー（頑迷さ）（後述）という観点から分析することが可能である。

こうした視点を軸として、以下古典的交通実験の様態について詳しく見ていく。

2　交通の小規模社会実験

さて、後述する鎌倉の交通実験でも重要な役割を果たした久保田尚は、交通系の社会実験について様々な基本概念の整理をしている。交通計画には大きく分けて、①幹線系、②身のまわりという二つがあるが、住民参加という観点から見ると、前者では「計画反対」という形で住民が参加する傾向がある一方、後者では原則として行政と住民の利害が一致すると指摘する（久保田 1997: 31）。住民参加の具体的な手法は様々であるが、久保田は、住民集会での討議に始まり、模形等による視覚的呈示に至る八つのバリエーションを指摘する。そしてその目的も、①計画への住民の理解促進、②意見収集、③合意形成、④有効性の検討と様々である。この最後の④にとって有効なのが実験的手法だと言う（同右 32）。この手法の一つが社会実験だが、このうちの住民参加型の社会実験は、更に行政主導と住民主導とに分かれる（同右 33）。

久保田自身が実施した小型の社会実験の一つが、千葉県の団地街に於ける路上駐車に関係するものである。この団地街は駐車場不足のため、団地の通路に路上駐車が溢れる状態だったが、対策として、「ボンエルフ」方式を導入することが検討された。これはオランダのデルフト市で一九七〇年代に誕生した歩車共存の道を意味する[21]。原語は woonerf（生活の庭）で、歩道と車道を分離せず、歩行者も使える様に自動車の速度を制限させる形態（例えば曲がりくねった道）である（同右 33-34）。団地内の公道の一部に駐車可能なスペースを造るという計画で、一カ月間試してみて、団地住民の反応を見るという実験である。一九八七年三月から始まったが、事前の準備として、

・警察署との折衝で駐車禁止道路の指定を「通路」という形で指定し直してもらう。
・一カ月限定で歩道と車道の段差を埋め、道路の一部に駐車可能スペースを作る。

これに対して、実際に実験をしてみると、

・七・五メートル幅道路の片方に駐車スペースを置くと、残りの道幅が双方向の通行に不便。
・ボンエルフの特徴は曲がりくねった道だが、消防車が通過可能か確認の必要が出たため、実際に通っ

てもらい、許可を得た、

といったことが起こる（久保田 1997: 34）。

実験は一カ月予定だったが、住民集会で六カ月に延長すべしとあり、期間を延長すると同時に、細部で微調整を繰り返した。その結果、賛成意見は当初の二六%から（許容も含めると）八割に至ったという（久保田 1997: 33-36）。

これは成功例だが、別の試みではそれほど順調ではなかった。東京・日野市の団地内の歩道拡張について、歩道・車道の段差が無いので、バスが乗りにくい、それ故現場に台座を持ち込むという実験を行ったところ、結果的に住民の賛意を得た。とはいえ、全住人五〇〇戸に対して、実験参加者は二〇人ほどしかなく、結局この台座案は認められなかったのである（久保田 1997: 36）。

同じ社会実験といっても、前節で紹介したランダム化実験とはだいぶ様相が異なり、むしろ内容としてはデザイン実験との共通点を感じさせる内容である。実際に地域住民を巻き込んで社会実験を行うことが、如何に多くの予期せぬ問題を生み出すかという実例でもある。これらの実験は規模が小さく、微調整はそれほど難しくない。しかしそれが地域全体を巻き込んだ巨大実験になると、様々な問題が噴出する。それが次の鎌倉市の事例である。

3　大型社会実験としての鎌倉市交通実験

（1）その背景

さて、こうした小型の社会実験に対して、市町村レベルを巻き込んだ交通実験の先駆として、鎌倉市の交通実験の詳細を見ていくことにする（高橋・久保田 2004）。前述したように、本邦の交通実験の歴史の中でも、鎌倉市の事例は、多くの解説書の筆頭で紹介されることも多い有名な事例である。鎌倉市が交通実験の先進地帯になったのは、八〇〇年にわたる歴史を誇る古都で、複雑な道路構造を持つと同時に、観光化により深刻な交通渋滞に悩まされる様になったからである（高橋・久保田 2004: 11-16）。この問題を解決するため、当時の新市長が期待する「交通需要マネージメント」を推進するグループとして、一九九五年から有識者により、鎌倉地域交通計画研究会が発足することになる（同右 17-20）。

この推進母体は、先の論点③で示した、社会実験を実施する主体としてのハイブリッド組織そのものだが、多様な参加者を受け入れるため、運営方針自体を一種の実験、あるいは学習過程とも見なせるものである。こうした組織がうまくいく保証はないし、内部の対立により分裂含みという事態も想定しうる。この点に関しては、まず市職員がメンバーになっていないという点がそもそも実験的である。また運営方針も、当初は参加市民が質問し行政が答える、という形式だったが、自ら提案を行うメンバーが続出したため、提案された案を専門部会に持ち帰り、コンサルタントが内容を整理して次の研究会に持っていき議論を促す、という形に変化した（高橋・久保田 2004: 33）。

こうした過程で提出された論点は「鎌倉地域での通過交通量の割合」「季節や時間変動との関わり」「観

図9　鎌倉市交通実験

光への影響」「歩いて楽しいといったプラスの価値の追加」「生活道路の静穏化」「朝の渋滞問題、通学問題」等多彩であったが、最終的に「道路整備状況の低さ」から「自動車量のコントロールの必要」という方向に議論が収束した。住民側は観光客の自動車流入を問題視したのに対し、商業側は観光都市としての立場を強調し、結局交通全体量の制限と代替手段としての公共交通機関の充実、という方向に意見がまとまったという。直後の市民意向調査で賛意を得られたために、社会実験へ向けた気運が高まったのである（高橋・久保田 2004: 28–29）。

それ自体が実験的な研究会だが、多様な意見を吸い上げ、論点を一つの方向に落とし込む「方法」と、意見そのものの収束という、二つの学習課程を同時並行的に導くプロセスが興味深い。STSでは、知識と制度の同時並行的な成長を「共生産」（co-production）と呼ぶ。例えばゲノム研究に於ける研究体制、つまりハイスピードでゲノムを解析する装置や研究体制知識の整備と、そこから生み出される大量のデータは、相互に関連しどちらが先ということも無いため、共生産的と呼ばれるのである（Jasanoff 2004）。同様にここでも、研究会組織の運営と、意見の収斂が同時並行的に試みられる点で共生産的に見える。

とはいえ、これは実際の社会実験のための第一歩に過ぎない。全体的な交通量の制限／公共交通機関の充実と言う目標を具体的な政策に落とし込むには、まだかなりの手続きが必要である。実際、話がより具体的になると異論が続出する。観光客だけを排除するのは難しく、情報を提供して通行者全体を迂回させるという案も、周辺都市に副作用が出るという懸念から却下されてしまう（高橋・久保田 2004: 31）。そこでロードプライシング（後述）という方策が浮上し、少なくともこの方向で社会実験をして見ようという提言（市民宣言案）がまとまるのである。

(2) 社会実験の準備と実施

一九九六年に市民宣言という形で二〇あまりの提言が行われ（第一次提言書）、同年一月に「七里が浜パークアンドレイルライド実験」、そして二年後の一九九八年五月に「鎌倉フリー環境手形」（バス乗り放題券の発行実験）が行われることになった（高橋・久保田 2004: 38-39）。こうした大規模社会実験を行う前提として、現状の把握の為に自動車の交通流動の定量的調査とドライバーの意識調査、更に一般市民の意識調査が事前に行われ、渋滞の実態やそれに対する市民の反応が調べられた（同右 第4章）。

このデータを前提に、いよいよ最初の大規模実験が行われたが、それがパークアンドレイルライド実験である。これは鎌倉市内の交通量を減らすため、市内ではなく、七里が浜の駐車場に車を停めた人々から一〇〇〇円の協力金を徴収し、江ノ電一日フリー切符を供給する。市内移動を車（パーク）ではなく、公共交通機関（レイルライド）でやってもらうという実験である。公共交通機関の利用増大を試すものだが、バスだと渋滞に巻き込まれる可能性があるので、市電が選ばれた。

この社会実験の記録は、その実践の舞台裏情報を豊富に含んでおり、大変興味深い。例えば天候の善し悪しが観光客の出足に大きく影響を与えるという点（高橋・久保田 2004: 51）。また社会実験に住民が参加してくれないと困るので、その告知も重要な課題となる。関係交通機関（市電を含む）での吊り広告、主要駐車場、ガソリンスタンド等でのポスター、路上の横断幕、さらにＦＭ放送など、様々な媒体が利用された（同右 57–58）。

当日の実施体制も大規模である。鎌倉市内外のボランティア一六〇人、市職員、江ノ電、交通管理者、コンサルタント、交通量調査員、ガードマン等総勢三二一人と言う規模である。また実施の三カ月前から諸機関との事前調整も行われたが、鎌倉市庁内、県庁、警察署、交通関係（江ノ電、京急、ＪＲ）との間で、料金を含む調整が必要であった（高橋・久保田 2004: 87）。

当日は天候に恵まれ、実験は順調に行われた。指定駐車場を利用した全車へのアンケート調査、更に「速度ラリー調査」という、実際に指定駐車場から電車および車で主要観光地を巡り、所要時間を比較すると言う別の実験も実行された（高橋・久保田 2004: 63）。

この大規模な社会実験で分かったことは、第一に鎌倉市の地形、構造がパークアンドライドに適しているという点。第二に、観光時間にゆとりが生じるということ。更に一〇〇〇円で江ノ電一日フリー切符と言うのは評判がよい、等である。他方、問題として、まず高齢者、幼児等は移動の困難から、市内駐車場を選択する傾向があること。加えて商業的な活動との関係は微妙で、指定駐車場の場所が影響を与える可能性もある、といった点も指摘された（高橋・久保田 2004: 64–65）。

また著者達が今後の課題としたのは、料金設定が利用率と関係すること、次に、この社会実験が広くマスコミに報道されたことによる「広報」効果をどう捉えるか、である。この実験は鎌倉市が一九九六年に設置した「交通政策課」が中心となって実施したが、負担が非常に大きい。加えて、たまたま好天だったが、天気が悪いとどうなるかが不明、等である（高橋・久保田 2004: 67）。

ほとんど前例の無い大規模社会実験の実施は、興味深い多くの論点を含んでいるが、著者達が指摘する様に、このパークアンドレイルライド実験そのものが、言わば「実験しやすいもの」だったという点もある（以下高橋・久保田 2004: 63-65）。つまり、

①歴史的状況と実験内容　鎌倉市はその道路の構造上、市の中心部にアクセスする道路が限られており、そこに指定駐車場を設定し、そこから市電に乗ってもらうという方法が現実的に可能だという点。ただし、ここでの成功が他の地域での交通渋滞に応用可能かは、諸前提条件が、どれだけ他の地域の状況に翻訳可能かによる。

②市民参加　このタイプの社会実験は、政策の有効性を検証するというデータ収集的側面もあるが、他方ボランティアという形で多くの市民を巻き込み、それを通じて関係者の関心を高めるという機能もあった。その意味では計画当初から、市民参加的な側面が意識されていた。

③実験内容の相対的中立性　このパークアンドライド実験は、特定のステークホルダーに対して不利に働くということは無く、内容が政治的争点になりにくい。しかしこの指定駐車場の位置が変わると、観光客の動線に変化が生じ、観光事業に影響を与えかねない。そうなると話は変わってくる。

④正のアナウンス効果　この実験はメディアで大きく取り上げられたが、いい意味の正のアナウンス効果が

生まれた。社会実験と言う新奇な出来事が告知され、世間の注目が集まったことが、研究会の励みになったという（高橋・久保田 2004: 67）。より広い市民層に於ける、前述したホーソン実験的側面（つまり世間で注目されているという事実そのものが結果に影響を与える）（Stoker 2010）について著者達はあまり考察していないが、他方、このアナウンス効果自体は、逆に働くと負の効果をもたらす劇薬にもなる。これ以降の事態の推移がまさにその面を物語っている。

(3) 逆風下の社会実験

この最初の社会実験は鎌倉市の周辺部で行われたが、それに続き、市の中心で公共交通利用の増大を目指した二つの実験が実行された。最初のそれは、鎌倉フリー環境手形を発行し、その利用状況を見る実験である。環境手形と言うのは、バス（特定区間乗り降り自由）、乗合タクシーの割引、飲食店等の特別サービス、および寺社で拝観料割引といった特典がセットになったものである。もう一つは、鶴岡八幡宮に至る主要道路の左車線の一部をバス・タクシーの専用レーンにし、その効果を観察するという実験である。

実施体制や調整過程については第一回実験と重複する面も多いが、利用者の関心や公共交通機関利用の状況、更に買い物行動など、全体的に肯定的な効果を思わせる結果が出た。他方、当初予想していなかった問題も生じた。例えば、当初の想定では、観光客は全ての旅程でフリー環境手形を使うと想定されていたが、実際やってみると、鎌倉に到着してからこの手形の存在を知り、そこで初めて購入するというケースが相次いだ。想定外の実験条件が生じた訳だが、実施側は、初日に急遽会議を開き、この結果に対応する形で方針を変更することにした。「社会実験の本来の趣旨は、できるだけ多くの人に環境手形を体験してもらうことにある」からである（高橋・久保田 2004: 80）。それゆえ、現場でも環境手形を購入出来るようにしたのである。

社会実験が特定仮説を検証するだけのものなら、途中での変更はその目的に反するが、実施者側が社会参加という目的を明確にした点が興味深い。他方、今回の実験は、市の中心部で交通そのものに介入するため、パークアンドライド実験よりもその難易度が高まった。実際、こうした実験を町のど真ん中で実行することのアナウンス効果は絶大であるが、一時的にでもバス専用レーンを設けることは、警察署長権限をもってしても不可能で、当日はボランティアや市職員が、プラカードを持って車を誘導するという処置をとらざるを得なかったという（高橋・久保田 2004: 82）。

（4）劇薬としてのロードプライシング

しかしこの新規社会実験は、更に大きな困難に直面する。それはロードプライシングという「劇薬」である。ロードプライシングとは、交通量調整のために、一部の区間で自動車に課金する制度のことである。この施策は第一回および第二回研究会で、海外事例として紹介されてはいたものの、その効果については懐疑的な意見も少なくなかったと言う。だが国の道路整備計画に於いても検討課題として取り上げられたため、少なくとも実験する価値はある、という雰囲気に変わってきた（高橋・久保田 2004: 31）。

とはいえ、この施策の導入が非常に困難だという認識は研究会メンバーにあった。市内のみならず市外からの訪問者、商工業者の同意が難しく、その効果もはっきりしない、また法制度的にも難点が多い等、多くの懸念材料があったからである（高橋・久保田 2004: 84）。そこでまず高橋研究室でその効果のシミュレーションを行い、パークアンドライドだけでは渋滞緩和の効果がなく、ロードプライシングと併用すると良い、となった。だがこのシミュレーション結果の検討会議の時点で、商工業団体の反対意見が強まっており（同右 84-91）、それが結果としてこの案の命運を握ることになる。

第三次実験は、建設省道路局が一九九九年に開始した社会実験公募制度を利用して行われたが、開始当初に、商工会議所会頭から、ロードプライシング案の再検討を求める要望書が提出された。更に実験終了時には「明日の鎌倉の交通を考える市民の会」から市民一万六〇〇〇人分の署名を添えた陳情書が市議会に提出されるという事態に発展する（高橋・久保田 2004: 130）。反対運動に火がつき始めたのである。多様な要望、陳情の一覧表を見ると、上記の商工会議所、「市民の会」に加えて、鎌倉市商店街連合会によるロードプライシング取りやめの提案や、八幡宮前商店会による研究会委員の人選についての批判など、特に商工業者団体を中心に、激しい反対の流れが起こっているのが分かる。

その後、二〇〇〇年に各種商工業者団体の連係機関として「鎌倉交通活性化連絡協議会」が結成され、研究会との合同会議の機会も探られたものの、ロードプライシング案に対しては断固反対という姿勢は崩れなかった。研究会内部の商工業関係者がそれに同調したため、委員会内部で意見が割れることになった（高橋・久保田 2004: 133）。

結局、この案に関しては、社会実験によって評価すべしという派と、この実験が観光客に、「鎌倉は自動車では入れない」というイメージを植えつけかねないため、実験そのものに反対という二派に割れてしまい、対立は二〇〇一年度の研究会終了と第二次提言まで持ち越されることになった。結局、研究会では意思決定に至らず、市民の判断に委ねるという形で終わってしまったのである（高橋・久保田 2004: 142）。

(5) 社会実験の多層的構造

このロードプライシング案は、社会実験が持つ、単に仮説を検証といった事態では収まらない多層的な学問的、社会的機能を顕在化させる一種の触媒であったとも言える。こうした劇的な対立は、多くの社会実験に関する報告ではあまり見当たらないという点でも非常に興味深い実例である。こうした対立が意味するのは、社会実験には、ラボ内での実験とはかなり異なる、何段もの地層があるという点である。

ここで興味深いのは、この件に関して、実験推進派は、社会実験を基本的にその施策の判断の為の、言わば中立的な素材と考えているのに対し、反対派は、社会実験そのものが、政策導入を正当化する為の、一種のトロイの木馬の様なものと見なしている点である。これが論点②で示した、実験とデモンストレーションの違いである。コリンズらの言い方に従うと、反対派は、こうした実験そのものの有効性を検証するそれというよりも、むしろ特性の政治的メッセージを正当化するデモンストレーション(コリンズ・ピンチ 2001)と見なしていたとも言える。

前述した様に、研究者側も、社会実験が持つ一種のデモ的性格については、もともと肯定的に見ていた。つまりこうした性格により、交通渋滞という事実および交通実験という新たな試みが宣伝されるアナウンス効果を積極的に評価していたのである。更に、前述した第二次実験で、その実施方法を途中から変更したのも、住民の社会参加に重点を置いた決定であった。つまり実験推進側も、もともと(ロードプライシングを含めた)社会実験が、政策の為の中立的データ取得の為だけではなく、市民参加やアナウンス効果を含めた、パリンプセスティック(重層的)な施策であると見ていたのである。この点は反対派も同じで、違いはロードプライシング案が持つ、強烈な負のアナウンス効果を深く憂慮していた点である。興味深いことに、こうした対立が市民レベルに拡大すると、この研究会自体の本質が、中立的にデータを得るための組織なのか、それとも（極端な言い方をすれば）行政を正当化するための一種の御用団体の様なものなのかについて、疑義が生じてしまったという点である。

(6) ロードプライシングの教訓

前述した社会実験一般についての論集（山崎 1999）では、第一章がこの交通分野についての記述に当てられていた。そこでかなりのページ数を使って紹介されているのが、各国に於ける様々なロードプライシングの実例である。また同書の最後では、編者と鎌倉交通実験担当の久保田を含めた数名が社会実験の表裏について討論会を行っているが、社会実験の実行に関して考えるべきいくつかの課題として、①経済（費用）、②法（道路交通関係）、③意識（市民参加）という三点が挙げられている。

経済的利害の問題は、ロードプライシング案が採めた理由の一つで、こうした政策が道路渋滞を緩和するのには有効であっても、観光業にダメージを与える可能性がある、という二律背反の存在である。実際この座談会でも、実験に協力した企業に経済的損失が出た際、それを補償するのは正当かという質問が出て、久保田は、それはよろしくないと答えている（山崎 1999: 312）。社会実験の結果が、実際の政策として結実するには、交通渋滞緩和とは別に、関係する企業等に不利益が無い形で政策が練られる必要がある。

また交通実験実施のもう一つの困難は、道路交通法である。特に鎌倉市の初期実験の時点では、臨時規定を適用するのが難しく、署長の権限で一定期間の変更は認められるものの、その対象はお祭り等で、臨時バスレーンといった点は想定されていなかった。これは地域レベルでは解決が難しい問題であった（山崎 1999: 317）。

市民参加の意識については、市民側のリーダーシップの欠如という指摘に対して、久保田は実はこうした社会実験は参加への敷居が低いやり方であり、こうした手法によって今後問題が少しずつ解決されることを期待して終わっている。

4　社会実験への諸制約

本章第Ⅱ節でキャンベルが、実際に社会に直接介入するランダム化実験よりも、疑似実験、つまり実際に行われた施策を自然実験と見なし、そこからデータをとる方により力を入れていたという話を紹介した。現実の政策過程にも詳しかったキャンベルのこうした傾向は、現実の社会実験に伴う様々な障害や困難について彼がよく認識していたことを意味している。アメリカに於ける初期ランダム化実験の例も紹介したが、日本や英国ではランダム化実験よりも、社会参加の一環としての社会実験に重きが置かれるため（藤本・島谷 2014）、そこで起きうる障害や困難もレベルが異なるという印象を受ける。

前述した山崎（1999）は、交通実験を皮切りに、環境、街づくり、医療・福祉、行政といった様々な分野の社会実験を紹介しているが、細部に於ける違いはあるものの、全体として比較的共通した困難が見えて来る面もある。山崎自身、鎌倉市の例に於いて、パークアンドライドの交通実験は、たまたまそこに通りがかった人が参加するという在り方も実験に含まれるという意味で、敷居が低い市民参加の形態であるとしている（同右 303）。その意味では、前章で紹介した実験室内部での即興的実験に近い性格が無い訳でもない。

とはいえ実際の社会的活動の流れに介入し、そこで実験を行うには、様々な制約条件をクリアしつつことを進める必要がある。場合によっては、そうした実験可能な環境を整えること自体に膨大な労力が必要となる。山崎自身、ある種の社会実験は敷居が低いとはいっても、それにかかるコスト等を考えれば、「とりあえずやってみよう」という態度は危険であると指摘している（山崎 1999: 7）。第4章で詳述する「学習の実験的領域」論（福島 2023）の核心の一つは、実験可能性を制限する様々な制約条件の分析であるが、山崎（1999）には、こうした制約条件との戦いが繰り返し登場する。

その中でも頻出するのは、経済的コストに関するものである。鎌倉のケースでもそうだが、例えば交通関係の実験に関わる費用は誰が負担するのか、そして実験が一回性のイベントで終わらないかといった懸念がある（山崎 1999: 35）。同様の点は、ごみ処理実験や電気自動車実験にもついて回る（同右 85, 105）。例えば熊谷市の中心市街地道路を整備し、町のシンボルロードとする計画の為に、それに似た環境を一時的に作りだすという実験では、これへの出費の法的根拠が問題になった。つまり行政の「事業費」はモノの完成を前提としたもので、実際の施策の前段階の試みに対し支払いは出来ないというのである(22)（同右 157–158）。また兵庫・加古川の地域保健医療情報システムについての社会実験に於いても、それを拡張する段階で、費用負担および費用対効果の問題がネックとして前面に出てきたとの指摘がある（同右 212）。前述した鎌倉市の実験に於いても、公共交通機関に協力を要請した場合、実験によって発生した損失は誰が補塡するのか、そもそも補塡すべきなのか、といった似たような議論があったことは既に指摘した。

費用負担の問題に加えて、交通系を中心とした社会実験では、現存する法規制との関わりが問題になる。特に、土地や道路といった規制が複雑な対象について実験を行う場合、そうした問題が発生しやすい。前述したボンエルフの事例が典型だが、実験期間中に限られているとはいえ、駐車禁止の場所を駐車可能にする為には、法的処置が必要となる。またシンボルロードのケースでも、一時的に道幅を狭くする処置が、かえってそこが駐車場のように見えて違法駐車が増えるリスクがあるとして、県警がなかなか認めなかったと言う（久保田 1997: 292）。

これらはいわば、社会実験に係わる経済的、および法的制約の実例であるが、こうした制約とは別に、前述したアナウンス効果、つまり社会実験がメディアで喧伝されることで、実験執行者の意図とは異なる形で話が喧伝されるというリスクもある。山崎自身、こうした実験はそれ自体一種のイベントであり、人はその舞台装置の上でいわば演技していると言う指摘もしている（山崎 1999: 47）。これは前述したホーソン効果（Stoker 2010）と同じ趣旨の理解である。

また実験者の意図とは違う方向に内容が喧伝されるケースは、ロードプライシング問題以外にも色々ある。例えば横浜市がノン・ステップバスを導入する実験を計画したところ、メディアがあたかも導入決定のように報道し、市民の間でもそういう印象を持つ人達がいた。さらに、あるバスメーカーの社員の中から、実験期間中に展示されたバスのサイズ等を密かに測りに来た人々もいて、実験担当者は対応に苦慮したという。海外のバス会社の機種を利用した為に、その情報を盗みに来た業界関係者だったのである（高橋・久保田 2004 : 224-225）。

5　ＳＴＳから見た鎌倉市交通実験

さてここで、本節の冒頭で呈示した、ＳＴＳ的な視点からみた、鎌倉市交通実験の論点を振り返ってみる。

(1) 実験のロケーション

本章前半で、シカゴ社会学に於けるシカゴ＝実験室というメタファーについてのギエリンの分析を紹介した。シカゴが実験室であるという表現の裏には、急速に発展する都市として、そうした変化を観察出来る、と同時に、それに介入することで疑似実験室的な状況を作りうる、という二つの視点が混在しているというのが、その主張である（Gieryn 2006）。

この議論とは力点が異なるが、鎌倉という特定の場所について、交通の社会実験の現場としての利点がいくつか指摘されている（高橋・久保田 2004）。まず第一に、鎌倉の歴史的な知名度により、そこでの問題（交通渋滞）とそれを解消するための社会実験という構図が、ある種の「特区」のように、国民の理解につながりやすいという点である。一種のショーケースのような働きと言ってもいい。次に三方山に囲まれ、それによって外部との交通網を制限しやすい鎌倉の地形は、交通実験という人工的介入の為に適した自然条件であるという点。加えて当時の市長がマスコミとの関係が深く、広報によるアナウンス効果といった面でも利点があった。

こうした点は、鎌倉市が社会実験を行うに当たってのメリットとなるが、こうした条件を他の地域が常に持っている訳ではない。当然ここでの成果が、他の地域でもそのまま実践可能かどうかは自明ではない。これは特定地域の条件に依存する社会実験の結果の普遍性という問いで、ギエリンも指摘したように、フィールド科学全体に関係する問題とも言える。

(2) 実験とデモンストレーション

鎌倉に於ける社会実験は、計画者にとって、その実験を現実に成功させるための自然的(歴史的)条件という点と、それが持つ象徴的、アナウンス効果的(コリンズ流に言えばデモンストレーション)の両方が同時に考慮されている。コリンズらのポイントは、この二つの面に関して、実験の成功/失敗の理解が専門家と一般社会で異なるという点である。実験上の失敗は有効な科学的情報の源であり、彼らの目から見れば、公開実験での爆発炎上は、それ自体が予想外の情報を与えてくれるという意味で、ある意味「成功」とも言える。他方、公共の視点からは、そうした爆発は単に「失敗」であり、政治的な含意すら持つ(コリンズ・ピンチ 2001)。これは近年のJAXAによるロケット打ち上げ失敗に対する、メディアの批判的論調を見れば、よく分かる点である。

実際鎌倉の交通実験に於いても、ロードプライシングのような劇薬は、この二つの間のギャップ、それに伴う負のアナウンス効果、更に社会的実験がもつ政治的意味合いそのものの強い影響という点が重要で、社会実験が「社会」実験であるということの重層的な意味合いを体現しているのである。

(3) ハイブリッドな運営組織

前述したように、STSに於いて、科学と政治の関係は中心的な研究テーマの一つであるが、科学者(研究者)、行政、そして市民を結ぶための組織形態については、様々な議論の蓄積があることは紹介した。ここまで見てきた鎌倉市の交通実験のケースでも、まさに混成型フォーラム(Callon et al. 2009)とでも呼ぶにふさわしい、多様な参加者によって構成される委員会を中心に話が進んだ。既に示したように、一般市民委員五人を筆頭に、商工、交通、観光、寺社、国、県、警察、学識経験者を加え、総勢三八名、そのうちの一二人(商工、市民公募、民間企業、交通事業、県、研究者)によって専門委員会が構成されると言う複雑さである。鎌倉市の交通実験は、こうしたハイブリッド組織がどのように生成し、どう機能し、どこでつまずいたかと言う点についての重要な事例でもある。ここで着目すべきは、必ずしも行政主導ではなかったという点、交通実験に大きな権限をもつ警察(道路交通法関係)を最初からメンバーに加えていたといった点である。またこの記録を残した研究者達の働きも重要である。

とはいえ、そこには限界もあった。これは近年諸国で見られる、民主主義的過程そのものの構造的限界に近い内容である。例えば、多様な意見を調整する組織は、ロードプライシングの様に意見が劇的に対立すると、その存在自体が中立ではなく、党派的な目で見られてしまうというリスクがある。中立的なはずの社会実験が、特定政策実行の為の、言わばトロイの木馬と勘繰られるという話である。ここにも中立的な実験と政治化しうるデモンストレーションの違いが明確に現れている。

潜在的政治性のリスクに加え、こうしたハイブリッド組織を運営するノウハウという点も興味深い問題である。多様な社会実験に於いて、特に交通実験はその運営に関するノウハウの蓄積がかなりありそうで、国土交通省によるガイダンス資料もある。他方、社会実験を実行する組織そのものについての研究が蓄積されている印象は無い。前述したＳＴＳの境界組織研究のみならず、アメリカの初期ランダム化実験に於ける実験の実施体制についても、社会実験センターの様な恒常的なものよりも、むしろアドホックなそれがいいという意見を紹介したが、本邦ではかつて逆の考え方も提唱されていた。

畔上（1983）による「社会実験事業制度」という興味深い考え方がそれである。これは産業廃棄物処理という、かなり異なる分野で提唱されたものだが、著者によれば既に一九七二年に提案したという。背景には、技術のライフサイクル、およびメタボリックエンジニアリングという考えがあり、技術と地域社会開発を一括して考えるという、現在のＳＴＳ的志向とも親和性の高い考え方である。それを実現する手段として社会実験を運営・管理する専門的組織がここでいう社会実験事業制度である。これは現行の行財政制度の枠組みを超えたパイロット・プロジェクトを実施する母体となると同時に、地域固有の条件にふさわしい技術を開発する。更に長期的視点、民間企業の参入、といったいくつかの条件を呈示している（畔上 1983: 41–42）。

四〇年近く前に提唱されたという点から言っても、内容的には非常に先進的であると同時に、本章の最後で論じるリビングラボ的な発想をも強く含んだ提案である。それに対する中堀（1983）のコメントも面白い。本邦の仕組みは官庁・建築業指導型であり、工事量を増やすことが至上命令であるため、調査の内容がやったふりのものが多いのではという指摘である（中堀 1983: 43–44）。社会実験の影の部分を抉った様な鋭い指摘だが、この点は本章の最後に触れることにする。

(4) オブデュラシーとしての交通システム

以上の指摘は、他の社会実験にもある程度通底する側面だが、交通に関する社会実験が他のそれと一線を画するのは、交通システムが、社会の様々なステークホルダーと密接に関係する一方で、それがテクノロジー体系でもあるという点である。STSのテクノロジー論の系譜の中で、こうしたタイプの技術システムに関する議論として、ホメルス(A. Hommels)による都市のオブデュラシー(頑迷さ)という議論がある(Hommels 2008)。

STSの古典的テクノロジー論として「技術の社会的構築論」(SCOT)(Bijker et al. 1987)があるが、それは基本、急速に成長するテクノロジーの初期段階にその関心を集中させてきた。初期自転車の多様な形態が、段々と現在の形に収斂するプロセスの研究がその代表例である。こうした傾向に対して、テクノロジーが安定化し、長期的に持続する状態に注目する研究が登場する。インフラ研究がその典型であるが(e.g. Star & Bowker 2002; 福島 2017)、特に都市に関係するテクノロジーの特性について論じたのがホメルスの議論である。

彼女は、こうしたタイプのテクノロジーは、その存在が都市の骨格と密接に関係しており、影響が長期的に持続するとした(Hommels 2008)。道路の構造がその典型であるが、一度道路網が造られると、それをベースに建物や町の一角が形成され、その上にいくつもの層が積み重なることになる。彼女はこれをオブデュラシー、則ちテクノロジーの頑固な持続と呼ぶ。そしてその原因として、人々のフレーム(思考枠組み)の硬直、その技術の社会への埋め込み、そして長期的に続く文化的背景、という三つのパターンがあるとする(同右)。鎌倉市のようなケースは、ある意味こうしたオブデュラシーの三つの側面が同時に現れていると言えなくもない。

都市テクノロジーのオブデュラシーは、別の言い方をすれば、パリンプセスト（palimpsest）的な性質と呼ぶことも出来る。この語はもともと何かが記載された古い羊皮紙の上に、高価だった紙を節約するため別のテキストを上書きするという作業を示す。現存する羊皮紙の文章の下に、うっすらと別のテキストの痕跡が見えることもあり、それが実は失われたギリシャ哲学者のテキストだったという話もある（ネッツ・ノエル 2008）。この何層にも積み重なったテキストという概念がテキスト論に応用され（Dillon 2007）、更に都市や生物といった歴史的な重層状態を示す用語として、近年いろいろな分野で使われているのである（e.g. 福島 2021）。

こうしたオブデュラシー／パリンプセストとしての都市（およびテクノロジー）という考えは、本書冒頭で紹介した「実験室としての都市」という、比較的自由に実験が出来る特殊空間としての都市、というイメージとはかなり異なる側面に光を当てている。現場そのものが持つ歴史的な重層性が、社会実験に対する複雑な制約条件になると同時に、そこで実験されるテクノロジーは、結果として社会に長期的な影響を与えるのである。このことは、ギエリンが論じたシカゴに代表される、「実験」的と称される地域や国家ではない場面で、社会実験が持つ意味が、鎌倉市のケースからは逆に鮮明に読み取れるのである。

（5）社会実験の巨大化？

交通系の社会実験は、社会参加を重視する本邦の文脈では、関わりを持つ関係者の規模や多様性という点でも「ザ・社会実験」と見なされる傾向がある。実際、社会実験の論者の中では、交通関係のそれが最も進んだものだという評価すらある（e.g. 広瀬 2007）。とはいえ、そこに問題が無い訳ではない。

前章では、自然科学の複数の領域で、研究の精度を上げ、より大量のデータを求める為に実験の巨大化（ビッグ・サイエンス化）が一部で進んでいるが、それには副作用もあるという点について議論した。前章の冒頭で紹介した、分子生物学者による実験の二つの顔、という話からも言える点だが、もともと認識文化的に小回りが効く生物学等では、即興に近い実験も研究過程で重要な役割を果たしている。他方その規模が巨大化すると、小刻みに試行し微調整するという漸進的な方法は難しくなる。その結果、実験回数の減少、それに伴う経験不足といった形で、人材育成への負の影響が目立ってくる。こうした状況を改善する為に、宇宙科学等では、超小型衛星といった試みにより、出来るだけ若手研究者に参加の機会を与える工夫が始まっている。こうした観点から交通実験を見てみると、前述したボンエルフ実験の様な、小規模実験もあるものの、地域の交通システム全体に関わるものは、どうしてもいわばビッグ社会実験になりがちである。結果、予算、マンパワーといった点も含めて、そうした大規模実験を行うことへの懐疑論も常に存在する(23)。

実験が巨大化することの二律背反は多方面に現れるが、一つの方向性は、出来るだけ厳密な結果を得たいという研究上の欲求と、そうした長期化、肥大化を避けたいという社会側の要請の間の相剋という形を取る場合もある。新薬承認の為の治験の動向がその例だが、新規薬剤の認定には、第一相から第三相に至る三段階のプロセスが必要である。この場合、後になるほど治験規模は拡大し、全て通過するには十年近い時間がかかることも珍しくない。これは副作用等によるリスクを避ける為には必要不可欠のコストとされる。とはいえ、コロナ禍のような緊急時では、その承認期間を短縮する特例を認めることもある。この問題は、科学と政治に於ける、時間感覚の違いという点に似ており、解決法としての「規制科学」という考えがあることも指摘した。しかし現実には、先のコロナ用候補薬の緊急承認の未決にも現れたように、実際の判断の難しさを指摘する意見もある（内城 2022）。やはりこうした中間的なアプローチには困難が伴うのである。

交通実験に関しても、ビッグ社会実験化の実態について、複数の論者が同様の点を指摘している。現状では社会実験の準備に時間がかかりすぎ、実験に失敗が許されない感じになってきているという指摘に対し、ある国土交通省関係者は、やってみることのハードルを低くすることの重要性を指摘している（今 2021: 154-155）。とはいえ、交通機関を新規調整する場合、特定の地域で交通制限をすれば、そこを迂回する為に周辺道路が渋滞し、余波が近隣の別の地域に波及しうる。交通実験はその試みを小型にしたとしても、その影響が周辺に及ぶため、その波及効果を確認する為にも、規模が拡大せざるを得ない傾向を持つ。それが難点とも言えそうである。

V 小回りに実験する——建築系社会実験

だが、全ての社会実験が広域への波及効果を持つ訳ではなく、ものによっては近隣をベースに合法的に始めることが出来るものも少なくない。これが交通系実験とは異なるタイプの、より小回りが効く社会実験のケースである。特に近年元気がいいのは、建築系の人々を中心に行われている、街づくりに関する様々な社会実験である。こうした分野の試みは多彩な展開を示しており、公共空間の役割を重視したプレースメーキング（園田 2019）、より広い展開戦術を重視したタクティカル・アーバニズムといった主張もある(24)（泉山 2016-2017; 泉山他 2021）。

1 即興への視座

こうした動きは多彩なルーツから派生し、その目論見や方法は相互に微妙に重なりつつ異なってもいる。これらは、前述した大規模な交通実験と比べ、より即興的、架設的な側面が前面に出る傾向がある。出来るだけ手早く実施し、場合によっては、さっと撤収するといった試みもある。全体しては、交通実験の一部の様な、ある種のビッグ社会実験化を避け、出来るだけ小回りが効く形で社会実験を行おうという姿勢が共通している。こうした運動の一部が、理論武装として「タクティカル」（戦術的）という形容詞を使うのは、パリンプセスト的、重層的制約に溢れる都市空間に於いて、その合間を縫って社会実験を行うという思想がそこにあるからである。

2　架設という手法

こうした建築系の社会実験の事例集の一つとして、例えば馬場他（2020）は国内外の様々な建築を主体とした、街づくり実験例を紹介している。副題の「架設建築と社会実験」という言葉が端的に示す様に、ここでのテーマの中心は「架設性」である。そのキーワードを中心に、ここでは実験対象の大きさに比例して、①Furniture、②Mobile、③Parasite、④Pop Up、⑤City と言う五つのテーマに分類されている。例えば①Furniture の章で紹介されているのは、道路という公共空間に家具を持ち込んで、人々を観察したり、そこで食事を摂るといった活動を行ったフランスのアーティスト・グループである（馬場他 2020: 26-29）。また、同じフランスから、全員白い服を着て一日限りの食事会を公共空間で開くと言った活動も紹介されている（同右 2020: 30-33）。これらはまさに、公共空間での法的制約を逆手に取り、半ばゲリラ的に新たな活動をすること自体が、一種の社会実験とされている。実際最初の例では、路上で食事を摂ることは違法になりうるので、小刻みに移動することで、法に触れない形で公共空間を利用しているのである。

こうした事例を中心に、②Mobile（屋台等の可動物を使った試み）（同右 62-89）、③Parasite（橋の欄干や高架下のような、既にある建造物に付随する空間をうまく利用したもの）（同右 90-131）、④Pop Up（架設的に作る建造物で、恒常化しないもの）（同右 132-177）、そして⑤City（より大規模に架設建造物を集積したような事例）（同右 178-219）等が紹介されている。

全体として著者達は、都市計画という概念が、マスタープラン中心のトップダウンの形態から、帰納法型、つまり（実験）データから帰納的にあるべき計画を構想するという形に徐々に移行する傾向があると主張する（馬場他 2020: 6-7）。とはいえ、日本の土地規制は、架設建築に対する制限が厳しく、法的にも実験的土地利用が難しいという制約もある（同右 9）。ただし近年では、ウォーカブル、つまり歩くという行為を中心とした街づくりが強調される様になりつつあり、それに応じてより繊細、細密な可変的アプローチが重要になると期待も述べている（同右 13）。

3 「戦術」の導入――タクティカル・アーバニズム

これらが言わばゲリラ的な実験的介入とでも言える試みの紹介なのに対し、泉山他編（2021）は、現在欧米を中心に都市開発で活発に試みられている、タクティカル・アーバニズムという潮流について解説、事例紹介をしている。タクティカル（戦術的）という言葉は、一般的に長期的なストラテジック（戦略的）との対比で使われるが、この概念を精力的に紹介している泉山（2017a: 92）によると、この運動は、二〇一二年にストリート・プラン・コラボレーション（Street Plan Collaboration）という北米のＮＰＯが、*Tactical Urbanism*, vols. 1, 2と言う形で様々な事例のガイドを公表した時に始まると言う。

このタクティカル・アーバニズムの成功例としてよく紹介されるのがパークレット（Parklet）という試みである（泉山 2017b: 90）。この事例は前述した建築系実験の本でも紹介されているが（馬場他 2020）、アメリカ、サンフランシスコ市で二〇〇五年にREBARと言うアート／デザインスタジオが行った運動と関係している。路上駐車場二台分の空間に芝を布いたり、椅子を並べたりして小さな公園のようなものを作り出すという試みである。これが大評判になり、世界中から依頼が殺到したため、彼らは実践の為のマニュアル本を出版し、こうした社会実験をやりやすくしたのである。

これにベンチや植栽を加えて恒久化したのがパークレットで、現在サンフランシスコ市に六〇カ所近くある。実施には行政の協力が不可欠だが、安全性、デザイン等の審査の上、申請料を払って行政がこれを許可し、実際の管理はGroundPlayと言う市の組織が担当している（馬場他 2020: 34-41）。この事例は、ボトムアップ的に始まった小規模の社会実験が、行政を巻き込んで拡大したという興味深い事例である。

泉山（2017a: 94）が指摘するのは、大規模な都市開発には、完成してみないと計画の是非が判断出来ないという問題があるという点である。完成したら具合が悪かったでは困るのだ。従来手法のこうした欠陥に対し、この新手法は、小さな、いわば即興的アクションから出発してその成否を確認しつつ、段階的に拡大することを目指している。その特徴をまとめると、基本的方針としては、①アクション第一。実際の試行から始める点を重視する。精密な計画やワークショップによる準備に長々と時

図 10　パークレット

間をかけるのではなく、とにかく試してみる。②法令順守。違法なゲリラ的介入ではなく、基本的に法律の枠内で行う。③市民の共感。初発の試行がより大きな社会で受け入れられる様な方向性を持つ、等である（泉山 2017b: 92）。

既に論じた様に、鎌倉市の古典的な交通実験での最大の難点は、道路交通法による規制であり、それを管理する警察を最初から実験計画に巻き込むことで、法的に可能な形で実験を計画した。とはいえ、当時の規制では実施困難なもの（例えばバスレーンの変更）も結構あり、そこが社会実験の実行面での大きな障害になった。これに対し、タクティカル・アーバニズムでは、前述した建築系の社会実験集の他の事例と同様、言わば出来ることから小回りにやるというのがその主眼となる。

前述したパークレットの事例がこの三つの特徴をよく表している。鎌倉の交通実験の事例と比べると、パークレットは、違法ではないが、従来とは異なる形でパーキング・スペースを使い始めることから話が始まっている。全体の都市計画云々よりも、まず都市の一角で出来ることをとにかくやってみるのである。他方、話がローカルな即興的実験で終わらないのは、次のステップ、つまり行政を巻き込んだ政策へと繋がることを意図して行うからである。これが「タクティカル」（戦術的）と呼ばれる所以だが、こうした試行が単発イベントで終わらず、意図的により大きな政策と繋がることを意図しているのである（泉山他 2021）。

この運動の創設者達によるマニュアルによれば、そのポイントは六つの教訓という形でまとめられている（ランドン・ガルシア 2021: 39）。すなわち、①小さく始める、②計画棚から下ろす、③ストーリー、④実験＝調査、⑤みな戦術家、⑥許可できないのは×、である。このなかで、今までに議論されていない特徴として、③ストーリーと、④実験＝調査がある。④実験＝調査と言うのは、こうした試みは長期的視点を持つため、単なるイベントではなく、その成果に対する研究調査も必要だという指摘である（同右 40-41）。

もう一つの③ストーリーというのは、初発の実験を行政、市民を含む広い範囲に拡大していく時に必要となる、いわば社会的イメージ創出の為の手段である。こうしたローカルな即興的実験は、限定された地域レベルで話が終始するリスクがある。それを超えてより広い範囲の共感を得る為の手段が、ストーリー（「物語」）の存在だと言う（ランドン・ガルシア 2021: 40）。

このように、タクティカル・アーバニズムの様な新型の運動は、古典的社会実験の典型である交通実験等と比較して、現地を中心とした即興性、あるいはその即興をどう行政や地域社会全体に生かしていくか、という点で、新しい手段や概念装置を用意している様に見える。他方ここには時代の違いもある。まず第一に、紹介した古典的社会実験の事例に比べ、現状では、様々な分野で社会実験がある程度定着してきたという背景がある。それに伴い、様々なノウハウが蓄積される一方、社会実験そのものが自己目的化する傾向もあると言う。話が一回きりのイベントと化し、その先に繋がらないという批判である（泉山 2021）。

前述した様に、鎌倉市の初期交通実験に於いても、社会実験は単に厳密にデータを取る為だけでなく、市民参加を実際に体験してもらうためのイベントという側面があり、それはそれなりに肯定されていた。と同時に、イベント的側面には、ホーソン効果の様に、メディアに注目されることによる副次的な影響もあり、当時からその継続性に関するリスクが指摘されていた（高橋・久保田 2004）。時代が下り、こうした社会実験がそもそも「実験」であり、データを取り次につなげる、というプロセスの一部だという点が忘れられる傾向があると解釈することも出来る。

本章後半で取り上げた社会実験は、自然科学で言う実験と、実践的な社会介入（市民参加）の両面を持つが、そこには長所も短所もある。実際こうした試みの自己目的化に対する批判は、ワークショップといった手法にも向けられる。様々な現場でよく用いられるこの手法についても、それが長期的な視点に向かうという意識の不足についての批判がある。この点を如実に示すのが、タクティカル・アーバニズム自体の来歴である（中島（直）2021: 49-52）。これ以前のニューアーバニズムという運動では、デザイン・シャレットという一種のワークショップ技術が使われた。シャレットと言うのはフランス語で荷馬車の意味で、都市関係の諸専門家と各種関係者を一堂に集めて、関心ある問題について集中的に討議し、その解決案を呈示するという手法である。この手法は海外では広く採用されたが、ここで呈示された解決案を実際に実行するのには限界があり、その欠点を乗り越える為に出てきたのがこのタクティカル・アーバニズムだと言う。つまり一種の理論的提案に対して、それを現場で実験し、その有効性を確認する新たな手続きである。中島（2021）はこのシャレット文化が本邦では育たず、住民参加手法としてのワークショップの延長として、タクティカル・アーバニズムが理解される傾向に対し危惧の念を表明しているのである。

4　STSから見る即興と政策

これらは、タクティカル・アーバニズムの実践者側から見た解釈と自己分析であるが、STSの一連の理論的文脈から見ると、いくつかの共通点と差異が浮かび上がってくる。前述した様に、実験規模の巨大化による副作用を緩和するため、宇宙科学の様な分野では、小回りが効く実験を併用し、大・小双方のバランスを取る試みが続いている（中須賀 2021）。また治験の様に、時間がかかる対象には、緊急時での時間短縮が求められる場合もある。

即興的な小規模社会実験から、政策というより大きな手続きに拡大する過程は、ある意味この治験のプロセスに似ている面もある。とは言え、前者には前節で紹介した様な、ランダム化社会実験／二重盲検法（対照実験）の様な厳密なデータ取得のための手続きは存在しない。むしろ即興で行われる建築系実験は実験という行為の持つ、社会に開かれた性質との関係が深い。この創発性と計画性のバランスという問いは、ＳＴＳが考えるテクノロジー発展図式と妙に相応する点も多い。その一つの例がパークレットの様な事例である。

(1) 脱スクリプト論としてのパークレット

まず第一に、建築系社会実験の根本にある即興的な試行であるが、これは既存のシステムをうまく手なずけ、自らの用途に従って改変するという手続きとも見なせる（cf. 笹尾 2019）。こうした読み替え（脱構築?）は、ユーザー・イノベーションの一種（フォン・ヒッペル 2006）と見ることも可能である。ＳＴＳ内部でも関連する議論があるが、有名なのはアクリッシュ（Akrich 1997）による脱スクリプト論（de-scription）である。

アクリッシュがいうスクリプトとは、エンジニアが自ら制作する技術に対し、こういう形で使ってほしいと考える一種のシナリオのようなものである。これに対してユーザーは、それを様々な文脈で、原意とは異なる用途に使う場合もある。アクリッシュはこれを、エンジニアが用意したスクリプトを外す、と言う意味で「脱」（de）と言う接頭語をつけ、de-scriptionと呼んでいる。この単語は、もともとは「描写」「記述」という意味だが、その意味をずらして用いている。

彼女が議論する実例は、西欧で開発された装置（例えば発電機）が、文脈が大いに異なるアフリカの地で全く違う使われ方をしているという事例である（Akrich 1997）。前述したパークレットの事例は、公共空間における路上のコインパーキングという「テクノロジー」に対して、いわば脱スクリプト化を行い、本来の技術的スクリプトとは異なる形でそれを使用したケースと見なすことが出来る。

(2) ストーリーと「期待」

他方タクティカル・アーバニズムの議論では、脱スクリプト化が、単に個別ユーザーの範囲に止まらず、潜在的に公的な方向性を指向している点が特徴的である。その意味では公共政策を意識したテクノロジー開発論とも親和性がある。STSで特に並行関係があるのは、テクノロジー発展についての独自の段階図式（戦略的ニッチ管理論）を示したオランダ学派の研究である（日比野・鈴木・福島編 2022：第三章、第六章）。この図式は、後述するリビング（都市）ラボ等の、イノベーション的試みの一部でも、理論的支柱となっている。

この図式は一連の下位概念と関係があるが、その第一は、「期待」という考え方である（Borup et al. 2006; 福島 2017）。テクノロジー開発の初期段階では、開発への支持を持続させるため、当該テクノロジーが将来どの様なポジティブな価値をもたらすかという点について、かなり膨らませた言説が動員される。実際、開発初期には、「このテクノロジーで世界が変わる」等の誇大広告的な言説が蔓延するが、これがここでいう期待である。更に期待が過熱すると、実際の開発がそれに追いつかなくなることもあり、逆に失望に転じる場合も多い。これを、技術予測を専門とするガートナー社が単純な図式としてまとめたのが、所謂ハイプ（熱狂）サイクルである。それによると、テクノロジーに関する初期の熱狂は、いずれその反動で失望の谷に落ち、時間がたってゆっくり回復し安定する、とされる。[25]

ＳＴＳ研究者達は、全てのテクノロジーがこうした単純なパターンを取るとは考えておらず、その工程には様々なバリエーションがあると指摘している（Borup et al. 2006）。とはいえ、期待の乱高下の管理は大きな問題となりうる。初期の熱狂後の失望は、開発へのダメージになり、それをより安定したサポートに戻すのはなかなか困難である。ｉＰＳ細胞研究がいい例であるが、初期の大きな熱狂時に多額の資金が投入されたが、その後成果がそれにふさわしくないという声が与党内で上がったり、そのあおりを受けた近接分野の研究者（例えばＥＳ細胞）からの不満の声も聞こえたりした。[26]

ただし、こうした期待（あるいは熱狂の）言説が、テクノロジー開発の現状とかけ離れていても、ＳＴＳ研究者達がそれを間違ったものと主張することは稀である。開発途中のテクノロジーの将来は不安定で、にもかかわらず開発資金や政治社会的な援軍が必要だからである。期待という膨らんだ言説はそうした未来への援助のためなのである。[27]

こうした研究を精力的に行っているＳＴＳのオランダ学派は、テクノロジーの発展段階についても、独自の図式を提案している。テクノロジー揺籃期のニッチ、それが従来の政治経済的な制度と接触し地域的に定着した社会技術的レジーム、そしてそれが世界中に制度として広まったランドスケープという三段階図式である。

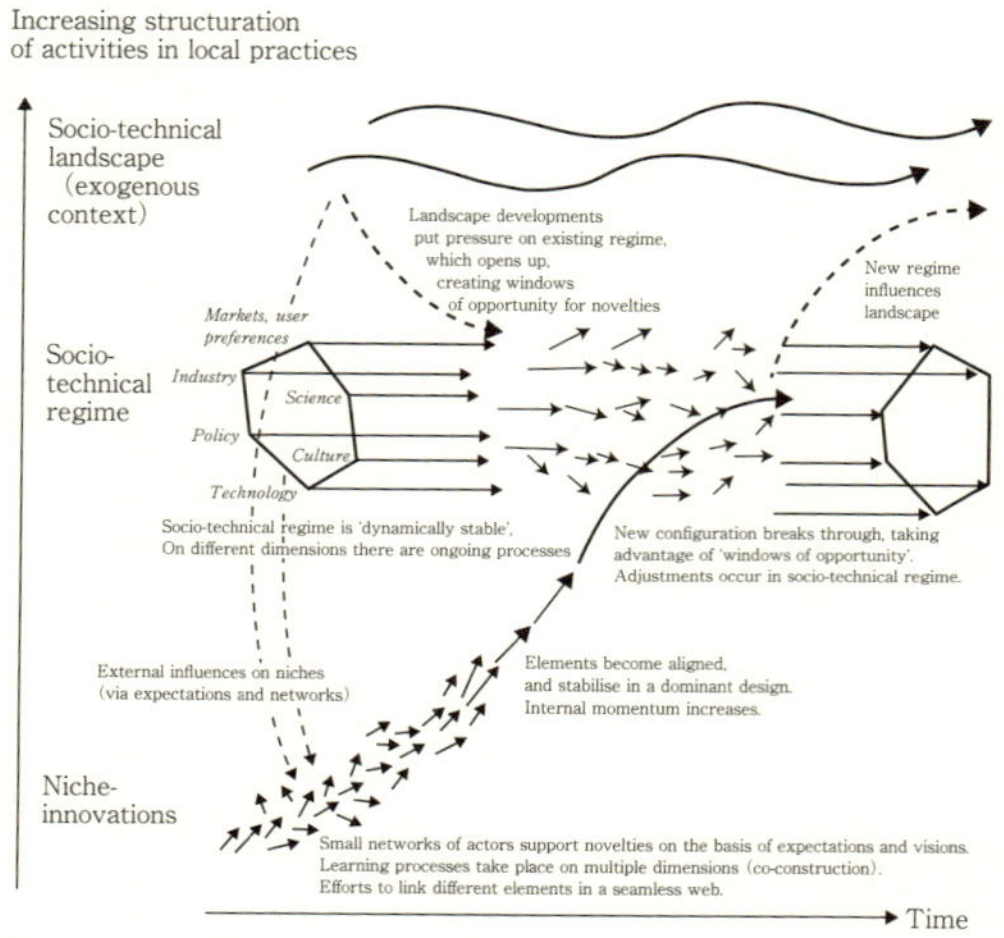

図 11　テクノロジー移行図式

この中でも彼らが特に困難と考えるのは、創発時のニッチから、特定社会に広く組み込まれるようになったレジームへの移行であり、その過程で既に存在している様々な技術的、社会文化的諸条件との調整が必要となってくると彼らは強調する。この二つのレベルを架橋する行為を、彼らは戦略的ニッチ管理（strategic niche management）と呼ぶが、多くの初期テクノロジーが失速するのは、この架橋に失敗するからである。そのための推進力の一つが期待なのである（Borup et al. 2006; Schot & Geels 2008）。

この図式に関係する主要な研究者達が、脱炭素経済への移行と言う政策分析にこの図式を使用したため、特に欧州に於ける環境政策に関係してこの図式が参照されることが少なくない（後述）。本節でタクティカル・アーバニズムの考える「戦術」を、ここでいう「戦略的ニッチ管理」と照らし合わせてみるのも面白い。社会実験を手軽に出来る小実験から始め、それを大きくしていくという「戦術」は、現状のニッチ状態からそれを社会技術的レジームの段階に架橋する手続きに似ている面も多い。そこには様々な共通点と共に、似た様な障害があるとも言える。

タクティカル・アーバニズムの実践の目新しさは、ある意味この戦略的ニッチ管理的発想を都市という文脈に持ち込み、得てして計画倒れになりかねない大がかりな実験に対し、小回りな脱スクリプト化実験を行うことで、狭い範囲（ニッチ領域）でその成果を確認しつつ、そこで起こりうる軋轢を最小限にする試み、とも読み替えられる。いずれ問題になりうる諸制約、特に法的なそれについては最初から違反しない形で実験を始めるといった工夫は、言わばニッチからレジームへの飛躍のための準備の一つである。

またオランダ学派が考える期待の働きに似た概念が、前述したストーリーである（ランドン・ガルシア 2021）。実際、こういう観念上の援護射撃が無いと、特定地域で起きたゲリラ的実験はそこで終わってしまい、より広い範囲での支援を得られる保証は乏しい。タクティカル・アーバニズムがいう戦術の重要なリソースの一つがストーリーなのである。

こうした興味深い並行関係がある一方で、都市と言う限定された空間に於ける試みと、その広がりが大きく異なりうるテクノロジー一般の議論には顕著な違いもある。たとえば、新興テクノロジーを育むニッチは、研究と市場の二重構造を持つとされるが（Schot & Geels 2008）、タクティカル・アーバニズムに於ける初期的な試みは、こうした新興テクノロジーが持つシビアな競争構造に晒されている訳ではない。パーキングを一種の憩いの場にするという実験が、他の別の試み、あるいは市場面での生き残り競争に晒されている訳ではないのである。ここでは、全く新しいテクノロジーを社会に導入すると言うよりも、ユーザー・イノベーションに近い形での脱スクリプト化することが焦点だからである。

その点から言うと、従来の交通実験のような大規模な社会実験は、どちらかというと既に社会に深く組み込まれたテクノロジー体系に直接介入する様な困難があり、それゆえ多くの準備が必要となる。他方、タクティカル・アーバニズムに於いては、ニッチ形成はそれほど難度度が高くない。むしろその参入の容易さによって、ニッチ管理をあまり必要としない「戦術」だと言える。これはあくまでも「都市に関わる姿勢」(urbanism)であり、原則的にはその地域特有の構造に強く関係づけられている。それ故、それが先程のレジーム段階や、ランドスケープ、つまり世界全体に標準化するかどうかはやってみないと分からないし、そこまでの野心があるかも判然としないのである。

(3) 非線型の罠

オランダ学派の図式から言うと、タクティカル・アーバニズムの議論には興味深い関連性があるが、他方後者の図式にはやや不十分な面もある。それは大きく分けて、前述したような期待の不安定さ、あるいはハイプサイクルのような現象についての認識の欠如と、こうした工程全体に見られる、一種の非線型的な変化についての考察の不足である。

この両者は連動しているが、前半の期待の不安定性というのは、まさに初期テクノロジーに対する期待の乱高下のリスクである。タクティカル・アーバニズムに於けるストーリー概念の援用には、この概念の実際の効果のいわば副作用について、深みを感じさせる分析があまり見当たらない。この点は、第二点目、すなわち実験がもたらす非線型性/予期せぬ結果とそれへの対応という点とも関係する。

ランダム化社会実験の唱導者の一つであるキャンベルが、自分の人生を実験過程そのもの、つまり多くの失敗と方向転換の過程として記述したという話の際に、STSに於ける同様の実験過程論を紹介した。その点に関しては第1章でも、セレンディピティ、あるいは研究プロセスの思わぬ蛇行、飛躍という点に関連して議論した(Latour 2003; Gross 2010)。

社会実験、特に行政と関係の深いそれの場合、こうした新たな事実の発見という目的よりも、むしろ特定の政策を社会内で定着させる為の「実証実験」という政策的色彩が強い。それ故こうした「予期せぬ結果」は、研究としては面白いが、政策としては失敗と見なされかねないというリスクがある。タクティカル・アーバニズムに関する報告も、サクセスストーリー的な短報が多く、前述した鎌倉市交通実験に於ける、ロードプライシングをめぐる激しい攻防といった負の側面についての「厚い記述」はあまり見当たらない。

とはいえ、実際の事例で、社会的に揉めた事例の記述が無い訳でもない。例えば泉山（2017c）が紹介しているサンフランシスコ郊外住宅地の小学校廃校の空き地に関するケースは、どちらかというとプレースメイキングという範疇で紹介される内容だが[28]、空き地を近隣のコミュニティが協力して活性化するというプロジェクトに関するものである。その過程で、そこをスケートボードの練習場にしようという提案に対して、周辺住民の中には騒音を好まない人が出る可能性があって揉めかけた。結局、こうした場を作ることが結果的にコミュニティの益になるとして承認されたと言う。この場合、対象となる空間は地域コミュニティが統括出来る範囲内だが、こうした試みが行政に取り入れられ、最初の地域を超えて広まった場合、スケートボード使用に対する反対も含め、事前に予期しなかった住民の反応が現れることもあろう。これら予期しなかった展開に対してどう対処するかが、あらゆるタイプの実験につきまとう問題なのである。

タクティカル・アーバニズムが前提とする戦術的フォーマットは、こうした予期せぬ事態によるブレという可能性をあまり考慮に入れていないという印象を受ける。それは話が成功事例集に偏り、長期的な観察や厚い記述がそれほど存在しないからかもしれない。その意味ではこれは戦術的であっても、長期的な戦略的（strategic）と言えるか多少疑問が残るのである。

（4）調査の欠如

もう一つの問題は、研究と社会参加の融合体としての社会実験には常について回る問題、つまり研究をどう位置づけるかという点である。本章後半で取り上げた、架設的建築やタクティカル・アーバニズムに於いて、これらに関わる研究調査がどれだけ行われて来たか、実はあまり判然としない。前述した鎌倉市の社会実験では、現実の交通量調査が主目的の一つであり、それについてのデータ取得は実験計画の大きな柱の一つであった。他方そうした測定を核としつつも、想定せざる事態によって実験計画を大幅に変更した際、正当化する論理として、市民の社会参加と言う目的が挙げられた点も紹介した。ランダム化実験といったより厳密な実験方式とは異なる志向性がそこに存在したのである。

社会実験を小規模化し、実行がより容易になると、今度は逆にイベント的側面の過剰と言うリスクが現れるのが面白い。実際に馬場他（2020: 166–169）の「社会実験」というコラムで紹介されている例の一つは、ニューヨークのタイムズ・スクエアに於ける歩行者天国の（交通系）実験であるが、そこでは質的、量的な調査も同時に行われているのである（cf. ランドン・ガルシア 2021: 23–25）。

結局、長期的な政策的変化を追求するなら、市民参加という軸と、データ取得による改善点の発見、関係者間でのデータ共有による政策化の推進といった軸のバランスが求められる。だがその点について、必ずしも関係者の理解が一致しているという訳ではなさそうである。

(5) 行政側の反応

前述した様に、タクティカル・アーバニズムは、参加のハードルを下げ、出来ることからやって見ると言う意味で、その背後にプラグマティズム的な漸進主義が感じられる。他方、こうした小さい試みが、より大きな流れになるかどうかはまた別の話で、そうした脱スクリプト化の試みも、一つ間違えば、公共施設への落書きに似た様な、単なるいたずらで終わる可能性もある。数多く行われるワークショップですら、そこで終わるという指摘は紹介した(中島(直)2021: 67)。だがこれをより大きな流れとする為には、ストーリーという装置に加え、専門家集団の助けによる可視化、および多様なモチベーションを整理する役割としての行政機構が必要となる(矢野 2021: 194-201)。

実際、社会実験に於いて行政は(全てのケースでとまでは言わないが)中心的なステークホルダーの一つである。他方、社会実験と行政の関係の難しさは、本章前半のアメリカに於ける初期ランダム化実験と行政の関係を論じる際にも、大きな問題となっていた。実は、本邦の行政の内部に於いても、この戦術的アプローチに近い、ゲリラ的な試みがあったと言う点は面白い。

日本に於ける社会実験一般の嚆矢とは何かという問いへの答えは議論が分かれるが、旭川市の歩行者天国をもって始まるとする論者もいる(上田 1984; 藤本・島谷 2014)。上田はこうした最初期の社会実験は、行政主導とは言え、その内部でもかなり「ゲリラ的に」計画し実行したという指摘をしている。本章前半でも議論した様に、そもそも行政用語に「実験」という言葉は無かった。なぜなら「行政は失敗しない」からである。それゆえ、もし実験などして失敗したら誰が責任を取るのか、という風潮の中で、実験的な試みをすること自体が、いわば正規軍に対する行政内部でのゲリラ的活動の成果だったと言うのである(上田 1984: 7-26)。その意味では、行政内部で実験の嚆矢にはゲリラ的活動が必要であり、最近の動向は、こうした志向性が行政を超えて拡大してきたと見ることが出来るのである。

現在、社会実験を支える行政側からの制度的援助は格段に充実して来ており、それは社会実験の社会的認知が進んだという証でもある。馬場他 (2020: 210-213) は近年の新動向として、①特区、②期限付き特区、③都市再生推進法人、④新技術等実証制度といった新たな試みを紹介している。①は「構造改革特区」といった名称で知られる様に、特定の政策、たとえばドローンによる宅配といった試みを可能にするため、法制度を緩和したもの。②は特にコロナ環境下で、道路の占有許可基準を国土交通省が緩和したもの。③は自治体が指定する法人で、行政と民間の間に立ち、道路や公園の占有、管理について関係者の調整といった役割を担う。④は内閣府が主催し、新技術（例えばロボット等）の実証実験に関して、関係省庁を調整し、社会実験が可能になるようにするもの等である。

前述した交通実験に関する議論で繰り返し登場した問題は、社会実験の実施に対して立ちはだかる様々な規制、法制度の問題である。前記の①②④は、そうした法的制約を緩和する為の行政側からの仕組みづくりと言う意味合いがある。他方STS的観点から言うと、③に当たる組織形態は前述した「境界組織」(boundary organization)、つまり政治と科学を結ぶ中間的な組織と近い (Guston 2001)。既に、鎌倉市の交通実験の運営組織について、それをSTSでのハイブリッド組織（混成フォーラム、Callon et al. 2009）という観点から論じ、加えて「社会実験事業制度」(畔上 1983) といった、本邦での先駆的提案についても既に紹介した。現状では、社会実験が頻繁に行われる様になって来たため、その運営やリスク管理に関してノウハウの蓄積が求められる様になり、こうした混成型の組織が発達しつつあるという事例である。とは言え、③は話が公園や道路の管理に限定されており、必ずしもＳＴＳ研究者と同じことを論じている訳ではないが。多様なステークホルダーの関係を調整し、その運営についてのノウハウを蓄積していくと言う点は、社会実験の更なる普及と言う点からも非常に重要なテーマであるが、それは次の節で論じることにする。

Ⅵ　ラボ、社会に出る——（都市）リビングラボ

1　ラボラトリーの進化形態？

本章後半では、社会参加を中心に考えるタイプの社会実験の例として、交通系および建築／地域社会系での代表的な試みの一部を通観してきた。ランダム化実験の様に、政策の有効性を実験的に検証すると言うタイプのそれに比べると、この二つの領域は、住民参加というモチーフにかなりの力点がある。他方、行政の介入がほぼ不可避な交通系と、住民レベルで即興的な実験を行うことが不可能ではない、建築／タクティカル・アーバニズムという違いもある。後者でいう実験が、私が言う「日常的実験」に近い場合も少なくない。

とはいえ、多様に進化した社会実験の現状には、これらとは異なる方向性を持つものも少なくない。その代表例は、「～ラボ」という言葉がつく活動で、関心の中心は、研究の為の実験の場である「ラボ」的活動を、社会の中で行うという点にある。その代表例がリビングラボ（living lab）という考え方で、更にそれとは別の流れとして、「都市ラボ」（urban lab）といわれる活動もある。

第1章で詳述した様に、歴史的にいうとラボ、とりわけ化学系のそれは、もともと社会の中に埋め込ま

れていたが、様々な要因により、段々と一般社会から距離を置くようになってきた。他方、こうした新たな「ラボ」は、それぞれの目的の為に、社会への再統合を目指して創設されている。リビングラボは、ICT開発から出発し、イノベーション関係の領域で大きく発展してきた。また都市ラボというのは、地球温暖化対策の様に、公共政策的色彩が強い社会実験を推進する基盤として、一部の関係者が唱導しているものである。現在では、この二つの流れは一部融合し、都市リビングラボ（ULL: Urban Living Lab.）と呼ばれる場合もある。

これらの潮流は、本章前半で扱った、政策の有効性を検証するランダム化実験の様な、研究者主導の社会実験と近い面がある。他方、そこで求められるのはイノベーション開発であり、それを隔離された実験室ではなく、社会の中で関係者を巻き込んで進むという意味で、前述したデザイン実験や、建築系の社会実験と関係が無い訳ではない。

更に、欧州に於けるこの領域（とりわけ都市ラボ）の議論では、STSの理論枠組みが直接影響を与えているケースもある。それにより社会実験という枠組みに対し、近年のSTSの議論がどういう影響を与えているのかという点を観察することも出来る。前節で言及したように、特に脱炭素経済への移行というテーマに関して、一部の論者がオランダ学派の戦略的ニッチ管理理論を議論の骨格に据えている例がそれに当たる。この議論の文脈で都市という概念の重要性が新たな注目を集め、そこから都市ラボといった概念が活発に論じられる様になってきたのである。他方、リビングラボはそれとはかなり異なるルーツから発展してきたが、こちらの方がその歴史は長い。次節では、このリビングラボという考え方の歴史から先に検討することにする。

2　リビングラボとは？

この概念は、直訳すれば「生きた実験室」で、象牙の塔内の研究室ではなく、現実世界（日常生活）の文脈を前提としたラボという意味である。近年非常に多様な活動がこの名前で呼ばれており、その実態について多くの報告がある。他方、後述する様に、その定義はかなり曖昧で、こうした概念の流行を危惧する声すらある。実際、その由来についても諸説あり、この概念の多義性を暗示している。例えばあるオンライン雑誌によれば、リビングラボとは、

「「Living（生活空間）」と「Lab（実験場所）」を組み合わせた言葉であり、その名の通り、研究開発の場を人々の生活空間の近くに置き、生活者視点に立った新しいサービスや商品を生み出す場所を指す。また、場所だけでなく、サービスや商品を生み出す一連の活動を指すことも多い。」

ここでは、その目的が日常生活内で行われる製品開発の過程とされており、そのルーツは一九九〇年代のアメリカ、それが欧州に伝わって主流になったとする。(29)

他方、英語版ウィキペディアでは、リビングラボを「フィードバックプロセスを利用した、現実の生活環境でのオープンイノベーションのエコシステム」と定義し、イノベーションとの関わりが前面に出ている。その発端は、マサチューセッツ工科大学（ＭＩＴ）のミッチェル（W. Mitchell）らコンピュータ研

究者が、自らの開発を現実生活での活動と関連づけて行った様々な実験的試みがその始まりとされる。[30] ミッチェルは、建築学科に所属しつつコンピュータ科学の成果を実際の建造物に応用するという研究を展開し、今でいう「スマートシティ」に近い先駆的な試みをした研究者である。彼によるリビングラボの定義、すなわち「センサー、プロトタイピング、検証、多様で進化する複雑な現実生活に於ける複雑な解決策を見いだすための、ユーザー中心的な研究方法」は、この一般的定義としてよく用いられている。[31] ただし多くの発明史に見られる様に、こうした活動は同時多発的に発生した様である。[32]

これらはいわばアメリカ起源説だが、二〇〇〇年代後半に於ける、リビングラボの諸活動の紹介を行ったクシアック（Kusiak 2007: 869）は、CoreLabs（Co-creative Living Labs for CWE（Collaborative Working Environments））という欧州横断のプロジェクトを以てリビングラボの嚆矢とする。これは二人のスウェーデン人研究者が中心となり、欧州各地のラボを連係させた活動で、オープンイノベーションのネットワークである。ここでリビングラボは「企業、公共機関、大学、諸制度、さらに一般大衆といった関係者間で公私連係を行いつつ、現実生活の文脈に於いて、新しいサービス、製品、そしてシステムを作り出し、試作し、実証／テストする様な『機能的な地域』（functional region）」と定義され、大規模な地域ベースの「オープンイノベーションの拠点」という点が強調されている。[33]

このように、アメリカのリビングラボが、ユビキタス・コンピューティング実装の為の研究室的試みと言うニュアンスが強いのに対し、欧州ではオープンイノベーションシステム開発の為の地域拠点という内容に変化し、その規模も拡大している。また二〇〇〇年代になると、リビングラボの多様性についての議論も増える。例えばバロンら（Ballon et al. 2005）は、その多様な在り方について、イノベーションの原動力としての「テストと実験のためのプラットフォーム」(TEP: Test and Experimentation Platforms) という観点から分類を行っているが、そこには六つのバリエーションがあり、リビングラボはその一つだと言う。(34)

著者達はまず、現実のイノベーションにこうしたプラットフォームが必須だが、それは実社会で起こるイノベーションにはある種の「実験」が欠かせず、それを担保する多様な場所、装置等が必要であるからだと言う (Ballon et al. 2005: 5)。加えて、イノベーションは普通企業を中心に起こるが、その過程はきわめて複雑で、様々な失敗要因が存在する。そこで特に重大な失敗は、①企業と研究機関の連係の失敗、②イノベーションを享受する制度の欠落、③経路依存とロックインによる革新の阻害等である。こうした組織的失敗要因への対応策として、テスト用プラットフォームが必要なのである (同右 6-7)。

開発「失敗」についてのここら辺の認識は、特に行政を中心とした社会実験に於ける失敗の忌避傾向とは好対照で、ある意味こうした試みを示す場として、科学的実践を想起する「ラボ」という言い方が援用される理由が良く分かる。著者達は、多様なプラットフォームのあり方があるものの、結局リビングラボが最適だと言う。その理由は、リビングラボがユーザーに最も近く、それゆえ、①開発についての特定文脈に基づく深い知見、②テクノロジーをより広い経済的、社会的文脈に埋め込むためのヒント、更に③イノベーションの社会的インパクトへの一般的イメージの確保と言ったものを得ることが可能になるからである (Ballon et al. 2005: 8)。

リビングラボは、日常生活における制御出来ないダイナミズムと関係が深いため、本質的にオープンな性格を持っている。またユーザーが参加することで、彼ら自身が共同制作者 (co-producer) にもなる

(Ballon et al. 2005: 9)。実は、こうした議論は既にＳＴＳの影響も受けており、著者達は、欧州でのリビングラボの特性は、もともと一九七〇年代、特に北欧での社会実験にそのルーツがあり、さらにＳＴＳにおけるテクノロジーアセスメント研究との関わりも深いと言う(同右 9)。本節後半で詳述するが、特に欧州では、ＳＴＳの成果自体が既にリビングラボという概念の構成にそれなりに貢献しているのである。

バロンらの論文の後半は、当時の欧米諸国に於ける代表的な試みを六つのタイプに分け、六つの特性(公開度、一般参画、商業的成熟度、垂直的スコープ、規模、継続期間)を基準に分類・分析しているが、[35]煩雑なのでリビングラボの事例のみ紹介する。その基本は、欧州に於ける地域実験である。最初の事例はKenniswijkと言う、オランダ、エインドホーフェン市でのブロードバンドを中心とした大規模な社会実験で、高い知名度を誇った試みだったが、様々な障害によって中断した。この実験は多数の市民を巻き込んで行われ、その結果についても常に公表されてきたが、結局継続しなかったと言う。次は、フィンランドのArabianranta/Helsinki Virtual Villageというもので、複数の小規模企業と市民の一部が関わって行われたワイヤレス・ブロードバンドの実験である。更に英国の@PPLeは、複数の研究機関、慈善団体および市民が参加して、障害者の為の学習環境整備の為の実験的な試みを行ったものである(Ballon et al. 2005: 16)。この様に、不確実性が高いイノベーション開発に於いて、テクノロジー・ユーザー関係や技術の社会文化的な埋め込みといった問題を乗り越える手段として、リビングラボ的手法が高く評価されたのである。

ニータモら(Niitamo et al. 2006)は、こうしたリビングラボを成功に導く為の諸条件を更に精査する。彼らは前述した欧州縦断のCoreLabと関係が深いが、リビングラボに必要な条件として、①一つの先端的技術に限らず、複数の競合する技術を援用する必要、②イノベーション過程に関係した様々な組織との関わり、③一般社会の関心を引く様な形で開発が行われる必要、といった点を指摘している。その上でリビングラボの特性として、①広範囲のセクター間の協力、②テクノロジーの利用可能性、③バリューチェーンでの垂直間協力、④公開性と中立性、⑤大衆参加、⑥ユーザー参加、⑦研究関与と言った諸側面を統合したものだとする。他業種の研究協力、市場の開発とユーザー参加といった、イノベーションに不可欠とされる諸条件をクリアするのがリビングラボだと言う。但し彼らが紹介するリビングラボ先端事例の大半は、ＩＣＴ開発と関係している（Niitamo et al. 2006）。その内容や参加者、あるいは規模は多種多様で、リビングラボという概念が二〇〇〇年代時点で既に何でもありに近い様相を呈しているのが興味深い。

二〇一〇年代に入ると、特にリビングラボの概念化に貢献があったとされるレミネン（Leminen 2015）は、イノベーション領域でこの概念が既に余りに流行り過ぎ、焦点が定まらなくなっているとし、それを四つのタイプに分けることを提案している。

① Utilizer-driven　既定の目的に従う戦略的Ｒ＆Ｄで、利用者中心のネットワークからなり、知識の習得と修正を目的とする。ユーザーからの情報を編集して、開発に役立てることを目的とし、新たな知識がその成果となるもので、その持続期間は短い。

② Enabler-driven　戦略開発を基盤とし、特定地域、あるいはファンディングに基づくプロジェクトをベースとする。イノベーションに関する知識を生産し、政策等に貢献するのが目的である。その期間は色々

ある。

③ **Provider-driven**　知識を増大し、特定技術の展開に寄与することを目的とする。ネットワークは技術供与者を中心に構成され、彼らが他者から得る知識が中心となる。その知識は特定技術の展開に寄与する。これも期間は様々である。

④ **User-driven**　協働による問題解決中心で、統括中心のない、ユーザーの緩いネットワークからなるものである。知識は公的な形では収集されず、関心を通じてそのユーザーコミュニティに益する行動を取る。目的はユーザーの日常生活での問題の解決で、期間は長い。(Niitamo et al. 2006: 3-4)。

これを見ると、その主体として、技術開発者(個人および企業、企業間連係も含む)、多様なユーザー(個人、あるいは地域社会)、そして行政といった複数のそれが想定されており、その組み合わせ次第で、多種多様なバリエーションが生まれるのである。

著者達が強調するのは、伝統的な「プロジェクト」と比べ、リビングラボにはいくつかの顕著な特徴があるという点である(Niitamo et al. 2006: 7)。プロジェクトという概念はいまや日常化し、本邦でもその管理、運営に関する学会すら存在するが、限定された期間の中で、特定の目的に対して如何に能率的に作業を行うか、という基本的な問題意識がある。それに対してニータモらは、リビングラボはそれとは顕著に異なると言う。つまり、①目的に関して基本的にオープンエンドで、ユーザーのニーズによる修正が可能。②

プロジェクトマネージャーは基本的に自分のリソース管理と、ユーザーへのファシリテーションが中心。③調整は柔軟で、場合によって毎日稼働可能。④ユーザー（コミュニティ）との関係は対等であり、積極的な生産者の一部と見なされる。⑤リソースの調整、再定義、異なるタイプの知識の統合を柔軟に行い、エンドユーザーへのファシリテーションを実施する。⑥道具としてはファシリテーションがメイン、等である（Niitamo et al. 2006: 7）。

その実態が何を具体的に意味するかは別としても、不確実性に柔軟に対応する開発組織というイメージは、人々がリビングラボという概念に期待する内容であり、それらは本章でいう（社会）実験という概念の両方の側面、即ち研究と社会参加が、ユーザーの参加＋イノベーション開発という形で発展したものだと言う形である。その意味では、ラボという概念が持つ、失敗を含む実験的試行の場という基本に加え、ユーザーを中心とした社会的要素にもかなり広く開かれている存在という点が重要である。

3　地球温暖化と都市

ここまで北欧等を中心としたイノベーション開発研究の文脈に於いて、ＳＴＳが開拓してきたテクノロジーやラボ実験についての知見が、ある程度、こうした試みの概念化に関与してきた点を見てきた。他方、ＳＴＳ側が特に活発に論じて来たテーマの一つは、脱炭素経済への移行をめぐる社会実験の可能性である。こうしたタイプの社会実験は、前述した様々なそれ（最後のリビングラボも含む）とは多少異なる特徴がある。それは①全世界的規模の問題への対応として、トップダウン的な性格が強い。②ＳＴＳに於けるラボ研究の成果や、テクノロジー移行図式が直接援用される場合がある。③推進の場としての「都市」、あるいは④「ラボ」という概念が強調される、といった点である。最後の④はまさにリビングラボと大きく重なるが、①から③は必ずしもそれと同じ訳ではない。

①「トップダウン的性格」であるが、地球温暖化対策は、特定地域の事情を超えた地球規模の問題であり、それに関わる社会実験も、特定地域の事情に密着せざるを得ない交通や建築の社会実験とは異なる様相を持つ。グローバルに展開すべき政策を各地域の状況に合わせて実践していくという実験に近くなる。

②「STS学説の援用」は、そうした社会実験を論じる際に、STSの議論、特にオランダ学派のテクノロジー移行図式（戦略的ニッチ管理理論）が直接援用されるケースがあるという点である。この点は特にSTSと行政の関係が密接なオランダのような地域で目立つが、こうした理論的応用はその他の地域にもある。

③「都市の役割」は、こうした文脈での社会実験を実際に押し進めるユニットとしての「都市」の役割を再考するという議論である。

④「推進主体としてのラボ」とは、脱炭素化実験は、気象条件を含め、多くの要素の測定と分析、あるいは政策の有効度を検証するという過程が重要になる。そこでこうした活動を推進する母体として、大学や企業を中心とした研究部門に焦点が当てられるという意味で、ここでイノベーション開発の為のリビングラボ概念と重なってくる。

これらはそれぞれ異なるルーツから発展したものだが、脱炭素経済への移行という政策目標の下で合流しつつある。現在、この目的の為の社会実験に関する文献は文字通り汗牛充棟だが、それを明確にSTS

的視点から図式化したのは、スホットら（Schot & Geels 2008）に代表されるオランダ学派の一連の論文である。前述したニッチ／社会技術的レジーム／ランドスケープという三段階と、ニッチからレジームに至る架橋過程を論じる戦略的ニッチ管理を、この脱炭素経済への移行実験に応用して、そこでの問題を分析したものである。

4　実験場としての都市

とはいえ、この移行図式がそのまま現実的な政策に転化するかという点については、批判が少なくない。都市インフラの専門家であるハドソンら（Hudson & Marvin 2009）は、オランダ学派のテクノロジー移行モデルを脱炭素経済に応用する場合、顕著に欠けているのが都市の役割だと言う。著者達は、技術的な試行段階であるニッチから、それが広く社会で用いられるレジーム段階に移行するプロセスについて、オランダ学派の議論は妙に抽象的だが、それはレジームが持つ空間的、地理学的特性を無視しているからだと指摘する。そこでより現実的な解法として、この理論モデルに都市というファクターを加える必要があると主張する。ここで、サステナビリティ政策、戦略的ニッチ管理論、そして都市研究が融合することになる。

こうしたオランダ学派的観点をもとに、実験の場としての都市全体を中心に議論したのが、エバンズ他（Evans et al. 2016）の『実験的都市』という論集である。この論集は、持続可能性といった大きな政策目的の為の多様な社会実験を概観し、その成否を問うものである。ここでは実験する主体は都市全体ということになるが、ここで話が、本章冒頭で紹介したギエリンのシカゴ社会学論に回帰する様に見えるのが面白い。実際、この文脈でギエリンの論点も紹介されている。

センダーら（Senders et al. 2016）による「都市で実験する」という章では、前述したテクノロジー移行図式の成果がいくつかのタイプとして分類、分析されている。この理論に於けるニッチには、社会、および市場関係の二つがあるとされるが、論者達は、従来の議論が市場偏重なのに対し、社会的イノベーションの為の社会実験の必要性を訴える声が多いと指摘する（同右 18）。また従来の議論が、ニッチからレジームへの移行の際、政府のイニシアティブを前提とするものが多いのに対し、グラスルーツの実験から生れる変化を強調すべきだという批判が強まっているとも言う。更に、持続可能性に対して、先進国中心ではなく、アジア等に於ける多様な代替案にも注意が必要だとする議論も多く紹介している（同右 22）。

持続可能性に関する都市実験を推進する要件として、バーチャルリアリティによる可視化が有効だという主張（Ryan et al. 2016）がある一方で、都市での社会実験には多くの制約があるという議論も多い。例えばメイら（May & Perry 2016）は、こうした社会実験が実は新自由主義的なフレームに位置づけられることを強く危惧し、ボトムアップ的なアプローチの重要性を説いている。またラパポート（Rapaport 2016）は、都市社会実験の限界に関して、持続可能性を目指した三つの都市開発の事例を比較している。それぞれかなり壮大な目的を掲げたものの、リスク回避の為に劇的な変化は難しく、漸進的な変化に終始していると指摘する。更に関係する地域企業の思惑の違いが、こうした社会実験への大きな制約となっており、著者自身は、都市に於ける実験について悲観的な見通しを示している。

カルベットら（Calvet & Broto 2016）は、世界中の様々な都市実験を比較して、その多くに、解放面と新自由主義的な面の矛盾があることを指摘する一方で、クグルロ（Cugurullo 2016）は、マスダル市エコ都市実験（アラブ首長国連合）が、政策内容の統制がとれず、結局失敗したと指摘し、またヤロウ（Yarrow 2016）は、半世紀前の都市実験の失敗のケースとしてガーナでの実験都市の顚末を詳細に分析している。こうした都市全体に関わる実験については、大きな失敗に終わったものが少なくないと複数の論者が指摘しているのである。エバンズら（Evans et al. 2016）も、二つの実験都市失敗の事例の比較から、特に重要なポイントとして、まともに機能する政治集団の必要性を指摘している。

5　都市ラボという概念

ここで挙げられている「実験する都市」という概念は、ギエリンが分析した「実験室としての都市」としてのシカゴのように、様々なレベルでの社会実験が繰り広げられた場、というよりは、都市全体が実験するが、その実行主体が基本的に行政を中心に考えられている場合が中心である。それ故テクノロジー移行図式についても、それを主導するのは行政という暗黙の了解がある。それへの批判として、グラスルーツ実験の重要性や、企業を巻き込むことの難しさ等が指摘されている。その点は、前節で議論した建築系実験の様に、ボトムアップ型の即興からどうやって話を広げていくかという議論とは対照的で、従来の行政中心のトップダウン型環境政策に対しボトムアップ型実験をどうその枠組みに取り入れるか、という議論とも読める。

更に、実験主体を都市全体、あるいは管轄する行政府と考えるのではなく、ラボというレベルで考えるという議論もある。この点がリビングラボに似ているが、ここにＳＴＳのラボラトリー研究の知見を政策志向の都市社会実験と関連づける議論が登場する。これが「都市ラボ」という考え方である。

その典型が、国際的都市研究誌に紹介された『都市ラボ——都市再構築における実験』と題された国際シンポジウムである。巻頭論文であるカルヴォーネンら（Karvonen & van Heur 2014）は、脱炭素社会に代表される政策の実行に当たり、都市ラボという考え方がどれだけ有効かという点について、ＳＴＳのラボラトリー研究その他をレビューする形で議論を進めている。この理論的レビュー自体、本書第1章でのラボ研究のそれとかなり似ており、その大まかな流れに加え、本章冒頭で議論した、ギエリンのシカゴ社会学再分析も紹介されている。このシンポジウム自体の成果も含めて、彼らは都市ラボという考え方が持つ固有の特徴として、①状況依存性（situatedness）、②変化への志向性（change-orientation）、③偶有性（contingency）という三つの特徴を挙げている。

①状況依存性は、都市ラボの活動は、それぞれの都市がもつ固有の地域的特性に依拠する形で進むことを示す。②変化への志向性は、研究中心の一般的ラボに対して、都市ラボは社会変化を志向するという点。更に③偶有性とは、現実社会に於ける実験の特性として、結果の不確実性という特徴があるという点である（Karvonen & van Heur 2014: 385-388）。こうした諸特徴は、ある意味社会実験全体に共通する特性でもあるが、それを都市ラボという観点からみた場合、以下の問題があると言う。

その一つは規模に関するものである。都市ラボという言い方自身一つのメタファーだが、都市ラボをラボと呼ぶ以上、暗黙のうちに、対面可能なサイズが想定されている。しかしこの前提を、地域全体等に拡張出来るのか、またそうする意味があるのかという点である。第二に都市ラボ概念は、それが生み出す知識の変革力に期待が集まるが、そうした変革に対する既存の制度の抵抗という問題がある。第三に、都市ラボの地域性とそれを越えた普遍性と言う問題が、都市の多様性と統一性と言う問題とオーバーラップすると言う。とはいえ、こうした試み自体が、従来からある都市開発の単線的モデルをより柔軟な形に修正出来れば、それによって得られる都市に関する知識の扱いも大きく変わるのでは、という期待も同時に述べられている（Karvonen & van Heur 2014: 388-389）。

この総括が示すように、都市ラボという概念には、一方で伝統的な意味でのラボ、つまり実験や研究を行う研究者集団の拠点という意味と、他方より広く社会実験を行う場そのもの、つまりギエリンがシカゴ社会学論で論じた「実験室としての都市」という概念の両方を重ね合わせた様な曖昧さがある。そうした曖昧さが目立つのは、彼らが論じる、より具体的な事例を読む時である。エヴァンズ論文（Evans & Karvonen 2014）は、Give Me a Laboratory and I Will Lower Your Carbon Footprint! というタイトルだが、これは第1章で紹介したラトゥールの Give Me a Laboratory and I Will Raise the World!（Latour 1983）のもじりである。前に紹介した様に、この論文でラトゥールは、ラボには「認識論的に特別なことは何もない」と主張し、ラボの力の源泉として、ラボ外部にある諸アクターをラボと連結させ、それを梃子に世界を動かしていく（raise the world）ことにあるとしたものである。その議論を脱炭素政策の為の都市ラボ分析に応用したものである。

ここで事例として挙げられているのは、英国・マンチェスター市の計画として、二酸化炭素排出量を削減しつつ、経済を活性化させるとしたプロジェクトである。これは二〇〇五年から二〇年にかけて、二酸化炭素排出量を四一％削減するというかなり挑戦的なものであった。その目的の為に白羽の矢が立ったのは、市の中心部のオックスフォード通り回廊（Oxford Road Corridor）である。この地区は、市の経済の二二%を産む地域であると同時に、マンチェスター大学、マンチェスター市立大学、市立中央病院、サイエンスパーク、文化施設といった組織が密集している地域でもある（Evans & Karvonen 2014: 418）。他方この地域は大通りに面して交通量も多く、空気汚染、騒音と言った面がミスマッチとされてきた。

二〇〇八年に、市当局、大学、病院の間が提携し、そこに企業も加わり、この地域を「知識を基盤とした成長」（knowledge-based growth）のセンターとする、とされた。五つの領域、則ち交通、環境インフラ、研究／イノベーション、ビジネス、そして「地元感覚」（sense of place）を同時に開発するという目標が示され、予算を倍増するという野心的なプロジェクトとなったのである。他の例でも地権者の問題がよく登場するが、このプロジェクト策定に当たっては、関係地権者数が限られる様に境界を設定している（Evans & Karvonen 2014: 419）。

このプロジェクトで公式に採用されたのが都市ラボの概念で、この一角全体が最先端の社会実験を行うラボとして認定された。低炭素社会の実現に向けて、野心的な学際研究を行い、その実験を大学内外で同時並行的に行うというイメージである（Evans & Karvonen 2014: 420）。ここで試みられる実際の社会実験の内容は多岐にわたり、（脱炭素化に関係する）交通関係イノベーション、新規エネルギー計画の社会実験等を中心に、その効果は科学的に測定される必要があるとされた。他方、ここで示されているのはまだ計画段階の話で、著者達はここでの都市ラボのイメージがどちらかというと、物語（story-telling）の段階に留っているとも指摘している（同右 421）。

STS的観点から興味深いのは、こうした脱炭素系の社会実験で実際的な弊害になるのは、プロジェクトに必要な観測装置を広い範囲で設置するという行為そのものだったりするという点である（Evans &

Karvonen 2014: 421)。前述した鎌倉市の交通実験では、地権者の利害関係や警察による法的規制をどう調整するかが実験者側にとって大きな問題だったが、このタイプの社会実験でも同じ様な問題があり、その一つが観測装置の設置に関するものである。実際、マンチェスター回廊本部は、この点に関して大学研究者と念入りに打ち合わせをし、ロダネット（Lodanet）という装置を利用することにした。これはワイヤレスネットワークと気象測定用センサー（温度、湿度、二酸化炭素量等のデータを測定できる）がつながったもので、設置場所には電灯が利用され、私有地に設置する必要が無くなったのである（同右 422）。

これは脱炭素政策の実験に於ける、基礎データの収集方法の一つだが、収集されるべきデータとしては他に、①気候関係（温度、湿度、太陽光等様々な自然関係のそれ）、②環境関係（風、水質、騒音、生物多様性等）、③二酸化炭素使用（エネルギー消費量、交通量、公共空間での照明その他）、④社会技術的（交通量と人の移動一般、通勤パターン、環境問題への態度変遷等々）、⑤経済（建物のビジネスでの使用パターン、就業形態、雇用関係その他）等、脱炭素「経済」に関わりそうなデータ全体を網羅的に収集する計画があった(36)（Evans & Karvonen 2014: 423）。

こうして収集されたデータは、ラボの設置と実験の執行→データの獲得→政策への反映、という形で直接政策に反映されることが目標とされた。しかしこれは「計画」であり、実際は集められたデータの利用についての決まったルートはなく、この時点で既に、データから政策への転換の過程が不明確といった点が指摘されていた（Evans & Karvonen 2014: 425）。また著者達は、こうしたラボ化（laboratorization）、つまりデータ収集・解析のためのセンターが常に設立可能かどうかは、その地域の特性に大きく依存するとも言う。

実際、この社会実験と住民の関係は曖昧である。例えばオックスフォード通り回廊の周辺は、低所得者層の居住地域であるが、彼らは交通インフラ等の改善の受益者ではあるものの、この計画が求める知識経済発展に関与しているとは見なされていない。つまりこの社会実験に関して、周辺住民がどれだけ関与可能なのか、はっきりしないのである。言い換えれば、このプロジェクトは、より広い社会との関係をどう取り持つか、という難しい問題を回避し、どちらかというと限られた参加者の中での緊密なフィードバックを迅速化させるという方向を強化しているという危惧もあった（Evans & Karvonen 2014: 426）。

この報告は、都市ラボプロジェクトのビジョン段階を分析したものだが、数年後に、この社会実験の一部についての報告が出ている。それを読むと、残念ながらこの壮大な実験計画は絵に描いた餅的性格が強かったという印象を受けるのは私だけであろうか。ホブソンら（Hobson et al. 2018）は、この都市ラボの目玉政策の一つとして、自転車専用道路の一連の改善策とそれに関わる実験について分析している。ここで話は、前述した鎌倉市の交通実験に関係が無くもない話に戻ってくるが、その文脈に脱炭素化という新たな政策目標が加わっている。それをマンチェスター市が積極的に取り上げ、様々な実験が行なわれたのである。

鎌倉の交通実験の例でもそうだが、自動車よりも公共交通機関を利用させようという政策は、所要時間の問題等も含め、かなり複雑な副作用がある。マンチェスター市でも、オランダ型の市内バスを強化させるという政策に関して、渋滞回避のために自動車用の別のレーンをわざわざ新設する等、もともとの政策案に矛盾があると著者達は指摘している（Hobson et al. 2018: 43–44）。そこに脱炭素化が加わり、自転車の利用強化が大きな政策課題として浮上した。しかし本邦のケースでもそうだが、従来の自動車道路に自転車のレーンを追加すると、バスや自動車と自転車のレーンが交錯したりと、様々な問題が起き得る。そこで実験的に導入が検討されたのが、バス停の背後に自転車レーンを迂回させる方法で、その社会実験が行われた。マンチェスター市の別の地区では、自転車レーンをランプで表示するシステムも試みられたが、これは自転車利用者に不評で取りやめになった（Hobson et al. 2018: 45）。

こうした試みも含めて、新規自転車利用に関する一連の方策について、著者達はいくつかの特徴と問題点を指摘している。まず第一にこうした施策が基本的に「実験的」と、自転車利用者達に認識されていること。つまりどういう方式が彼らにとって現状の改善とされるか不明な点が多いので、現状ではお試し、という意味での実験的にならざるを得ないという点である。第二にその割にやれることが限られているが、それは政策決定が、市よりも上の行政単位の決定に左右されがちだからである。第三に、こうした実験支援の資金の出所が複数あり、それぞれの実験が相互に調整されていないという点。個別の実験と、市レベルでのインフラ整備の政策の間の連係が不足しており、そこで得られたデータが、現実の自転車交通政策とうまく結びついていない。つまり従来のトップダウン型交通政策、ボトムアップ型の参加、そしてそれを測定したデータが、いわばバラバラに存在していた。実際、様々なプロジェクトが立ち上がっては消え、担当者の引退や交代と言った出来事が加わり、継続的な学習が阻害されて来たという点が批判されているのである（Hobson et al. 2018: 48）。

6　リビングラボとその周辺

(1) その特徴

本節では、リビングラボという概念と、それと浅からぬ関係がある都市ラボといった試みについて、急ぎ足で通覧してきた。同じ社会実験を語るといっても、リビングラボには、先行する諸節で扱ったケースとは大きく異なる特性があることはある程度見えてきたと思われる。

その特徴をまとめると、まず特定の政策に関してその有効性を厳密に計ったり、新交通計画を現場で具体的に試してみる、といった先行事例に比べ、ここでは新たな製品、あるいは技術開発という側面が前面に出ており、イノベーションとの関係が深いという点である。そうした開発面からいうと、前節で扱った建築系の社会実験と似た側面がない訳でもない。しかし後者がどちらかというと住民主体の即興的実験が中心となるのに対して、こちらの主力は、研究者や企業である。

また、こうした活動でよく紹介されるケースが、欧州、特に北欧のそれだという点もある種の経済地理学的な特徴である。前述した様にリビングラボという概念の起源がもともとアメリカの研究者達であったものの、その最も積極的な実践者達は欧州中心だという点による。

このように、研究、開発面が前面に出る為に、その実験活動の場がラボと呼ばれるが、他方通常のラボとの違いは、それが社会の中に進出し、周辺社会を巻き込む形で実験が行われるという点である。その意味で、確かにこれらの活動も社会実験の一つのバリエーションと言える。とはいえ、前述した諸社会実験と比べても、研究色が最も強い潮流の一つでもある。この強い研究志向が、他方でイノベーション開発との関係が強く、その目的の為の最適な活動形式を模索しているのがリビングラボの特徴と言えよう。前述したニータモら（Niitamo et al. 2006）のまとめでも明らかなように、リビングラボの周辺にはこれと部分的にオーバーラップする、似たような取り組みが多数存在する。それはまさにイノベーションに関係する諸主体（研究者、企業、行政、ユーザー、その他社会）に関して、どの組み合わせが最もその目的に適しているかを社会の中で組織的に試みている状態だとも言えそうである。その重点の置き方の違いによって、レミネン（Leminen 2015）がまとめたように、その中のどの主体を中心として話が進むのか、様々なバリエーションがあるのである。

（2）STS概念の積極的導入

ある意味、リビングラボが、ラボという概念の発展形態であるとすれば、STS研究の蓄積が進むにつれ、そこでの成果を積極的に取り入れる可能性も出て来る。実際バロンら（Ballon et al. 2005）が指摘する様に、彼らの執筆時点で既に、リビングラボの概念設定の中には、オランダSTSを中心に活発に議論されてきたテクノロジーアセスメントの新手法といった観点が取り入れられていた。

だがこうしたSTS由来の枠組みの関与がより明確に現れるのは、本節後半の脱炭素経済に関わる政策に於いてである。その理由は、前節で登場した戦略的ニッチ管理論の研究者達が積極的にこの脱炭素経済への移行論に介入しているからである（Schot & Geels 2008）。この議論は今やグローバルな政策課題でもあるため、こうしたテクノロジー移行図式がリビングラボ概念と融合したのである。

その一つの発展形態が、こうした大きな政策課題を進める手段としての都市という議論で、ここで話が本書の冒頭のギエリンのシカゴ社会学論と繋がりを持つようになる。実際、二〇一〇年代以降になると、STSの議論は広い分野でその影響を見せ始めるが、その典型がカルヴォーネンら（Karvonen & van Heur 2014）のような論者で、ここではラボラトリー研究やギエリンの議論が重要な前提として議論の中心になる。当然、本書でも繰り返し論じてきた、実験過程の非線型性や、失敗の社会的意味といった議論も、こうした拡張されたリビングラボ概念に反映されることになる。

（3）住民参加の表と裏

とは言え、歴史的には研究者によるICT開発の為の手段としての、リビングラボ的アプローチという話が、グローバルな規模の地球温暖化対策という政策課題へと翻訳される為には、巨大化した目標と、ミクロの日常実践をどう繋げるか、という問題が発生する。これらは先行する節で論じたビッグ社会実験問題、つまり社会実験そのものが巨大化し、実行が難しくなるという問題と必ずしも同じという訳ではない。また政府主導のトップダウンの政策に対して、住民主導のボトムアップ的なアプローチがどう関係するか、というのは微妙な問題である。戦略的ニッチ管理論が、そうした段階の違いをある程度その理論に取り込んでいるとはいえ、この理論ですら全体としてこうしたボトムアップ的な気運を十全に取り込んでいないという批判（Senders et al. 2016）は既に紹介した。実際、こうした話はどうしても行政主導、市場中心になりやすいため、ここでも社会参加の問題が、中心的な課題として顔を覗かせるのである。

STSの現場研究に於いて、科学技術に関わる市民参加については、かなりの量の議論があるが、そうした実践の複雑な実態についての批判的研究も少なくない。例えば、ボラら（Bora & Hausendorf 2006）は、遺伝子組み換え食品（ＧＭＯ）に関する市民参加型政策協議の場をＥＵ七カ国で比較し、実際のところ参加手続きの硬直性と法的枠組みの締めつけ等の弊害で、実際の市民参加の効果は乏しいと批判している。前述したマンチェスター市の都市ラボ実験に於いても、その回廊と周辺住民の間の関係はかなり不明解で、計画された社会実験に対して、近隣の住民が本当に受益者なのか、ハッキリしないと研究者達が指摘している点は既に紹介した（Evans & Karvonen 2014）。

更にリビングラボに関して、ボグマー（Bogmer 2012）は、そこで強調される市民との協働によるイノベーション開発という美しい建前が、実際はラボのプロトコルに限定された参加に過ぎず、本来の市民参加によるより広い合理性には到達出来ていないというパラドックスを指摘している。実際、技術の社会的構築論（ＳＣＯＴ）の中でも、その開発には直接的なユーザーの他に、ノン・ユーザーの役割にもっと注目すべきだという議論がある（Oudshoorn & Pinch 2003）。住民参加の議論に於いても、直接参加する住民以外の、言わば非参加住民等との関係をどう考えるか、といった論点は、リビングラボ系の議論に於いてすら、重要な課題として残されているのである。

結　語

さて、ここまで社会実験の多様な様態について、そのいくつかの固有な特徴について概観してきた。その要点を繰り返せば、本章の前半では、特定の国や知識を実験室と呼ぶ、メタファーとしての実験に始まり、特にアメリカで力を持つ、政策のための厳密なデータを求める為の社会実験としてのランダム化実験とその唱導者の一人と見なされるキャンベルの視点、更にこうした実験の初期の試みと政策との関係を概観した。これに対し本章の後半では、本邦を中心とした、社会参加を重視する社会実験のプロトタイプとしての交通実験、近年より小回りの効くボトムアップ型実験として脚光を浴びる建築系（タクティカル・アーバニズム等を含む）のそれとの対比、更に続けて、特に欧州で力を持つ、イノベーション開発の為のリビングラボ、そして脱炭素経済との関わりが深くＳＴＳとの関係もある都市ラボといった考え方を議論の対象にした。ここで取り上げた事例だけでは、今や極めて広い領域で実践されている社会実験の網羅的マッピングには程遠いが、少なくともその多様性と広がりについての触感、およびそこで繰り返し現れる論点／問題点について、ある程度横断的に示せたことを期待したい。

本章の冒頭で分類した様に、これらの様々な社会実験は、相互に共通する部分も多い一方で、その目的や領域の違いによって、ヴィトゲンシュタイン（L. Witgenstein）のいう「家族的類似」に近い様態を示している。つまり部分的に重なり、また異なっているという状態である。この重なりと差異には、研究中心／社会参加中心、社会に直接介入／間接的に観察、大型実験／即興的な小型実験といった様々な対立軸が存在する。本章の冒頭では、第1章との関係からそれらを大きく六つにまとめたが、第2章用の修正版を示せば、①フィールド実験との関わり、②実験／ラボ概念の揺らぎ（知識か、社会参加か）、③ラボと社会の関係、④実験の巨大化と即興性、⑤実験の非線型性とセレンディピティ、そして⑥STSとの関係、という諸項目である。ここでこれらの諸項目を中心に本章全体の議論を通覧してみる。

①フィールド実験との関わり

フィールド実験についての議論は、上記論点の②、③、そして⑥と密接に関わっている。フィールド生物学に於ける実験史を分析したコーラーの議論（Kohler 2002）を第1章最後に紹介したが、人工的な実験室環境に於ける厳密さを、条件がコントロール出来ないフィールドでどう展開するか、あるいはそれに対してフィールド生物学の独自性をどこに見いだすか、という点が重要な論点であった。

研究を主体とするタイプの社会実験は、ある意味フィールド実験そのものであり、フィールド生物学の苦闘の歴史に似たような問題は、厳密な社会科学の道具としての社会実験という方向性にも見え隠れする。実際後者、特に歴史学等では自然実験といった概念が重宝される。またキャンベルらが推進した疑似実験分析も、こうした関心と並行している。

ランダム化実験も、こうしたフィールド実験の一つの手法だが、こうした形での実験的な社会介入は、自然科学に於けるフィールド実験とは異なり、様々な「社会」的問題を生み出す可能性がある。またそうして得られた知識を、行政側がどう利用するかは、行政側の姿勢、全体の政治的な潮流、研究者の間での特定手法の人気の盛衰といった諸要因の影響を受ける。この点は特にアメリカに於ける初期ランダム化実験の推移についての研究／行政の関係で吟味したが、この話は、時代を経て本章最後の、マンチェスター市の脱炭素政策に関する、都市ラボ計画でも浮上した。少なくとも当該事例では、獲得された様々なデータを統制がとれた形で利用する方法が確立していない様であった。これは現在盛んに称揚されている、エビデンスに基づく政策といった議論が、実際の行政現場でどの様に機能しているのか、その精査の必要が感じられる点でもある。

②実験／ラボ概念の揺らぎ（知識か、社会参加か）

とはいえ、社会実験は単に自然科学的実験の社会版とも言えない点がある。そうした実験の全てが、研究を目的とし、厳密な知識を得ることに専念している訳ではないからである。それが②の議論である。第1章では、experiment や laboratory といった概念が、西洋の歴史に於いてかなり変化してきたという点を論じたが、本章でのポイントは、分野、あるいは国によってこの社会実験の理解がかなり異なるという点である。

この点は、そもそも社会実験の目的は何か、という問いに対する分野ごとの違いとして現れる。その目的が、厳密な（社会）科学的知識の獲得なのか、それとも住民の社会参加の唱導なのか、というのがその一つの軸である。社会実験の起源として、アメリカでは保険に関わるランダム化実験といった例がしばしば参照されるのに対して、本邦ではその代表格が交通実験だというのも面白い対比である。

実際、特定の被験者に限定されたランダム化実験とは異なり、本章の後半冒頭で取り上げた交通実験は、地域社会全体を巻き込む社会実験であり、その目的も、政策の有効性の検証と、社会参加の推進という二つのベクトルが同時に存在している。前述したように、鎌倉市の記録では、実験実施の最中に、厳密なデータ収集を断念しても、市民に参加しやすい形への即興的変更が行われたりした。更に建築系の社会実験では、むしろ地域住民による架設的、即興的な試みが称揚される。後者では、社会実験の意味が、ほとんど私のいう「日常的実験」と近づいているのが面白い。

とはいえ、架設的、即興的なやり方だけが強調されると、一つ間違えば、ただのイベント化する恐れもある。こうした運動の一部に、タクティカル（戦術的）という形容詞が使われるのも、そうしたイベント化を避け、より長期的な発展の道筋をつけておくという目論見による（泉山 2021）。その意味では、本章最後で登場したリビングラボや都市ラボは、それが実際に成功しているかどうかは別として、住民参加を前提としつつも、より長期的な視点からの知識獲得、技術開発が中心となる。一方ではイノベーション開発の加速化、他方では脱炭素経済への移行（あるいはその二つの融合）といった例を中心に議論したが、場合によって、知識経済という名の、データ中心型経済との連係も強調される。

この文脈で、長期的視点の重要性という点から、ＳＴＳのテクノロジー発展図式等も援用される点は既に論じた（以下⑥で再論する）。この点で社会実験が単発イベント化するリスクは軽減されるが、他方この社会参加とリビング（都市）ラボの関係が実は微妙であるという批判もある。最後のマンチェスター市の事例が典型だが、収集されたデータの扱い、行政との関わり、更に関係する住民が問題から排除されるなど、逆に市民参加とのバランスが問われる可能性もある。

③ラボと社会の関係

社会実験に於いて、フィールド科学の社会版という側面を超え、社会参加的な面も重要なため、社会実験の主体が誰で、彼らがどういう役割を果たすかというテーマが、それぞれのタイプの実験に於いて繰返し問題になる。第1章に於いては、ラボという制度が歴史的に外部社会とどういう関係にあったか、その位置取りの変化を論じた。また、専門家育成のための組織化という視点から、リービッヒ等によるラボ改革の事例も紹介した。

他方社会実験に於いては、その構造・関係性はかなり複雑になる。それは②で触れたように、(社会)実験概念が多様で、それを推進する母体も、古典的なラボ概念から離れて様々な方向に拡大するからである。実際、③の項目にはいくつかの流れがある。

第一に、ラボメタファーの拡大の問題点である。ラボ概念が拡張され、社会的メタファーとして用いられる事例の典型が、シカゴ社会学のケースであった(Gieryn 2006)。この実験室としての都市、という議論は、本章の末尾で触れたように、都市ラボという形で再び注目を集めている。他方、そこでは何が社会実験の真の主体なのか、という点についての曖昧さがあるとされた(Karvonen & van Heur 2014)。

第二に、多くの社会実験では、何らかの形で研究者が参加しているが、その度合いや役割は分野によってまちまちである。ここでの問題は、社会実験を管理する主体が、多くの場合、複数業種の混成組織であるという点である。研究者もその中に加わっているハイブリッドな実施組織をどうマネージするかという問題が社会実験全体に見え隠れする。

繰り返し指摘したように、ＳＴＳに於いても政治と科学の間を調整する規制科学（Jasanoff 1987）や境界組織（Guston 2001）、あるいは市民等も巻き込んだ混成型フォーラム（Callon et al. 2009）といった議論が盛んである。

社会実験が繰り返し試行される様になると、そうした実験運営のノウハウや克服すべき難点、更には限界や隘路についての知見の蓄積が期待される。この点で前述した畔上（1983）の「社会実験事業制度」、といった先駆的な提案が本邦にもあったという点はもっと注目されてもいいだろう。勿論、初期ランダム化実験についてのアメリカのケースでは、こうした実験専業の組織を作ることへの批判もあったことは忘れてはならない（Berk et al. 1985）。逆にリビングラボのケースは、研究面と、社会への開放面のバランスに留意しており、ＳＴＳの成果も一部活用されているが、その実態には問題があることは指摘した。

第三に、実験結果の（社会的）意味・活用という問題もある。たいていの科学実験はラボの中で遂行され、その結果は専門的ジャーナルに発表され、関係者間で議論されて終わりだが、まれにその結果がメディアで公表され、世間の関心を呼んだり、物議を醸したりする。例えばＳＴＡＰ細胞事件に代表される、初期の比較的派手な広報活動と、実験結果への疑義から始まるマスコミ総出のバッシングといった苦い前例がある。

この問題は、専門家と一般公衆に於ける実験観の違いという点で、実験とデモンストレーションの違い（コリンズ・ピンチ 2001）として、繰り返し議論した。鎌倉市交通実験に於けるメディアの揺れ動く動向がその典型だが、社会実験を構成する社会主体には、メディアや、その実験に直接関係しない、一種のノン・ユーザー（Oudshoorn & Pinch 2003）の潜在的な役割といった側面もある。またメディアに取り上げられることによるホーソン効果的な側面（Stoker 2010）という指摘も含めて、社会実験が自然科学に於ける通常のそれとは大きく異なる側面がここにある。

④実験の巨大化と即興性

③に於ける、実験の運営主体部分の問題は、ビッグ・サイエンス（化）とその副作用という問題と関係する場合がある。つまりより多くの正確なデータを求めて、実験規模が拡大する傾向があるという点である。そこで、増大するコスト、計画の長期化、更には、人材育成機会の減少と言った副作用も目立ってくる。同様に、あるタイプの社会実験も規模が大きくなり、手続きが煩瑣で、容易に実験が出来ないという難点が出てくる。初期ランダム化実験についての一般的批判の一つは、こうした費用や労力の問題であったが、古典的交通実験に於いても、その準備の為の手続きおよび実行の大変さは、鎌倉市の例で示した通りである。

こうした傾向に対し、宇宙科学の様に、超小型衛星というやり方で、学生の参加を推進する試みがあることは既に指摘した（中須賀 2021）。社会実験に於いても、ビッグ社会実験化の傾向に抗して、出来るだけ小回り、即興重視で行う新たな動きも登場するが、それが建築系の社会実験の特性でもある。そこでは架設性が強調されるが、長期的展望という点で限界もあり、その二つを調和させる努力が、タクティカル・アーバニズムといった新潮流であった。

このローカルな即興性と、政策としての組織的拡大という二律背反は、どの分野でも現れる問題だが、STSオランダ学派のテクノロジー移行図式（戦略的ニッチ管理論）は、まさにそこが焦点でもあると言える。テクノロジー開発の揺籃期に於ける即興性・不確実性と、テクノロジーの長期的発展の道筋のバランスを如何に取るかが、この議論の肝である。この点で、脱炭素経済への移行といった政策課題に関して、この議論が特に欧州に於いて一部の政策担当者から評価される理由である。

とはいえ、こうした図式も結局はトップダウン、経済中心の傾向があり、より創発的、社会的な視点が必要だという批判もある点は指摘した（Senders et al. 2016）。ローカルなレベルでの創発性、即興性と、それをより大きな政策目的にまとめ上げていくという戦略性のバランスは、言わば永遠の課題でもある。ちなみにこの（ローカルな）「即興」としての実験という話は、次の第3章（芸術実験）では独自の進化を遂げ、芸術実験そのものの重要な定義の一つとして多くの議論を呼んだが、その点は後述する。

⑤セレンディピティと非線型性

この実験の規模（巨大化）と即興性、という項目と密接に関係するのが、実験が持つ、事前に予想しなかった結果を生み出す能力である。こうした実験固有の特徴については、近年のＳＴＳあるいは関連分野での、実験の（理論に対する）相対的自律性という主張とも関係がある。更にデータ・ドリブン科学という言い方で論じられる様な、科学そのものの新しい傾向もある。実際、実験を含む研究過程は（世間や行政関係者が信じるのとは異なり）端的に非線型的であり、話はしばしば予定通りには進まず、思わぬ結果が大きな研究成果を産むことも少なくない。ラトゥール（Latour 2003）やグロス（Gross 2009）といった論者達が、こうした実験の非線型的性格を強調したという点は既に指摘した。

社会実験の文脈でこの点を積極的に取り入れたのが、リビングラボ系の議論で、そこでは全体として、実験結果の不確実性に対する積極的、オープンな姿勢が見られる。実際、そうした姿勢に対して、ＳＴＳ内外の議論がそれなりに影響を与えている形跡もある。他方、他の多くの社会実験は、政策との強い関わりで実行される傾向があり、偶然の結果による軌道修正が容易でない場合も少なくない。政策の効果について、厳密な因果関係を求めるランダム化実験は言うまでもなく、交通実験の様に、その実施の為に多様な参加者が動員される分野でも、交通工学的な分析に於いては、その暗黙の前提は「仮説検証のための実験」である。実際多くの報告が、「仮説としての」政策の有効性がどれだけ実証されたか、という枠組み（のみ）で記述されている場合も少なくない。

しかし現実の社会実験では、こうした枠組みでは捉えきれない様々な出来事が起こる。この仮説検証の為（だけ）の社会実験という枠組みが想定していないのは、実際の実験が持つ創発的、非線型的側面である。前述した様に、自然科学では、そうした偶意性のポジティブな側面はセレンディピティと呼ばれ、研究組織もたまに起きる環境の激変に対応すべく、柔軟に対応する必要がある。前述した分子生物学者テミンの「逆転写」の発見の様に、分子生物学のセントラル・ドグマが崩れた際の多くのラボに起きた津波の様な変化がその一例である（ワインバーグ 1999）。

本章後半で紹介した鎌倉市の交通実験報告（高橋・久保田 2004）がその意味で秀逸なのは、そうした（社会）実験過程の蛇行するプロセスが詳細に記録されており、再分析が可能な点である。特に揉めまくったロードプライシング実験の様な政策的「劇薬」の場合、それを「実験」するという行為そのものが、メディアでの論調を通じて、最初から政治社会的な意味合いを持ってしまったという事例は特に興味深い。この点も③で論じた、実験／デモンストレーションの違いと密接に関係するが、実験室内部に於ける様に、

（社会）実験そのものは中立だ、という言い訳が反対者には通じないのである。これはある意味裏返したセレンディピティの様なものだが、こうした政策が一部社会を大論争に巻き込むという意味で、研究者にとっては、それ自体が社会科学的「発見」と言えなくもない。ただし、多く公表されている分析が、これ程の民族誌的厚みを持っている訳ではないのも現状である（cf. 藤本・島谷 2014）。

自然科学に於いても、この軌道修正の可能性は、④で論じた実験組織の規模とも密接に関係する。前述したように、クノール・セティナの「認識文化論」（Knorr-Cetina 1999）では、小型バイオ研究系の実験と、核物理学の大型実験を比較しているが、まさにこうした急激な方向転換が可能かどうかは、その実験組織の規模とも関係する（cf. Collingridge 1992）。ヴォーン（D. Vaughan）は、チャレンジャー号事故に於いて、ある部品（O-リング）の強度に不安が残りながらも、スケジュールが窮屈で打ち上げへの圧が強く、その結果空中爆発という大惨事を起こしたと指摘した。実際、彼女の研究は、こうした懸念が常に存在したものの、打ち上げを中断するのをためらったNASAの組織的慣性の問題を指摘しているのである[37]（Vaughan 1996）。

この様に、柔軟な対応が要求される研究現場でも、実験の規模が拡大するにつれ、軌道修正は容易でなくなる。ここに行政が加わると、話は更に難しくなる。一度決定された計画は、状況がどう変わろうと機械的に実現される傾向があるという点は、道路計画等ではよく見られる話である[38]。公共政策に於ける実験の役割を分析した白取（2017）は、これを行政上の慣性の問題と呼んでいる。こうした行政の性質から言うと、そもそも軌道修正が常態である筈の（社会）「実験」という試み自体が一種の挑戦であるとも言える。公共政策ともなると、やってみてうまく行かないから、それを柔軟に変更するといってもなかなか難しい面もあるのは、本章前半で、プラグマティズムの本家であるアメリカですら、こうした発想が行政学の中にもともと無かったという点からも明らかである（Snider 2000）。

白取（2017）は、こうした転換について、「撤回可能性」という概念を提案している。それは実験過程の非線型的性格に基づいて、予期せぬ結果によって前提となる政策を撤回することが想定されているか、という点の比較である。著者の広範囲の事例収集（その中には交通実験から経済特区と言った様々なケースがある）によると、交通実験のように、結果としてその政策が撤回される事例もあれば、経済特区の様に、そうした撤回が前提とされず、基本的には成功が原則という場合もあると言う。特に撤回が難しい場合と言うのは、純粋に知識を得る目的よりも、むしろ特定政策のひな形を社会的に正当化する為の（コリンズらがいう）デモンストレーションに近いケースである。この点もまた、（特に政策との関わりが近いタイプの）社会実験では顕著な特徴である。

⑥ＳＴＳとの関わり

ＳＴＳは、その興隆期に、ラボ活動の詳細なミクロ観察という点から出発しているため、様々なタイプの実験的活動について、関心を示してきた。他方これらの議論の蓄積が、現実の社会実験に具体的に反映されてきたか否かは、その時期と内容による。実際、ここで取り上げた様々な社会実験、特に初期のものは、ＳＴＳ興隆期以前に開始されており、ＳＴＳでの議論とは全く縁がないものも多い。キャンベルは多少例外で、彼の「実験する社会」という考えが、後のＳＴＳ研究者達の議論と重なる場合もある。この点は、第１章に於けるＳＴＳの科学史への影響と似ているが、第３章の芸術実験でもＳＴＳの諸議論がこうした議論に影響を示す様になるのは、早くて一九九〇年代、メインはだいたい二〇〇〇年代以降と考えていい。

この時期になると、前章で取り上げた様なラボラトリー論や、テクノロジー発展移行図式が、社会実験を論じる一部の論調の中に取り上げられる傾向も出てくる。その典型が、欧州を中心とした脱炭素関係の社会実験についての議論だが、それはSTS研究者がこうした問題に直接介入しているからでもある。

とはいえ、理想としての実験ではなく、実験のリアルに深く関心を抱いてきたSTS研究者は、社会実験に関わる関係者の暗黙の実験概念について、批判的な態度を示す場合も少なくない。前述したように、複数のSTS論者は、特に上記の⑤で議論した実験の非線型性やセレンディピティといった点を強調しており、実験を単に理論の検証と考えたり、直線的な行為と見なす発想に対してかなり批判的である。STS的実験概念を都市ラボ概念に応用したカルヴォーネンら（Karvonen & van Heur 2014）ですら、都市ラボが作り出す成果に対しても、状況依存性といった様々な不確実性に重きをおいて見ている。決してラボを安定した確実性の根拠のようには扱っていないのである。

こうした点から言うと、このまとめの全体を通じて、今後の社会実験系の議論とSTSの相互作用が期待される領域は、例えば③で論じた、社会実験の現実の運営についての、より厚みのある質的研究である。現在、社会実験は各地で一種のブームだが、その多くは非常に多様な参加者が関係して運営されている。キャンベルとその周辺の初期ランダム化実験の研究でも、その成功例を見ると、行政／大学等の有機的連係が機能していた。地域全体を巻き込む交通実験のような対象になると、こうした連係はかなり複雑になる。

ここで更に、市民参加という大きなテーマが加わるが、それはSTSの主要研究テーマでもある。とはいえ、近年のSTS系論点の一つは、市民あるいは公衆といったものが、事前に存在するものではなく、特定のイシューとの関わりで漸進的に成立するといういわば生成論的な考え方が強い（Latour 2004; Marres 2007）。その背景の一つとして、デューイによる公衆の生成論がある（Dewey 1927）。と同時に、市民参加と言った、誰も否定できないキャッチフレーズに対しても、その実態や限界について批判的に吟味する議論も少なくないことは、リビングラボ関係の議論として既に紹介した（Bora & Hausendorf 2006; Bogmer 2012）。

市民参加の実際を含めた、その多様なあり方についての横断的分析は本書の守備範囲を遥かに超えるが、本邦でも例えば谷口（2002）は、こうした参加の陰の部分について強烈な指摘をしている。多くの社会実験で援用されるワークショップという手法の現場でも、議論を長引かせることを目的として参加する人もいて、「まだ議論が足りない」と主張して結局現実の意思決定に至れない場合があると言う。谷口はこうした人を「社会的フリーライダー」と呼び、現実の政策的意思決定場面では、英国のようにこうしたフリーライダーを事前に排除することが制度的に確立している場合があると指摘する。

それに対し、本邦での意思決定に問題があるのは、本来なら政策を挟んで対峙すべきなのが計画推進者／批判的市民で、専門家は中立的な立場から知識を提供すべきなのだが、それが専門家／市民という対立になってしまい、話が混乱しているからだと言う。この点などは、近年のコロナ対策のように、専門家自身があたかも政治的意思決定をするように前景に立ち、その背後に政治家が隠れた様な混乱に似ている。政治と科学の関係が何かおかしいのである。

かつてキャンベルが唱導した「実験する社会」という考えは、ある意味じわじわと社会の多くの領域に広まりつつある。しかしＳＴＳ研究者が指摘するように、その主張はやや理想論に傾いているのも間違いない。現実の社会実験がもつ、光と陰の両面についての、広範囲の比較研究はこれからの課題なのである。

第3章　芸術実験

序

1　芸術と実験

本章では、実験をめぐる本書の旅は、新たに芸術という領域に踏み込むことになる。これは科学や政策／社会といった領域とはかなり異なる様相を示す世界である。敢えてその状況を形容すると、離散的、といった表現が思いつく。先行する各章の諸ケースとは異なり、多くの場合、芸術の領域では実験は個人レベルで行われる傾向があり、その領域内での分布が均等ではないからである。また、社会実験の様に、それをはっきりと実験と命名し、行政等が関与する形で実行するのとは異なり、芸術実験は、創作活動のどの部分をそう呼ぶのかという点についてすら、必ずしも関係者の合意がある訳でもない。むしろそれが逆に論争の的にもなってきた。追って詳述する様に、この領域に於いては、実験という言葉が、他の領域では見られない、独特なニュアンスを以て論じられるケースもある。

先行する各章との関わりで言えば、芸術に於ける実験は、既に概観した二つの領域、則ち科学に於けるそれと、広い意味での社会実験の、いわば中間的な位置にあると言えなくもない。それゆえ、その力学はこの二つの領域による働き方と部分的に重なりつつ、独自のあり方を形成している。

こうした背景もあり、本章は先行する二つの章とは異なり、多少込み入った構造になっている。第1章では、科学に於ける実験およびラボについて、既存の研究でのいくつかのテーマを抽出し、それを第2章の社会実験で検討した。この関係性は、本章の芸術実験では、かなり異なる様相を示す。その対応関係として、先行する章では、以下の六つの特徴を軸に議論した。それを第2章での順番で示すと、①フィールド実験、②実験／ラボ概念の揺らぎ（知識か、社会参加か）、③ラボと社会の関係、④実験の巨大化と即興性、⑤実験の非線型性とセレンディピティ、そして⑥STSとの関わりである。他方、芸術実験に於いては、いくつかの項目はほとんど問題にならない一方で、別の項目が大きな論争点になる場合もある。

先行章との重要な差異は、芸術領域で実験（的）という言葉が使われる場合のニュアンスである。特に実験が「仮説の検証」といった狭いニュアンスで用いられる場合、芸術実験は、どちらかというと個人レベルでのアイデアの検証としての創作活動という側面と似てくる。その場合、そもそも創作活動は、ある意味全て実験的、という話になる。こうした理解への批判は、後の実験音楽の議論で出てくるが、更に近年の研究／芸術関係を論じる文脈でも再燃することになる。

他方、実験という言葉は、「実験的」…という形で、特定の分野の形容詞として使われることも少なくない。この場合実験的とは、表現方法が新規でかつ一般的になじみが無く、難解でとっつきにくいという含意がある。多くの場合、こうした意味での「実験」という言葉は、「前衛」というそれと代替可能である。この前衛という言葉自体は、政治的前衛にならって、大衆に先駆けて革新の担い手になるという意味で使われる様になったものである（コンパニョン 1999）。だがこうした用法に収まらない実験概念があることも重要である。

こうした基本的な特徴ゆえ、先行する二つの章で話題になった実験の多くの側面は、芸術実験に於いてはあまり意味を持たない。もともと表現の形式としての実験性が議論の中心になるので、例えば①フィールド実験問題の様に、ラボでの厳密な知識獲得をどの様にフィールドで担保するか、あるいは②実験／ラボ概念の揺らぎ（知識か、社会参加か）という項目に於ける、知識か社会参加かといった対立は、芸術実験を論じる際にそれ程重要ではない。問題は表現であり、知識の獲得ではないからである。但し、この点は本章の後半で問題になるが、それは欧米の一部で、リサーチ（科学のそれも含む）と芸術の関係についての議論が急に沸騰し始めたからである。この点は本章第V節で詳述する。

他方③ラボと社会関係という議論は、原則的には芸術作品とその観客（聴衆）という関係に読み替えられる[1]。この観客の役割というのは、芸術領域を科学のそれと峻別する大きなメルクマールである。また④実験の巨大化と即興性という問題のうち、その前半はそれほど問題にはならない。芸術活動が集合化、或いは大規模化する場合もあるが、それ自体は単に芸術表現の一つの傾向と見なされるだけである。

他方、これらの項目のうち、特に芸術分野では大きな議題となるテーマもある。たとえば前述した②実験／ラボ概念の揺らぎは、理論と実験の関係を暗示する形で、（特に実験音楽という領域に於いて）「実験」そのものをどう定義するかという大きな問題に発展する。それと深く関係するのが、④の後半である「即興」性という議論である。これは多少意外な形で、実験音楽を巡る大きな論点となる。また⑤実験の非線型性とセレンディピティという項目も、後半を偶然性という概念に置き換えれば、多くの論者が、この性質を実験芸術一般に於ける実験の本質と考えているのである。

この様に、先行する章と比べて、本章での実験概念はかなり特異な進化を遂げている。更に特徴的なのは、⑥ＳＴＳとの関係である。先行章と同様、ＳＴＳの影響は一九九〇年代後半以降徐々に現れてくるが、芸術実験を論じる文脈では、その影響は二〇〇〇年代を越えるとかなり顕著になる。それは前述したリサーチ／芸術関係という議論において、その理論的正当化の為に、ＳＴＳ関係の議論が積極的に援用される様になったからである。

2　本章のアウトライン

芸術実験にはこのような独自の磁場があり、更に社会実験とは異なり、その活動の多くが個人を中心に行われることも多いため、本章は先行する章とはかなり異なる構造、及び記述の方法を取る。

本章は大きく分けて二つの部分に分かれる。前半のメインは、アメリカを中心とした実験音楽に関する様々な実践と議論の変遷についての分析である。本章の冒頭で実験音楽を中心的に扱うのは、芸術に於ける実験概念を論じるに当たって、この領域での議論の蓄積が、他のそれを凌駕する歴史的厚みを持つからである。それらを再検討することにより、芸術領域に於ける実験の在り方が、先行章の他の領域とは異なる独自の進化を遂げていることが明らかになる。これに関係して、芸術の他の領域、特に視覚芸術や文学に於ける、実験概念の起源についても手短に触れる。

本書の後半では、ＳＴＳに於ける諸研究が、芸術実験関係の議論にどの様に係わる様になってきたか、その歴史的系譜と功罪の両面について論じる。芸術領域に於ける実験の「概念化」という点では、一九九〇年代以降、芸術家が実験概念を論じる際に、ＳＴＳ諸概念を参照する機会が急速に増えた。そうした動向の背後には、欧州を中心として議論が沸騰中の、いわゆるartistic researchという潮流があり、芸術実験論も、それに関するＳＴＳ系議論もその潮流の中で再文脈化されつつあるからである。芸術に於ける実験という話は、こうした学術的、制度的な文脈と切り離せないというのがこの章の特徴である。

I　実験音楽の世界

1　芸術実験の素描

話は戦後日本に遡る。当時の先端的な芸術運動を推進した団体の一つとして、実験工房というグループがあり、様々な分野の芸術家達が協働して、多くの興味深い先鋭的な活動を展開した（西澤他 2013）。その運動との関係が深かった評論家の瀧口修造は、「芸術と実験」というエッセーの中で、芸術と科学に於ける実験の意味の違いについて詳しく論じている（瀧口 1952/1992）。

冒頭で、瀧口は実験という用語を芸術に初めて応用したのは、フランスの小説家ゾラ（E. Zola）の「実験小説」という考えで、もともとベルナール（C. Bernard）の『実験医学研究序説』（一八六五年）に示唆されたものだと指摘する（瀧口 1992: 5）。ここから彼は、科学実験と芸術実験の重なり合いと違いを論じる。たとえば美術史上での重なりの例として、レオナルド（ダ・ビンチ）、印象主義絵画と科学上の新視野、立体派と物理的世界像の発展、更にはシュルレアリスムと精神分析といった諸事例に於ける、両者の影響関係を指摘する（同右 6）。

更に芸術分野に於いて、何故実験が重要なのかという点についての議論が続く。背景には新たなメディア（瀧口の言い方では「ミーディアム」）、つまり写真、映画、ラジオ、テレビ等の登場があり、こうした新メディアを利用する為に、ある種の実験期が必要だからだと（瀧口 1992: 7）。しかし、こうした新メディアが大企業に利用される様になると、大衆化のため実験が出来なくなる。芸術家の役割とはそうした実験可能性を担保することなのだと言う（同右 8）。話は他の芸術領域に於ける現状、例えば小劇場に対する大劇場の支配、画壇に於ける大公募展主義支配と実験的試みの衰退といった論点に進む（同右 9）。この論考の初出は一九五二年だから、戦後様々な新芸術運動が興隆した時期での発言と考えれば、芸術実験の社会的必要性と、更にはその限界まで指摘されており、今読んでも興味深い視点を複数含んでいる。

瀧口の周辺では、様々な実際の実験的活動が試みられていたが、そうした活動に場所を提供したのが、草月アートホールである。ここは一時期様々な実験的芸術活動の拠点となった場所であり、後述する実験音楽の代表格の一人、作曲家のケージ（J. Cage）やその盟友である舞踏家のカニンガム（M. Cunningham）といった人々が、日本で初めて演奏やパフォーマンスを行った場所でもある。また前述した実験工房の関係者も、このホールと密接な関係を持っていた。当時の記録を見ると、絵画、音楽、演劇、映画といった様々な領域で、後にその名を広く知られる様になる各分野の代表選手が、様々な「実験的」な試みを繰り返していた。その意味では一種の実験場（ラボ？）でもあり、そこでの経験を通じて自分のスタイルを確立した芸術家も少なくない。

戦後の日本芸術界にとって、こうした実験芸術（音楽）がどういう印象を観客に与えたのか、当時の記録を引用してみよう。

「こうして一九六二年秋、アメリカの実験的な作曲家ジョン・ケージがピアニストのデーヴィッド・テュードアをともなって、草月アート・センターの招きを受け入れて、招聘アーチスト第一号として来日した。

東京、大阪、札幌など各地で演奏会をおこなったが、そのなかでも草月会館ホールのステージでおこなわれたケージのコンサートほど、聴衆に衝撃をあたえた音楽会は、それまで一度だってわが国でなかったといえるにちがいない。

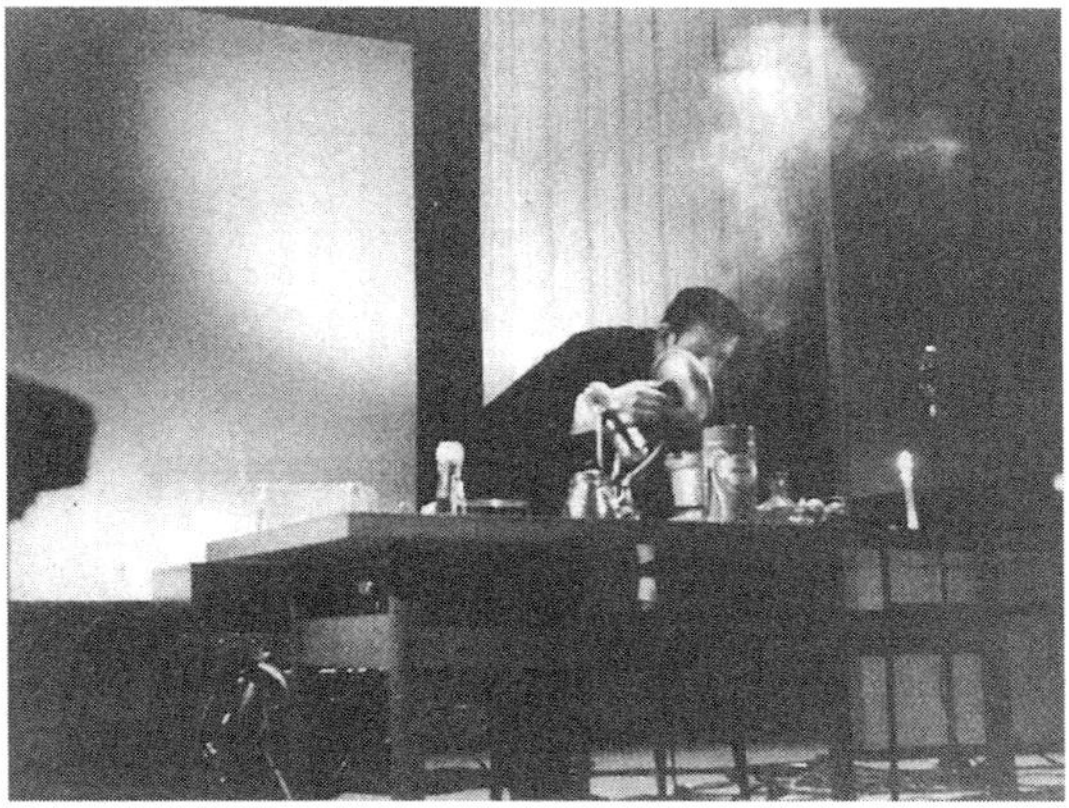
図 12　草月ホールでのケージ

舞台の上では、テュードアがピアノに無数のコンタクト・マイク（物体に直接に付着させる小型マイク）を接続して、スピーカーから熾烈な音響を炸裂しつづけた。ときには、ピアノの下にもぐり込んで、木製ハンマーで、大工よろしくピアノの木部を叩いたりした。
ケージはといえば、こちらは机の上に電気炊飯器やフライパン、電気コンロや山本山の海苔の空き缶など、台所用品やさまざまな物体をもちこんで、日常生活そのままのサウンドを淡々とばらまきつづけていった。ここでケージはこれまでの〈音楽〉という概念を徹底的に御破算にしてみせたのだった。このコンサートは異様な手ごたえで聴衆に突き刺さった。そればかりか、音楽家、作曲家といったひとたちをも、混乱させたのであった。
後年、六〇年初頭にケージが引きおこしたこの衝撃は、「ジョン・ケージ・ショック」ということばで語られるようになった。」（秋山 1985: 472–473）

アメリカ実験音楽と称する試みを本邦の人々が初めて目撃した記録である。とはいえ、こうした過激な芸術的実験に対して、全ての観客が感銘を受けたという訳でもなさそうだ。イラストレーター、グラフィックデザイナーあるいは映画監督という肩書も持つ和田誠は、こうした一連の「実験」(その中には上記のケージの上演も含まれる)に対して、次のように短刀直入に記している。

「草月会館ホールには随分足を運んで、おかげで前衛芸術に触れる機会も多かったけど、退屈なやつも多くてね。今でこそ正直に言えるけれども、あの頃はそういうものが分からなくちゃいけない、見てないと立ち遅れるんじゃないか、退屈なんていうと馬鹿にされるんじゃないかと思って、結構無理もしてたんですよ。ジョン・ケージがステージの上で電気釜で米を炊くというのがあったなあ。スイッチを入れてから炊きあがるまでをただ見てる。こんなつまらないものないんですよ。でもこれがつまらないって言っちゃあ遅れるんでないかって、我慢して見てましたけど。しかし、これがなんで音楽なんだろうと思いましたね。」[2](和田 2002: 136)

和田の率直な感想は、こうした実験的な試みを称賛しなければというインテリたちの間の「空気」を皮肉っている。だが別の見方をすれば、この正直な述懐は、芸術領域についての実験について、他の領域のそれとはかなり異なる文化的ニュアンスがあるという点も端的に示している。実際こうした主張は、実験/前衛芸術に対し、しばしば語られる批判でもある。これは芸術領域での実験が、科学に於ける一種の制度的閉鎖性と、社会実験に於ける開放性の間での微妙な立ち位置にあるという興味深い証拠でもある。この点はまた、具体的な文脈に於いて、そのどちらの方向により大きな力が働くかで、芸術実験そのものの理解や評価も大きく変わりうることも暗示している。これが芸術実験を考える際の分かりにくさの理由の一つである。

更に話が複雑なのは、同じ芸術分野でも、その下位領域ごとに実験の意味が微妙に異なるという点である。特に音楽領域では、他の分野ではあまり見かけない理論的弁別が伝統的に採用されている。芸術の他の分野では、実験的という言葉は、ほぼ革新的、前衛的という言葉と同義で、引用した和田も「前衛的」という用語を使っている。だが音楽領域では原則、実験音楽と前衛音楽は概念的に区別されている。何故こうした弁別が音楽に於いて（のみ）行われるのかは、本章での重要な論点である。

2　実験音楽とは？

さて実験と言う概念／行為が芸術分野で使われる様子を概観すると、当然のことながら、自然科学、あるいは社会、政策と言った分野で使われる実験概念とはそのニュアンスが大分異なる点はすぐ分かる。たとえば、特定の理論を実証する為の実験という考えによれば、革新的なのはどちらかというと理論の方で、それが現実に正しいかを確かめる手続きが実験であると考える場合も少なくない。特に社会実験を「実証実験」と称する場合そのニュアンスが強い。この考え方には問題があることは既に議論した。

他方、様々な芸術領域でいう実験、例えば実験的な表現とか実験映画といった概念の多くは、先人がやっていないやり方で表現を行うという意味で、基本的に新奇、難解といったニュアンスがある。その意味では、政治から援用された前衛的（コンパニョン 1999）という言い方が、先端的な芸術という意味でよく用いられるという点も既に指摘した。しかし興味深いのは、特に現代音楽の領域に於いて、この実験という言葉がやや限定された使い方をされるという点である。例えばアート関係の用語を解説したサイトに於ける「実験」音楽の定義は以下の通りである。

「一九五〇年代以降のJ・ケージとケージに影響を受けた、主としてアメリカの音楽家たちによる音楽芸術。最終的な音響結果を確定せずに作られ演奏される音楽。近現代の芸術では、「実験」と「前衛」はたいてい同じ意味で使われる。その場合、「実験的」とは、最先端の手法を試すがゆえにそう形容されるのだから、「前衛的」と同じ意味である。しかしこの点で音楽芸術は多少特殊である。音楽芸術でも先端的な作風を「実験的」と形容することはあるが、ケージの活動を考慮に入れるならば、「実験」と「前衛」は区別されねばならない。そしてケージを無視できる先端的な音楽芸術はほとんどない。それゆえ「実験音楽」は、同時期のP・ブーレーズやK・シュトックハウゼンたちの（主としてヨーロッパの）「前衛音楽」と、理念的に対立するものとして規定されるのである[3]（L・メイヤー、M・ナイマン、H・ベニテズなどがこの美学的区分を整理した）。」（中川 2008）

執筆者である中川克志は、ここで登場するケージについての浩瀚な博士論文（中川 2008）を物しているが、彼の議論は後に紹介する。ここで注目すべきは、「実験」音楽という言い方に、他の実験芸術とは異なるニュアンスがあるという点である。クラシック音楽の主流であるヨーロッパ旧大陸での洗練に対して、アメリカ新大陸に於ける試み、という特殊な文脈的意味合いがそこに加わっている。第2章でも「実験の国アメリカ」と言う考えのいくつかのバリエーションについて言及したが、あのアメリカの音楽である。

3　実験音楽の第一期・第二期

このように、実験音楽という言葉自体、アメリカという土壌と深く係わっている点が興味深い。このあたりの記述は、話を拡散しない為にアメリカのそれに限定しているが、著者によっては実験音楽の起源を汎欧州に広げて論じている場合もあり、そうなるとその起源はかなり複雑になる。(4)

音楽人類学者のキャメロン（C. Cameron）は、アメリカに於ける「実験主義」（experimentalism）の歴史的発展についてまとめているが（Cameron 1996）、この実験（主義）という言葉がどの時点から使われるようになったかは、必ずしも明確ではないという。(5)人類学でいうエティック（分析的概念）とイーミック（当事者の概念）という弁別から言うと、キャメロン自身、実験主義という言葉を両方の意味で使っている。彼女の言う第一期の実験主義は、一九二〇年代を中心とするアメリカ・ナショナリズムの高揚期で、それに呼応してアメリカ独自の音楽の探求が始まった。ここでの実験主義というのは、分析者であるキャメロンがそう呼んでいるもので、当事者がその用語を使った形跡は乏しい。

実際この時期には色々と新たな試みが散見される。例えばファーウェル（A. Farwell）という作曲家は、アメリカ原住民の音楽に親しみ、こうした基盤からアメリカ独自の音楽を作るという方針を表明している（Cameron 1996: 18-19）。またカウウェル（H. Cowell）は、後に詳述するケージの師として、後者の伝記等にもしばしば登場するが、本人はもともとトーン・クラスター（近接した音階を同時に叩くことで音の固まりを作る）といったラディカルな新技法で知られた「実験音楽家」でもある。さらにアイブズ（C. Ives）は、その極めて多様な作品群で、こうした実験音楽の父と言われることもある。他方彼自身は、自分の試みを、「実験音楽」という形で概念化したことはない様である（同右 21）。

キャメロンは複数の作曲家を実験主義第一期の作家として紹介しているが、彼らは広いアメリカ大陸で比較的孤立して活動しており、全体としてのムーブメントになっていない（Cameron 1996: 22-23）。例えばこの時期ニューヨークには、フランスからきたヴァレーズ（E. Varese）らがいるが、後に実験音楽の元祖の一人とされる彼自身は、上述したアメリカの作曲家たちとはほとんどつながりが無い。また『アート・ワールド』論で有名で、本人もジャズの即興演奏をするベッカー（H. Becker）は、わざわざその著書の一節に「一匹狼」なる節を設けて、上述したアイブズが、如何に当時のアメリカ音楽界から孤立し、その結果本人が自分の曲の演奏に対して興味を失って行ったかという事実を指摘している。アイブズの例を、アート・ワールドを規定する条件から逸脱することの負の効果の一例として分析しているのである（ベッカー 2016: 254-266）。

こうした第一期の作曲家に対し、第二次世界大戦後に登場し、前述した実験音楽の代表的な定義にも登場する一群の人々（ケージその他）を、キャメロンは、実験主義第二期の作曲家とする。第一期との違いは、前者の比較的バラバラの活動に対して、後者はそれを主導した作曲者達自身が自らの試みを「実験音楽」と呼び、その理論化を進めたという点である。こうした理論的試みの中でも抜きんでて影響があったのはケージのそれで、実験（主義）を一つの理論的な試みとも考えれば、多くの論説を残したケージを取り上げざるをえないのである。

4　ケージと実験音楽

さて、前に引用した中川の実験音楽の定義であるが、その後半は特にケージの著作を取り上げ、前衛音楽と区別される実験音楽、というその特性を強調している。

「ケージによれば、(ケージ的な)実験音楽の本質は「結果が予知できない行為」(『サイレンス』)にある。要するに、実験音楽とは最終的な音響結果を作曲家が予想できない音楽なのである。そのためにケージは、偶然性という作曲技法(《易の音楽》(一九五一))や環境音を利用する音楽作品(《四分三三秒》(一九五二))を考案した。最終的な音響結果は作曲家と関係ないからこそ、「音はそれ自身になる」(ケージ)わけである。「実験音楽」の最初のモノグラフ『実験音楽』(ナイマン、一九七四)を参照するならば、狭義の実験音楽は、ケージ以降、M・フェルドマンらニューヨーク楽派、フルクサスのアーティストたち、ミニマル・ミュージックの作曲家たちに継承され拡散していった。」(6)(中川 2008)

前衛と実験を区別するという、実験音楽界隈で特徴的なこの議論は、この解説に従うと、後に独自のミニマル音楽で名を馳せることになるナイマン(M. Nyman)の実験音楽に関する著作(ナイマン 1992)に始まり、その弁別が後に複数の著者間で共有されたとされる。ただしこのあたりの事情は複雑で、前述したキャメロン説以外にも、例えば白石美雪は、そのルーツを一九七八年のグリフィス著『現代音楽小史』がその源流ではないかとする(白石 2009: 104)。

またベニテズ(J. Benitez)は、この前衛/実験という弁別について、丸々一冊使って議論しているが、戦後フランスを中心として試みられた「実験室」を中心として作られた音楽（その内容はいわゆる日常的音声を応用したミュジーク・コンクレートや録音テープを加工したもの、更には電子音楽と多様であるが）のことを「実験音楽」とする論者を批判し、それはアメリカでいう実験音楽とは異なると言う（ベニテズ 1981）。更に当時大きな影響力があった音楽研究家マイヤー（L. Meyer）もこうした実験概念に着目（Meyer 1967）した論者として、複数の研究者がその名を挙げているが、ベニテズが指摘する様に、その独特な用語法によって、他の論者の議論とは話がうまくかみ合わない[7]（ベニテズ 1981: 35-36）。

ここでこうした実験音楽を定義する際に、多くの論者がその最重要人物の一人と考えているケージについてもう少し詳しく見ていくことにする。ケージは生涯で三五〇曲を作曲したとされ、特にケージの名を世に知らしめるようになった、「偶然性」を導入した作曲以前の作品も百曲以上に上る。この時期の作品を「ケージ以前」という呼び方もあるらしい（白石 2009: 11）。ケージの活動は驚くほど多彩で、一般的に実験音楽と言われる様々な試みのかなりの部分を自ら試みており、また晩年には五線譜による作曲法を部分的に復活したりと変幻自在である。それゆえ逆にケージが何を否定し、何をしなかったかという点を見た方が、彼の「実験」音楽観を理解するのには手っとり早いという側面もある。

その作曲スタイルの変化のため、グリフィスはそれを大きく五つの時期、白石は七期に分けて記述している。グリフィスのそれは音楽中心で、①半音階システムの探求、②リズム組織、③沈黙へ、④作曲を超えて、⑤音楽を超えて（五線譜への回帰）という章だてになっている（グリフィス 2003）。他方、白石は、ケージが活動の起点とした場所を中心にその変遷をまとめており、①ブラックマウンテン・カレッジ、②ギャマットからチャートへ、③偶然性とラディカル・モダニズム、④無心と融通無碍、⑤ニューヨーク楽派と仲間たち、⑥ニュー・スクール・フォー・ソーシャル・リサーチ、⑦不確定性の音楽という具合である（白石 2009）。

特にグリフィスの③「沈黙へ」（白石でも③）という時期が、ケージの名を音楽業界に知らしめた偶然性の導入という時期に当たり、これが前述したケージ前／ケージ後の分岐点になる。ケージは多くの著作やインタビューを残しているが、実験音楽という概念、およびその歴史については特に『サイレンス』（ケージ 1996）という著作で詳述している。

この書の「実験音楽」と題する章では、冒頭部分で「実はもともと自分の作品が実験的と称されることに対してあまり同意していなかった」と記している点が興味深い。作家にとって実験というのは、それが発表されるまでの試行錯誤のプロセスそのものであり、作品の完成によってそれは終わるのだともともとは考えていたと言う（ケージ 1996: 24）。この場合、実験は制作の為の試行錯誤とほぼ同義で、それならどんな芸術家も実践していることである。

しかしその後ケージは決定的な態度変更をする。つまり実験を作者から聞き手中心へと移動させると言うのである。これによって実験の意味が大きく変わってくる。「きこりがふだん行き来している道を心得ているように、作曲家は自分の作品を知っているが、聞き手は、森のなかで今まで見たことのない植物に出会った人のように、作品に向かい合うのである」（ケージ 1996: 24）。これに続いて、彼がハーバード大の無響室に入った時の経験という有名なエピソードが続く。無音の筈なのだが、そこで二つの音が聞こえて来たと言う。一つは自分の神経系による音で、もう一つは血液循環の音である。つまり、何もしなくても音は生じてしまうのである。ここから音の開放性という概念が生まれる（同右 25-26）。

「アメリカ合衆国における実験音楽の歴史」と題された章では、「実験的行為の本質」について「結果が予知できない行為」と明確に定義している（ケージ 1996: 124）。ここから、本書の先行する章で見てきた、いくつかの分野での実験概念とはかなり異なる理解が登場する。つまり「実験とは、偶然（性）に係わること」で、実験音楽はそれを利用した音楽だという主張である。実験音楽という分野の独自の進化のきっかけがここにある。

偶然性を音楽という文脈で具体化するやり方はいくつかある。一つは作曲の過程で偶然性を利用する方法で、後に「チャンス・オペレーション」と呼ばれる様になる、偶然を利用した作曲法を示す。ケージ自身は東洋思想への傾斜から、易経を利用した作曲法を多用したことでも知られる（ケージ 1996: 29）。ここでいう易経とは、筮竹を用いる占いである。こうした占い利用の直接の起源は、元生徒で中国の古典やユング心理学にも詳しかったウォルフ（C. Wolff）が、ケージに無料で教授してもらうことへの返礼として、自分の父親の所持する本をケージに貸したが、その中に易経があったのだとされる[8]（白石 2009: 90）。

ケージは、音の偶然性と開放性という二つの方向性を推進する技術的な要因として、第二次世界大戦後急速に普及してきた磁気テープの存在に言及している（ケージ 1996: 26）。特にフランスでは、当時シェフエール（P. Schaeffer）らによる、具体的音響を利用した新たな音楽、則ちミュジーク・コンクレートという運動が盛んになっていた。他方、「実験音楽の歴史」の章では、チャンス・オペレーションの利用に関して、作曲の方法に加えて「演奏が不確定になるようなやり方で作曲すること」（ケージ 1996: 125）により傾倒していると指摘する。複数の意味を取りうる図形等を用い、演奏者に自由に解釈してもらうというやり方である（同右 125）。

更に、ケージはアメリカ実験音楽の諸潮流について簡単な紹介を試みるが、ここで「実験」音楽が更に特殊な意味を帯びるのは、この状況が「アメリカ」固有のものとして、ヨーロッパ大陸の状況（ブーレーズ（P. Boulez）、シュトックハウゼン（K. Stockhausen）、ノーノ（L. Nono）等）とは明確に対比されるからである（ケージ 1996: 130）。これが前に紹介した、「前衛」音楽に対比される「実験」音楽という、実験の独特な歴史文化的解釈である[9]。

実際はこのアメリカ／ヨーロッパ大陸（とくに独仏）という対比関係はかなり複雑である。ケージの実験概念が、現代音楽とされる非常に多くの領域に先駆的な影響を残している一方で、実際の音楽そのものが大陸ヨーロッパ（独仏）の前衛音楽とどれだけ違うかは微妙で、結果的に類似しているという指摘も少なくないからである。たとえば、作曲に易を使った偶然性を導入するとはいえ、それを繰り返せば平均値に近づくため、結局セリー音楽とそれほど違わないのではという指摘すらある（白石 2009）。

「前衛」音楽側も、この偶然性と言う概念には衝撃を受けたが、作曲（家）という前提を固持する為に、わざわざラテン語の alea（偶然）という言葉から作った、アレアトリー（aleatory）という造語までして、最終的には偶然性を作曲家が統括する方法としている。「統制された偶然」といった概念だが、それによって偶然が持つ破壊的作用を中和しようとしたのである[10]（Cameron 1996: 33; 白石 2009: 106）。

5 偶然の表と裏

前述したように、ケージ本人も、またケージの研究者も、実験を「結果が予知できない行為」と定義し、それが偶然と言う意味に深化している。とはいえ、こうした偶然性（それによる自由度）を高める、という行為の理解は多様で、後に述べる様に、その解釈は大きく拡がって行く。他方、ケージの偶然性理解には独特の含みがある。前述した易経に加え、ドイツの神秘主義思想家エックハルト（M. Eckhart）や、後に私淑することになる鈴木大拙の禅思想等がそこに加味され、東洋思想的な含意が強まるのである。実際『易の音楽』『龍安寺』といったタイトルの曲も存在する。

また、ケージ自身も、実験＝偶然性という解釈の適用範囲を徐々に拡張していく。彼の最も有名な『四分三三秒』という作品は、舞台上のピアノの前で演奏家がその時間の間座り続け、時間が来ると終了するというものだが、これも一種の沈黙の実験とされる。そこでピアノ以外の様々な音（会場での咳払いやヒソヒソ声、様々な雑音等が含まれる）を聴取するということが、この作品の目的になる。

更に、複数の演奏を演奏者が自由に組み合わせるといった試みが続く。例えば『アトラス・エクリプティカリス』という作品は、演奏者がそれぞれのパートを自分の好きなように演奏し、その全体を構成する総譜が存在しないというアナーキーな作品である（シルヴァーマン 2015: 178-180）。また『ミュージサーカス』という更に過激な作品は、ある場所で複数の演奏者達が思い思いに自分の好きな曲を演奏するというシュールな作品で（シルヴァーマン 2015: 233）、その録音を聞くと、サーカスの現場で、あちこちから色々な音や音楽が聞こえて来ると言った音風景を連想する。こうした展開は、ケージが従来の音楽の枠を超えて、その社会的な意味合いについて考察を深めた結果と解釈する論者もいる（グリフィス 2003: 119）。

加えて現代アート的なパフォーマンスのような作品もある。本章冒頭で引用した草月ホールでの上演はまさにそれに当たる。『ウォーターウォーク』という作品では、水まわりの様々な器具、例えばヤカン、コーヒーメーカー、圧力釜や浴槽といった道具／機材が舞台上にところ狭しと並べられる。そこでケージ本人が、湯飲みの水を注ぐ、浴槽の水を手で打つ、圧力釜の栓を開いて蒸気を出す、更にワインを飲む等、水に関わる様々な行為を通じて生じる音を観客に披瀝するのである。彼自身はストップウォッチをにらみつつ、舞台狭しと動き廻るのだが、この行為が決して即興ではなく、厳密なシナリオに従っていることを暗示している。ケージ本人の上演記録が残っているが、観客の爆笑が聞こえるなか、彼自身はきわめてまじめな顔で舞台上を動き回っているのも可笑しい[11]。さらに『A dip in a lake』という作品は、どこかの湖に集う人々の様々な会話や彼らが作り出す音を録音して、コラージュ風にまとめた作品であるが[12]、自然音を用いた実験的作品の先駆的なもので、印象に残る。ケージ「作品」の劇的な多様性の一部が、この短い描写から感じられることを願うが、こうした多様性はすべてがケージ本人の発案というよりも、彼の周囲で起こった様々な実験的試みを彼自身が取り入れている面もある。

6　実験音楽概念の拡大と拡散

以上、ケージによる実験音楽実践のごく簡単なスケッチを試みたが、その周辺では、こうした「実験音楽」という概念について、より組織的に論じる試みが複数続いた。こうした理論的な試行の厚みが、他の実験芸術とは異なる点でもある。その代表例が前述したナイマンの『実験音楽』（ナイマン 1992）だが、ケージ及びその周辺に於ける実験音楽の展開について、概念の整理を試みている。

ここで議論されているのは、実験音楽に於いて、実験が①作曲、②演奏、③聴取の流れの中のどこで行われ、それが大陸中心の「前衛」音楽とどう違うのか、という点である。ナイマンは、大陸前衛音楽の基本は、音楽に於ける関係性の責任は作曲家にあるとし、それに対してアメリカの実験音楽は、この関係性はいわば自然に成長するものだとする(13)（ナイマン 1992: 62）。

他方、前述したベニテズは、庄野（1991: 61-74）及びナイマンの議論を更に拡張して、実験≒偶然性が、作曲家／楽譜／演奏者／音の結果／聴者という連鎖のどこに入るかを考察し、それらを四つのタイプに分類している（ベニテズ 1981: 82）。つまり、

①作曲家／楽譜の間　これは端的にはケージの言うチャンス・オペレーション、つまり易経あるいはそれに準ずる方法でコイン等を投げて、音を決定する行為である。それが実験≒偶然の意味だが、そこで決まった音は五線譜に書かれ、そのまま演奏されるため、その後には偶然性は存在しない（ベニテズ 1981: 83）

②楽譜／演奏者の間　楽譜と演奏者の間に偶然性を挿入することで、演奏者により大きい自由度を与えるものだが、これはいくつかに分かれる。

a　作曲家は作品の全体は規定するが、その細部は偶然に任せる（たとえば楽器を指定しない、特定の部分は即興に任せる、複数の楽譜から選べる等）。

b　細部は決まっているが、全体が偶然に基づく（たとえば部分の楽譜をどう言う順で演奏するかなどが決まっていないといったやり方）。

c　五線譜は使わず、非伝統的な図形等を演奏者に解釈させる（同右 83-86）。

これらが作曲家〜演奏者の間の偶然性導入のバリエーションだとすると、更に、

③演奏者／音の結果の間　ケージの『イマジナリーランドスケープ 4』と言った作品の様に、偶然に任

せてラジオ番組を探し、その音量、高低音をコントロールしつつ作品とするもので、どの番組に当たるか事前に分からないため、音の結果を演奏者（?）もコントロール出来ない。

④結果としての音／聴者の間　これは、音は確定しているが、聴者との関係が不確定というものである。たとえば、特定の会場で聴者が移動しつつ音を聞く場合、何をどう聞くかは聴者の判断、移動に依存するので、どうなるか分からないのである（同右 88）。

音楽制作〜聴取という連鎖に於いて、実験≒偶然性がどこに存在しうるか、という点でこれだけのバリエーションがあり、ラボ実験や社会実験とはかなり異なる複雑さを示すが、ベニテズは、この偶然性という概念だけでは、前衛音楽／実験音楽の弁別は出来ないのでは、という疑義を呈している。そして作曲家が最終結果に対して意図的な制御をするかしないか、という点がこの実験／前衛を最終的に区別する点だとし、その意味でケージは「作曲家」であることは最終的には捨てなかったという点を批判している（ベニテズ 1981: 132）。

7　音楽実験としての即興演奏?

ここら辺から話が更に独自の方向に進化して行く。それは、特に音楽で重要な役割を果たす「即興」という点についての論争である。実は、実験≒偶然性という定義を演奏に適用すれば、即興演奏こそがまさに実験音楽の要、という主張が出てきておかしくない。先行する各章で、バイオ研究者や建築系の（社会）実験について、小回りのきくそれ、という表現を用いた際、わざわざ「即興」的という形容詞を加えたのは、この章でいう実験〜即興音楽という理解とのつながりを暗示する為でもあった。

極めて多様な分野で実験的試みを繰り返したケージだが、何故か一貫して拒否したのが即興演奏である。偶然性の強調、演奏者の自由度の拡大という点から言えば、即興音楽、あるいはジャズやある種のポップスと言った要素を自分の実験音楽に取り込むという可能性も十分にあった。しかしケージはこうした方向性は決してとらず、特に即興演奏については終生それを頑強に拒んだのである（シルヴァーマン 2015: 277-278）。

この点、彼が私淑したデュシャン（M. Duchamp）がポップアートを評価しなかったという点と似た面があるが、この即興音楽嫌いという点で、アドルノ（T. Adorno）のジャズ批判を思い出して見るのも一興である。アドルノは無調音楽を強力に擁護し、返す刀で民族音楽的な臭いのするストラヴィンスキー（I. Stravinski）もジャズも全面的に否定したことで悪名高い(14)。彼のジャズ批判の基本は、ジャズに於ける「即興」は、畢竟固定されたコードという限定内での自由に過ぎず、無調音楽の様に音楽に本質的な革新をもたらしている訳ではないという点にある。それは一見自由に見えて、実は市場原理に隷属する資本主義社会といわば同じ様な構造を持っている、という訳だ（アドルノ 1973）。ケージがアドルノの議論を参照したとは思えないが、前者もまた即興音楽は自分が聞き慣れた音に回帰する傾向があり、そこで作られる音には本質的な新しさが無い（その点ではポップ音楽も同罪）と考えていたのである（シルヴァーマン 2015: 277-278）。

科学に於ける理論／実験という関係を、作曲／演奏というそれに重ね合わせて見ると、ケージはどれだけ実験を称揚したとしても、どこかで項の左側、つまり作曲（家）という枠組みの自立性を強く信じていたという点がしばしば指摘されてきた。実際、ケージが書かれたものとしての楽譜に非常に執着していたのは有名で、ある時期には、著名現代作曲家の自筆楽譜の出版を企画し、その収集出版に奔走したりもしている（シルヴァーマン 2015: 217–222）。

他方、前述したナイマン（1992）では、ケージも部分的には試みた、演奏家の自由度の拡大という方向を押し進めた結果、即興演奏そのものが実験音楽の新たな核となったという歴史的潮流が記録されている。こうした文脈では、実験としての即興演奏に徹底して抵抗したケージ自身も批判的な評価を受けざるを得なくなる。実際、ロベール（2009: 164–167）では、ケージについての記述は、評価というよりもむしろ批判面が前面に出ている。特に英国では、カーデュー（C. Cardew）といった影響力ある後続世代の作曲家が、実験音楽概念の更なる拡張として、即興演奏を前面に押し出しているのである（ナイマン 1992: 143–146; 石橋 2021）。その結果、実験音楽は演奏家、あるいは更にアマチュアの参加といった方向にも広がって行く。こうした志向性の帰結として、ポップアートの勃興に対応する様に、高尚なクラシックとポップ音楽やジャズの乖離を乗り越える努力が続く（バーグマン・ホーン 1997）。しかしケージ自身はというと、ポップ音楽にも否定的で、これも後続世代から批判される理由になっている。

ケージの立場が分かりにくいのは、演奏家の即興を嫌い、作曲という過程を重視する一方で、作曲過程に易や図形を楽譜に援用し、演奏家の解釈を大幅に拡大する努力も続けたという点である。とはいえ、それは基本的に楽譜に紐づけされた形での演奏であり、即興ではない。では演奏家は何をするかというと、一見不可解に見える楽譜をいわば「解読」し、それを演奏という形で実行するのである。実際にケージの作品を演奏したテューダー（D. Tudor）等の演奏準備の過程を見ても、言わば謎を一つひとつ解いていき、その結果が演奏となる。決してそれは即興、つまり「演奏家ドリブン」ということにはならないのだ（白石 2009: 166-171)。

8　ケージ的実験の帰結

(1) 言っていることとやっていること

実験音楽という実践及び概念の形成に関して巨大な影響を残したケージだが、ケージ的な実験音楽は結局どうなったのか。この点については様々な解釈が可能で、本邦でも、この点について興味深い議論が複数ある。ケージはその膨大な作品制作のみならず、多くの著作や周辺芸術家等との協働作業により大きな影響を残したが、他方その著作での主張と現実の作品制作の間には何か微妙な食い違いを感じる面もある。(15)

ケージはその実験概念について、聴衆による聴取の姿勢という文脈での実験性を語る。他方、ケージの作曲姿勢から見て、彼が聴衆の実際の反応に呼応、あるいはフィードバックする形で作曲を行ったという印象は乏しい。むしろ聴衆の反応に対して、あまり考慮に入れていなかったのではないだろうか。例えば、一二台のラジオを使い、波長を特定してそれを流すという「心象風景四番」の作品の初演は深夜になり、ラジオ放送終了のため、大半の波長は得られなかった。そこに居合わせた作曲家のカウウェルは、「ケージのそのことに対する態度は、ある種の相対的無関心さであった。何故なら、彼は、どのような一つの演奏の結果よりも、その概念の方が興味深いのだ、と信じているからだ」(ナイマン 1992: 52-53) という批判をしている。(16)この発言に対して、著者ナイマンはやや不満な様だが、個人的にはさもありなんと考えるのである。

中井悠はケージが実際にやっていることと、彼が「自分がやっていること」とする言明の間の恒常的なずれに関して、詳細な分析をしている。たとえば初期ケージの課題の一つが自己表現としての作曲という考えで、そこに磁気テープという新規テクノロジーの可能性とクーマラスワミ（A. Coomaraswamy）と言うインドの哲学者の思想から、「芸術とは自然の作用の仕方を模倣する」という考えを得たと言う。そこに偶然性概念が加わり、作曲家の自己表現としての作曲という考えを自分は否定するようになった、とケージは言う。自然の作用の模倣としての作曲、その演奏、そして聴取は独立した事象で、その間の関係性は非決定的だが、しかし必然（何故なら音は聞かざるを得ないから）という訳である（Nakai 2015: 147–149）。

中井はこうしたケージの言明が、現実の状況を半分しか記述していないとする。たとえばこの状況のモデルとしてケージは磁気テープの例を挙げるが、テープが持つ物理的な制約や手続き、その回転速度といった物理的制約が現実の演奏にのしかかる様子について、ケージは言及しないのである（Nakai 2014: 150）。またその人生の後半では、ケージは対象（オブジェクト）と過程（プロセス）という対比を使うようになり、前者が言わば客体としての音楽、後者がその音の流れの内部を意味する。後者はあくまで演奏のことで、作曲過程という話は含まれない。それに呼応して磁気テープというメタファーから、アンプという新たなメタファーが登場するが、これは自然界の微細な音を拡大するという意味で、ケージも全体のシステム（回路）を構築することに熱中するようになる（同右 152）。しかし中井によれば、こうなると「自然の働きを模倣」ではなく、「自然そのもの」の模倣になってしまうのである（同右 153）。

ＳＴＳ風にいえば、実験的に音（楽）を生成させる為には、それを構成する装置（演奏者も含めて）が持つインフラ論的な必然的な制約があり、一部の論者は半ば決定論的な働きとする。しかしケージは、実験装置の制度的、構造的制約に関して殆ど無頓着で、結果としてそうした側面が、その議論から抜け落ちてしまうのである。

（2）実験音楽からサウンド・アートへ

この議論は、ケージの言明と実際の作曲内容の間の構造的なずれに関するものだが、この問題をケージ理論に於ける「内在的な矛盾とその帰結」という点から解釈し、その芸術史上の帰結について議論しているのは中川（2007）である。本章冒頭で参照した実験音楽の定義は彼によるものだが、彼はケージの基本的概念の矛盾により、ケージ的実験音楽は、別の領域の活動、すなわちサウンド・アートに赴かざるを得なかったとする。

ケージの一連の主張の中に、存在する音を「音」として聴取することの重要性を強調するそれがあり、その最も極端なケースが前に示した『四分三三秒』という「作品」である。ここで期待されているのは音楽としてのピアノ曲ではなく、沈黙の中で生じる様々なミクロの音であり、それが聴衆の新たな経験になる、とされる。草月アートホールでご飯を炊いたのも、こうした音の実在に耳を傾けよということであろう。

しかし中川は、「ただの音」を聴取するという話は、ケージのもう一つの方針である（作曲過程に於ける）音楽的礎材の拡大という議論とは矛盾し、結果的に音楽というカテゴリーを超えた形で話が終結せざるを得なかったとする。ケージの影響を受けた後継の世代の音楽家たち、例えば小杉武久（波動としての音、キャッチ・ウェーブ）（中川 2007: 第二章）、ラモンテ ヤング（La Monte Young）（聞こえない音）（同右 第三章）、ライヒ（S. Reich）（ミニマルな反復による予期せぬ音響効果）（同右 第四章）はそれぞれこの矛盾の間に自らの解決法を模索するが、結局それは実験「音楽」という枠組みを相対化する羽目になった。そして実験音楽の思想家たるケージは、結果としてサウンド・アートという新ジャンルの創設者になったと言うのである。

（3）前衛／実験図式に欠けるもの

この主張は、ケージの作曲理論に的を絞り、そこにある内在的な矛盾からいわばポスト・ケージ時代に於いて、実験音楽という概念が大きく変化する過程を描いたものである。他方、別の可能性としては、この章で扱ってきた前衛／実験という二項対立を超えて、新たな項を追加してこの実験概念の拡散を追ってみるという試みもある。

既に紹介した複数の理論的な総括は、実験≠偶然性と言う理解を音楽の様々な構成要素に適用していく、という記述が多い。他方、この過程を、作曲家／演奏家という基本構造を超えた領域にその実験の基準が広まっていくプロセスと見ることも出来る。ここで話が社会実験の章と微妙に呼応し始める。クラシック音楽に於いて典型的な、演奏者と聴衆の関係性を組み直すための「実験」という解釈もあり得る。

第2章で論じた、社会実験の「実験」としての微妙な立ち位置は、データ収集の為の認知的側面と、公衆の社会参加という実践面の絡みあいにより生じるが、その二つの関係には様々なバリエーションがあった。似た様な状況が、まさに実験音楽の変化過程にも見えて来るのである。

石橋（2021）は、ここまで扱ってきた前衛／実験という対比に加え、第一次世界大戦後のドイツに於いて提唱された、「共同体音楽」（Gemeinschaftmusik）という運動を第三の軸として立てる。これはケージ時代より前のドイツでの話だが、ヒンデミット（P. Hindemith）を中心にして、クラシック音楽を一部の知的エリートの中での閉ざされた実践に限定せず、一般聴衆の為により開かれた形にしようと試みたものである。その中には、アマチュア演奏家のためのコンサートや、会場での一般聴衆の質問を可能にすると言った革新的な試みがあった。しかしその目的を巡って関係者が対立し、後に自然消滅してしまったのである（藤村 2018; 石橋 2021: 16）。

この共同体音楽という考え方は、音楽を社会に開かれたものにするという試みであるが、石橋は現代音楽の方向性を記述する際、前衛／実験、そして共同体という三項を立て、それに呼応する形で専門家／制度／非専門家という組織論的三項を提案する（石橋 2021: 16–27）。この枠組みを基礎に、実験音楽の素描を試みるが、一九七〇年代から特に英米圏で強まっていた、演奏家間での即興的な相互作用の中に実験性を観る、という立場の作曲家達の活動の紹介がその議論の中心となる。ウォルフ、ジェフスキー（F. Rzewski）、カーデュー、ブライヤーズ（G. Bryars）といった人々である（同右 18–20）。

彼らは、ケージが否定した「即興演奏」を通じて、実験概念を更に拡張することを試みた。石橋は、特にイギリスのカーデューに焦点を当てるが、この作曲家は、もともとドイツ前衛音楽の泰斗シュトックハウゼンの助手として働いていたものの、方向を一八〇度転換し、「ストックハウゼンは帝国主義を助長する」といった過激な批判論文を書いて、反旗を翻した（石橋 2021: 19–20）。批判の矛先はケージにも向けられ、特に後者が作曲家という姿勢を終生否定しなかった点が厳しく批判される。カーデューの影響はかなりなもので、前述した実験音楽アルバム紹介書でのケージ紹介のページは、明らかにカーデューによるケージ批判をベースにしたものである（ロベール 2009: 164-167）。

カーデューの実験的試みとして有名なのは、一九六九年に結成したスクラッチ・オーケストラという演奏団体で、プロとアマが協力して企画を行う等、前述した専門家／非専門家の枠を乗り越える方向の（演奏上の）実験が行われた。しかしカーデューが毛沢東主義に入れ込む様になり、その試みは頓挫する（石橋 2021: 19）。他方、イギリスのブライヤーズは、クラシックの名曲を初心者が演奏するというオーケストラを一九七〇年に結成するが、下手な演奏を持続的に行うという試みにはやや無理があり、一〇年後には解散してしまう（同右）。前述したドイツ「共同体の音楽」のイギリス版と言った風情だが、更にはジャズやポップス等の、クラシック音楽の外部との交流も盛んに行われる様になる（同右 20: cf. ロベール 2009: 143-146）。

但し、こうした新たな実験が、果たして作曲家／演奏家という小さなサークルを超えて、より広い社会的文脈に影響を与えたかは微妙である。ボーン（Born 1995: 49）は、こうした実験に於いては、結局メンバーが固定化し、その範囲だけで自由な即興（実験）を謳歌していたと指摘し、それを「マイクロユートピア化」と呼んでいる（石橋 2021: 21）。即興オタクの内閉的集団化が、実験音楽の一つの歴史的帰結ということになる。

実際、「実験」音楽という概念を即興演奏と同一視すると、その範囲は単に現代音楽に留まらず、ロック、ポップス、その他に劇的な形で拡大する（e.g. バーグマン・ホーン 1997）。だが話がここまで拡散すると、そもそもこうした即興という概念が、本書でいう「実験」概念とどの程度関係するか、だいぶ怪しくなって来る。

更に、ここで言う非専門家との協働という社会実験風の路線として、イギリスでは「コミュニティ音楽」という文脈で、一般アマチュアを巻き込んだ試みが行われてきた。しかし石橋は、これは文化政策行政の駒の一つという側面もあるとし、前衛／実験／共同体という三つ巴の関係は、三すくみ状態でもあるという厳しい判定を下す（石橋 2021: 21–23）。

ここで話が日本の作曲家、野村誠による「千住だじゃれ音楽祭」での活動、いわゆる「だじゃれ音楽」の分析になる。作曲家としての野村は、もともとイギリスで研鑽を積み、前述したカーデュー系列の実験音楽の影響を受けている。野村の主張は、彼なりの独自の実験音楽観とでも言えるが、それは、第一に、交流から生まれる相互作用が、予想出来ない新たな音楽を生み出すという点に着目する。第二に、技術が無くて間違えることが、複雑で豊かな音楽を生み出すとも主張する（石橋 2021: 57）。本章の流れで言えば、野村の実験音楽は、偶然性は認めるものの即興は拒否しないという点で、ポスト・ケージ的である。と同時に、技術の無さが面白い効果を生むという視点は、前述したイギリス実験音楽に於ける、非専門家重視路線を継承する形にもなっている。

だが野村の独自性は、「共同作曲」という形で、共同はするが他方作曲というポイントも残しておくという、独特なバランス感覚にある（石橋 2021: 57–58）。しかもそれがワークショップに止まらず、それをベースに更に新たな創作が加わる。これを野村は「やわらかい楽譜」と呼び、結果は記録するが、後に修正可能な楽譜という意味である（同右 60）。

終生楽譜にこだわったケージと、即興に入れ込むポスト・ケージ派のいわば中間的なラインを野村は打ち出しているが、こうした方法から生まれるのが、彼のいう「だじゃれ音楽」である。これは「千住だじゃれ音楽祭」という形で、野村とそのグループが毎年行っている試みで、ワークショップ形式で繋がったアマチュア演奏家達が、かなり緩い形で集合的な即興演奏を続けつつ、それを音楽祭という形で聴衆の前で行うものである。アメリカを中心に発生した実験音楽という概念が、様々な変遷を経て、極東の地に於いて、こうした複雑な形態へと「進化」した一つの興味深い実例である。

（4） 実験音楽としてのアメリカ民謡？

だがこの野村のケースに至る実験音楽の履歴は、どこかしら欧州、特にイギリスの特殊な文脈がかなり強く影響しているという印象もある。他方、話をアメリカでの実験音楽に戻すと、前述した様に、この実験音楽という概念自体に、かなり「アメリカ」という特殊な文脈の影響がある点は夙に指摘した。大陸ヨーロッパの、いわば「理論」指向の作曲姿勢に対し、アメリカ固有の「経験主義的アプローチ」としての実験音楽、という含みがあり、その根拠の一つが偶然性だったのである。こう見ると、アメリカと実験音楽のつながりは、第2章でも紹介した「実験国家としてのアメリカ」という話とどこかで繋がる可能性が出てくる。

だがいうまでもなくアメリカに於ける実験音楽が、すべて聴覚的には難解、あるいは伝統音楽からかけ離れた方向に進んだ訳ではない。前述したポスト・ケージ世代は、様々な形でケージの制約を離れて、即興演奏の方向に進む傾向があったが、そこには別の流れもあった。柿沼（2005）はアメリカの実験音楽家の多くが、伝統的な音楽やアメリカ民謡の再発見に向かった点に注目し、九人の作曲家を紹介している。

その中には、前述したカウエルの様に、アメリカ実験音楽の第一期の代表選手もいる（cf. Cameron 1996）。その初期に彼は、クラスター音楽の様な、実験音楽的手法を独自に開発したが、人生の後半は尺八をふくむ伝統的民族音楽に深く傾倒し、民謡風の賛美歌を作曲したりしているのである（柿沼 2005: 第三章）。

別の章では、柿沼はシーガー（R. Seager）という作曲家を取り上げているが、彼女はその初期は非常に実験的な作品を発表している。しかし後にアメリカ民謡の組織的収集を手伝い、最終的には民謡紹介の活動に専念することになる（柿沼 2005: 第五章）。他方、パーチ（H. Partch）は、音階を四三に微分化し、他に類例を見ない独自の音楽を作ったが、実はその背後に人々の日常的な会話での複雑なイントネーションを再現するという目的があった（同右 第六章）。このラインナップの中にケージ本人も登場するのが面白い。特に彼が人生後半に試みた「ミュージサーカス」の様に、様々な演奏家達が、思い思いに演奏し、それがサーカスの様に雑然とした雰囲気を作り出すという作品を、柿沼は民族音楽との関係の中で論じているのである（同右 第八章）。

ヨーロッパ大陸の現代音楽の周辺でも、民族音楽への傾斜は、バルトーク（Bartok, B.）やコダーイ（Kodaly, Z.）、更にはストラビンスキー（I. Stravinski）等枚挙に暇がないが、アメリカに於ける実験音楽という文脈で、なぜ民謡等の民俗音楽が問題になるのだろうか。その理由として、ヨーロッパから移植された西洋音楽が、アメリカと言う固有の風土にある、バナキュラーな音楽から遊離し、ヨーロッパ音楽にもともとあるその連続性が欠けているから、という指摘が興味深い（柿沼 2005: 117）。シーガーやパーチのような、民謡やバナキュラー音楽の収集家が発見したのは、こうした音楽の多様性と複雑さである（同右 118）。その意味で、民謡は、大衆による歴史的実験の産物であると言うのだろう。

9　実験の拡散と訓化

この様に、ケージおよびその周辺で、彼の限界を超えた様々な試みがなされたが、それらはある意味旧来のシステムの解体の試みと言える。しかしそれぞれの対象が異なるため、結果としての実験の方向性も実に多様になる。例えばケージがサウンド・アートの誕生を促したという中川の指摘が正しいとすれば、新たな表現形式に於ける、日常そのものの音響の生態学とサウンド・アートを弁別する境界が気になる。またカーデューの様なイギリスの音楽家が攻撃の対象としたのは、作曲家／演奏家という二項対立、或いはプロとアマチュアという既存の構造であり、演奏家の即興、専門家と一般人の壁を取り払うという方向へとその解体の努力を進める。しかし、最終的には毛沢東主義という政治的過激化に進んでしまう。バナキュラー音楽の再発見というアメリカ実験音楽の一つの潮流から言えば、こうした政治的過激化は、逆に作曲家／演奏家という二分法にこだわった結果と言えなくもない。他方、話が民謡にまで至ると、サウンド・アート同様、その芸術としての境界線が気になってくるのである。

II

偶然のもう一つの相貌――デュシャン、ゾラ、パタフィジック

1　デュシャンとケージの間

さて、前述した様に、本章の目的は、芸術領域（特に音楽のそれ）に於ける実験という概念／実践の独自性及び多様性を分析することにあった。アメリカ実験音楽（キャメロン風に言えばその第二期）が特徴的なのは、当事者達がかなり明確に「実験」の意義を前面に出している点である。特にケージは、実験音楽を「論じる」という点で突出しており、彼自身が文筆家・理論家として多産であった為に、実験概念及び実践を論じようとすると、どうしても話がある種「ケージ中心史観」にならざるを得ない面もある。

他方、社会関係資本的な視点から言えば、彼には重厚な、思想的、実践的リソースがあったのも事実である。そうした幅広い人脈の中に、現代アートの泰斗デュシャンの名がある点は既に指摘した。ケージの伝記によれば、デュシャンとの最初の出会いは一九四〇年代に遡るが、本格的に交流が始まるのは六〇年代になってからである。当時デュシャンはチェスの選手として活躍しており、ケージはやたらとチェスのお相手をさせられたと言う（トムキンス 2022: 423-424）。この節では、このデュシャンを通じて、芸術に於ける実験と言う概念が、実験音楽のそれとはやや異なる形で存在したという点を議論したい。

いうまでもなく、デュシャンは現代アート業界の巨匠であり、関係する書物も文字通り汗牛充棟の観がある。近年では、特に本邦の歴代アーティスト達が、デュシャン自身に会ったこともないのにデュシャンに熱狂した歴史を概観する書籍まで出ており（平川 2021）、その影響力の巨大さは否定出来ない。実は現代芸術分野に於いて「実験」という言葉が持つ、独自の意味合いをよく理解するには、デュシャンが語り、行ってきた様々な振る舞いや言説の中にそのヒントがあるという点も重要である。

デュシャンは存在そのものが多面体である。アーティストとしては『彼女の独身者たちによって裸にされた花嫁、さえも』（いわゆる「大ガラス」）やモナリザに髭を書いた『L・H・O・O・Q』（このフランス語をそのまま発音すると「彼女のケツは熱い」という意味になる）といった作品、あるいは市販の便器や自転車の車輪をそのまま作品と見なした「レディメイド」概念の提唱者といった様々な業績がある。これが現代アートそのものの表舞台に大きな影響を残した作家、という顔である。それ以外に、キュレーター、アート・アドバイザー、理論家、更には国際的に活躍したチェスプレーヤーという側面もあり、逝去時には、フランス保守系新聞『ル・フィガロ』で「チェスプレーヤー」として紹介されたという(17)。また後にナチスに追われて大量にアメリカに移住した他の多くの文化人・アーティストとは異なり（ヒューーズ 1978）、彼自身は一九一〇年代から既にニューヨークとパリの間を行き来しており、その交遊関係を通じて思わぬところに影響を与えていた。アメリカに一瞬滞在したのちすぐにフランスに帰ってしまったピカソとは違い、ニューヨークの独特の雰囲気が結構気に入っていたらしい(18)（トムキンズ 2003: 156）。

この様に多面的な活躍をしたデュシャンだが、その広範な人脈の一部にケージがいる。興味深いのは、ケージが音楽に偶然性という概念を持ち込んだきっかけの一つとして、デュシャンの名前が挙がることもあると言う点である。前述した様に、ケージは、元学生でもあったウォルフを通じてユングや易経を知り、そこから偶然性というアイデアを育んだという説明が一般的だが、実はデュシャン自身も実験音楽を自分で作曲していたという話がある。「大ガラス」や便器ほど有名でないが、辞書に載っている単語の音節の数だけ音譜を帽子から取り出し、それを五線紙に書き写し、家族の前で謳うという実験的作曲法による「作品」である[19]（トムキンズ 2003: 135）。原理的にはこの手法は、元祖チャンス・オペレーションとでもいうべきもので、後にデュシャンと深い交友関係を結ぶケージが、このデュシャンの試作に影響されたかは興味深い点である。実は、偶然という概念はデュシャンにとっても本質的な重要性を持つ。例えば前述した「大ガラス」をアメリカ国内で移動した時に、そこに大きなひびが入ってしまったのだが、デュシャンは「以前よりましになった」と言ってその新たな風景を楽しんだらしい（同右 311-312）。

2　ケージの不機嫌の理由

デュシャンの偶然性に関する姿勢について、興味深い話がある。それはケージが『アートフォーラム』という雑誌の中に、デュシャンに対するある論説記事を見つけた時のことである。この論説は、アナスタージ（W. Anastasi）というコンセプチュアル・アーティストによるもので、一九七〇年代半ばには、ケージのチェス仲間として親しく交わっていた人でもある（シルヴァーマン 2015: 270-272）。このアナスタージが、デュシャンの様々な実験的試行のルーツに関してある研究成果を投稿したのだが、その内容はケージにとって不快なものだったと言う。実際「ケージは彼がこの研究を継続することを穏やかにおもいとどまらせようとした」（同右 382-383）。そこには何が書かれていたのであろうか。

ここで論じられていたのは、後にドイツの美術評論家が本一冊使って論じた内容、つまりデュシャンに於ける「偶然性の探求」の歴史的背景（Molderings 2010）に関する議論である。アナスタージが指摘したのは、デュシャンのこうした発想の根底には、二〇世紀の初頭にパリで活躍したジャリ（A. Jarry）と、彼が提唱した「パタフィジック」（pataphysique）という構想がある、という点である（Anastasi 1991）。アナスタージ自身、デュシャン作品に大きな影響を受けていたが、彼はデュシャンがこのジャリの影響を受けていたと主張したのである。

ジャリはその「ユビュ王」（一八八八年）という破壊的な演劇作品等で有名で、各界に強烈な影響をあたえたが、私自身もその舞台を一九九〇年代のロンドンで見たことがある。残虐なユビュ王の振る舞いを果物で表現するという斬新な舞台で、所狭しと切り刻まれたフルーツの断片が飛び散る姿は異様であった。もしこれがもっとリアルに表現されていたら見るに忍びない代物になっただろう。「ユビュ王」の影響力はすさまじく、この芝居の初演をみたイエーツ（W. Yates）は、「我等が亡き後に荒ぶる神よ来たれ」と後に自伝に記して、一つの時代の終焉を悲しんだと言う[20]（シャタック 2015: 284）。ジャリはまた様々な活動に手を出し、例えば後に世界的に有名になるルソー（H. Rousseau）の絵画にほれ込んで、その作品の魅力を喧伝する役割も果たしている（同右）。

ジャリが人生の後半に書いた小説の中に、『フォーストロール博士言行録』（ジャリ 1985）という不思議な作品がある。これは高等中学時代の物理教師エベール氏をモデルに、ゲーテの「ファウスト」のパロディも織り込みつつ、文学上のありとあらゆる要素を取り込んだ分類不能の小説である（相磯 1985: 200）。その中でジャリは、「パタフィジック」という一種の「科学」を提唱している（シャタック 2015: 325-339; アルノー 2003: 436-448）。同書では「定義」という章で長々とその解説を行っているが、パタフィジックとは、フィジックを超えた（メタ）学という意味の形而上学（メタフィジック）に対し、更にそれを超えた領域に於ける想像的な科学のことである。本人の言によれば、

「（前略）パタフィジックは、例外を支配する諸法則を究め、この世界を補足する世界を解明せんとするものである。」（ジャリ 1985: 43）

要するに自然科学の一種のパロディなのだが、それをまじめな顔で議論するのがパタフィジックの基本である。例えばこの著作の最後には、「四一　神の表面について」という章がある。三位一体という概念がある以上、神とは三角形の筈で、他方神はその本質上無限の存在であるから、ではその面積はどう得られるかという不思議な問いについての章である。煩雑なのでその細部は省くが、神の三角形の一端をa（多分イエスのこと）とし、そこから出発すると、そのaはゼロと無限と等価になり、結局神はゼロと無限の接点であるという結論にいたる（ジャリ 1985: 186-190）。厳密には自然科学というよりも数学のパロディだが、ある意味これは、芸術領域と科学が妙な形で交錯した為に生まれた、ある種不思議な「実験」についての文化的風景と見なすことも出来る。このパタフィジックは一部の崇拝者の間で長いことその命脈を保つことになるが、その点は後述する。

前述したアナスタージは、デュシャンの作品のみならず、その発言やパフォーマンスに至るまであらゆ

るところにジャリの作品の影響があると指摘する。たとえばその典型は、後にデュシャンの代表作（?）の一つとなる、「泉　一九一七」という作品で、いうまでもなくこれは便器に「R. Mutt」とサインして展覧会に出すが出展を拒否され、後に「レディメイド」の名で現代芸術の最も有名な作品の一つになったものである。アナスタージは、これがジャリの『超男性』（ジャリ 2017）に触発されたものだと言う。この作品の中で、主人公が言う台詞に、自分がしばしば「便器を（壁から）引き抜いてきた」、とか、「便器を壊すのはやめたのか」という言及があるからである（Anastasi 1991: 86）。

更に一九三四年にデュシャンがそれまでの作品のメモを集めた「グリーンボックス」という作品を作っているが、ここに「五つの心臓を持った機械、ニッケルとプラチナの子供たちがジュラ―パリの道を独占する」という謎めいた文言がある。この五つの心臓というのは、上の『超男性』に出てくる五人の自転車チーム、そしてジュラ―パリ（Jura-Paris）というのは、地名でなくジャリの小説に出てくる詩の二人の登場人物で、その途中の urap（Europe）をのぞくと Jaris（Jarry）となる。これはデュシャン好みの凝った地口だとアナスタージは考える[21]（同右 87）。まさにこの調子で、デュシャンの最初期の作品（ちなみに上の便器以前の最初期のレディメイド作品は「自転車」の車輪である）から、著名な「大ガラス」、そして死後発見された『与えられたものとせよ』にいたるまで、ジャリの作品との対応関係がこれでもかという具合に指摘されるのである。[22]

3　芸術実験の地下水脈

ここで出てくるのは、科学の意識的「パロディ」としての実験＝偶然性という概念である。これはのちにデュシャン以外にも様々な領域でインパクトを与えることになる。しかしその特異性は、ここだけ見ていても少し分からない面がある。実際、同じフランス芸術界でも、その歴史をもう少し遡ってみると科学／芸術関係はかなり異なるものだった点が見て取れる。

例えばジャリよりも三〇年ほど前に生まれ、『ルゴン・マッカール叢書』と呼ばれる壮大な連作を試みた小説家のゾラ（E. Zola）は、フランスの国論を二分した言わゆるドレフュス事件でユダヤ人軍人のドレフュスを擁護する論陣を張った言論人としても有名である。また当時評判が芳しくなかった印象派を擁護する論説を書いたり、現代美術に絶大な影響をあたえたセザンヌ（P. Cezanne）と交友があったが、彼をモデルにした小説をめぐって当人と争いになり絶交したりと忙しい(23)。

本章の冒頭で美術評論家の瀧口が、芸術分野に実験概念を導入した最初のケースとしてゾラに言及しているのを紹介したが（瀧口 1992: 5）、これはゾラが主張した「実験小説」という概念のことで、自分の小説の手法は、ある種の科学的な視点による創作活動だという主張である。この「実験」概念に影響を与えたのは、ベルナール（C. Bernard）という生理学的医学者による実験医学についての著作で、それをゾラが自分の小説執筆活動に関連づけて、そう主張したのである。

ベルナールの『実験医学序説』（ベルナール 1970）は、当時まだそのステータスが決して高いとは言えなかった医学・生理学の分野が、実験的な手法を取り入れることで、先行する物理／化学分野と同等の厳密さを持つという点を、豊富な実験経験を生かして主張した著作である。この書は当初から現在に至るまで、この分野での実験的手法に関する古典の地位を維持していると言われる。彼の考える（医学）実験は、対照実験を基盤とし、明確な決定論的色彩を持つが、邦訳では「デテルミニスム」と訳されている（同右）。現在でいえば、目標の遺伝子をノックアウトしてその機能を探るという方法が分かりやすいが、特定の器官を削除してその効果を健常体と比較することで、目的の機能を明確にする分析手法である。

ベルナールは統計的な手法に対しては懐疑的で、また医学に於ける理論の弱さについて、あくまで実験データが中心であるべきと強調している。更に実験と理論の間の関係の複雑さも丁寧に論じており、先行する理論的考察から実験に至る場合も、一部事例の観察から実験に至る道筋も両方ともあると言う（ベルナール 1970）。後者は、パースのアブダクション概念を彷彿とさせる議論でもある。

ベルナールの著作に感銘を受けたゾラは、この実験医学思想の骨格を文学に転用し、実験小説という概念を生み出した。ゾラの『実験小説論』は全編ベルナールの実験医学の考えをそのまま小説に転用した様にも読める代物で、「実験小説は化学と物理学にたよる生理学を更に受け継いで完成する今世紀の科学的進化の結実であり、抽象的人間、形而上学的人間の研究のかわりに、理化学的な法則に従い、環境の影響に決定される自然的人間の研究に従事する」（ゾラ 1970: 802）と鼻息が荒い。

こうした文学的「実験」の前提として、基盤としての遺伝を背景としつつ、社会環境が重要な決定要因としてクローズアップされる（ゾラ 1970: 800）。遺伝と社会環境という二つの基本的制約を中心に、「実験」対象となる主体を導く動因が情熱であり、実験小説家とは「ある情熱がある社会環境でどんなふうに働くかを実験によって示す実験的人間性探求者（モラリスト）なのである」（同右 803）。結論として、実験小説家は「証明された事実を受け入れ、人間および社会に於いて科学が支配する諸現象の機構を示し、あの個人的感情という直感を出来るだけ観察と実験によって検証し、決定性（デテルミズム）がまだ確定されていない現象にしか自己の個人的感情をさしはさまない人のことなのである」(同右 820)。

ここまで明確だと逆に爽快だが、当然そのあまりの明快さに疑問を持つものがいても不思議ではない。現状の医学から見て、物理・化学的実験と医学のそれを同列に並べたベルナールの議論そのものが古くさいと訳書に付随した小冊子では、精神科医で小説家である加賀乙彦が短い批判的エッセーを書いている。現状し(加賀 1970: 8-9)（なにせ加賀は「精神」科医である）、かえす刀でゾラによるその翻案にも異議を唱える。そもそも小説家がやることは色々資料を集めつつ行う想像であり、それならベルナールの実験医学ではなく、仮説に於ける操作ではないかと(同右 9)。

だが、正直この批判はポイントがずれている。ベルナールの実験思想を、いわば自分の制作活動の理論的援護射撃として用いたゾラは、勿論現実の対象を使った実験を行った訳ではない。ゾラはまず、血縁等による生物学的な前提と、階級や職業といった特定の社会的条件を組み合わせ、作家の意思によってコントロールされた一種の生物学的前提／社会的環境を設定する。そしてそこからどういうストーリーが生まれうるかをいわば「思考実験」したと解釈する方が内容に合っている。その結果が膨大な『ルゴン・マッカール叢書』である。そこでは様々な階級や職業を持つ主人公達のリアルな物語が繰り広げられるが、多くの論者が指摘する様に、彼の舞台は様々な階層や職業（その中には農業からデパート、金融、美術、科学も含まれる）を含み、しかもそのデータは現実のそれにかなり基づいている。

こうした壮大な試み全体が、ベルナール流の対照実験をまねて、特定の共通の遺伝的要素をベースにしつつ、これを実験群とコントロール群に分けて実験／観察するという手続きに従っている。いわばその文学版、と解釈出来るのではないだろうか。これが自然主義と呼ばれる手法だが、この「自然」とは、出来るだけ多彩な生物学的、社会学的前提を設定した上で、そこで生じる現象をあたかも自然内での実験と同様に観察、記述してみるという姿勢と定義してもいいかもしれない(24)。

とはいえ、ベルナール／ゾラ関係をあまりストレートに見てはいけないという指摘もある。小倉（2017）は、一般に信じられている様にベルナールの実験思想がゾラの叢書そのものに影響を与えた形跡は無く、むしろ叢書群の小説を書き進めている過程で、ベルナールの著作に遭遇したというのがことの真相だと言う。いわば自分がやってきたことを理論的に正当化する手段としてベルナールを利用したということらしい。

とはいえ、ある種の思想的親近性があったのは間違いなく、実際科学史的観点からこの叢書全体を分析したセールは、特にその最終作である『パスカル博士』（ゾラ 2005）を中心として、ゾラが当時の熱力学をよく理解し、その枠組みを叢書全体の暗黙の基盤にしているという斬新な分析を行っている（セール 1988）。そこでセールはゾラを「熱力学時代の詩人」と呼んだりもする。実際例えば『獣人』（ゾラ 2004）という作品で中心的な役割をはたすのは、蒸気機関車である。ゾラ自身も情熱という要因を登場人物の原動力としているが、それがカルノーの熱力学と重なるという訳だ（同右）。

4　芸術実験をめぐる星座の変容

このゾラの実験（小説）概念とベルナールの実験医学論との厳密な意味での関係性はより精密な議論が可能だろうが、ここでの文脈でいえば、先ほどのセールの指摘を待つまでもなく、当時急速に拡大する多様な科学的知見に対し、ゾラ本人はよくも悪くも真っ正面から取り組んでいるという点が重要である。他方、三〇年遅れて生まれたジャリの時代になると、その態度は、更に増大する科学的思考の威信に対する、いわばゲリラ的パロディという色彩が顕著になる。例外を貫く法則性の探求というのは明らかに語義矛盾だが、科学のパロディとしてのパタフィジックは、パロディとして機能する為にも、科学そのものと同様の厳粛さ、まじめさが必要なのだろう。『フォーストロール博士』等で語られる似非科学的言明は、厳粛なパロディ科学である。パタフィジックは、後に一連の信奉者を生み、後にコレージュ・ド・パタフィジック（一九四九年）、更には関係する雑誌まで刊行されることになる（シャタック 2015: 306; 原野 2008; Hugill 2012）。

パタフィジックの影響は広い範囲にわたり、ある研究者は、フランスの知的輸出物のうち、最も長くその影響力を保ったのがこの思想で、その影響は一五〇年にわたって続いているとまで主張する（Hugill 2012）。フランス国内でも、このパタフィジックは地下水脈として多くの影響を残すが、思わぬところに顔を覗かせる場面もある。その一例が、本邦でも人気があるドゥルーズ（G. Deleuze）の事例である。それは戦中・戦後のフランス思想界に於ける、現象学の影響とそれに抵抗するグループとの対立を描いた興味深い研究書に姿を表す（Peden 2014）。

フッサール（E. Husserl）によって提唱され、ハイデガー（M. Heidegger）がその存在論哲学の推進の為に活用したこの現象学に対して、フランス思想界でも賛成、反対の波が巻き起こった。その文脈で若きドゥルーズも登場するが、同書によれば、ドゥルーズのその後の哲学的展開の背後にあるのは、ハイデガー哲学への抵抗、批判という一貫したモチーフだと言う。見た限りドゥルーズがハイデガーを正面から批判する場面はあまり知られていないが、ドゥルーズ哲学の主要なポイントを並べていくと、反ハイデガーと言うラインが一貫して浮かび上がってくると著者は指摘する。例えば『存在と時間』に於ける現存在の死を前提とした有限性（先駆的決意性）に対する、ドゥルーズによるスピノザ（B. Spinoza）の「無限」の称揚等（Peden 2014）。面白いのは、ドゥルーズがハイデガーに対して言及した稀な場面では、彼が持ち上げたのは、ジャリのパタフィジックであり、それがフッサール／ハイデガー的なアプローチを既に予見していたという主張を繰り返していたという（Peden 2015: 198-199; cf. Hugill 2012: 97-99）。

5　パタフィジシャンとしてのデュシャン

ここで話をデュシャンに戻す。豊かな知的地下水脈として、多くの人々に影響を与えたパタフィジックだが、その代表選手の一人が実はデュシャンである。戦後、コレージュ・ド・パタフィジックの新代表を選ぶ際、その手続きを調整する為の「四者小会合」が開催されたが、「アール・ブリュット」（英米圏ではアウトサイダー・アートと呼ばれることも多い）という名称を一般に広めたデュビュフェ（J. Dubuffet）らと並んで、そこにデュシャンも登場する（レキュルール 2019: 335）。

パタフィジシャンとしてのデュシャンの立場を彷彿とさせ、本書の実験概念の探求という点からも特に

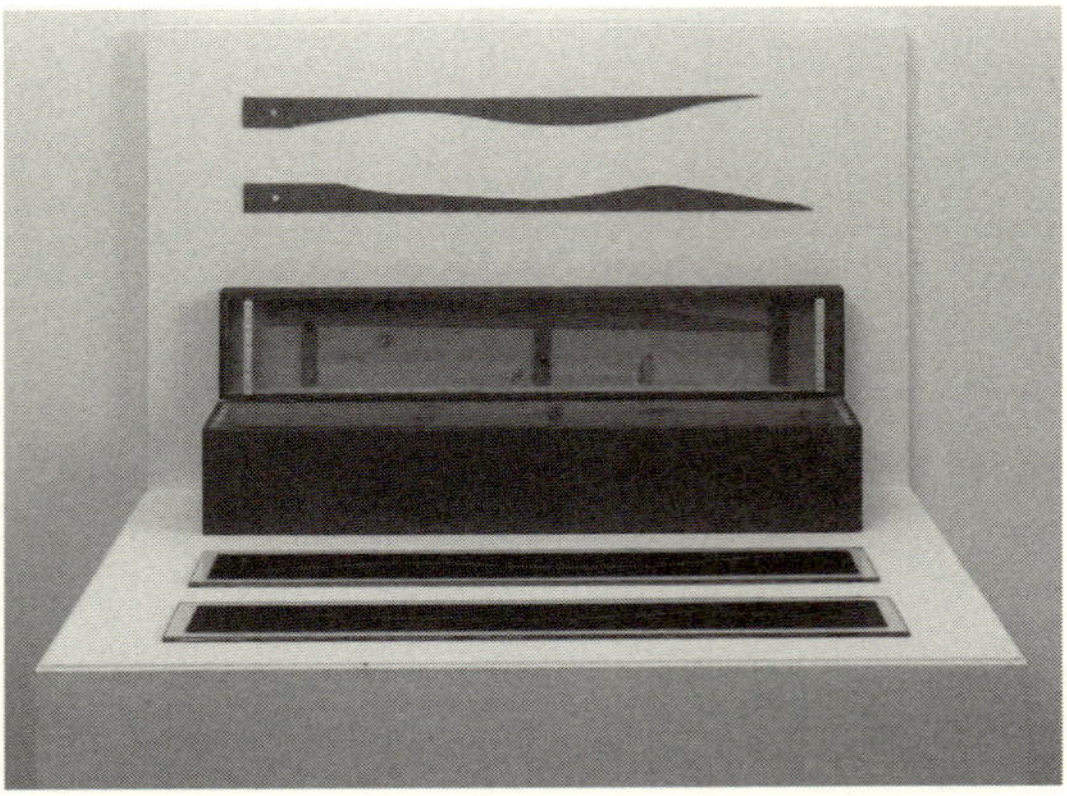

図 13 『三つの停止原理』

興味深いのは、彼の『三つの停止原理』という作品である。一九一三年にデュシャンによって制作された作品で、一メートルの紐をその高さから三回落とし、それをそのままキャンバスに固定したものである。ここから更に木製の定規まで製作しているが、これを新種の「メートル原器」の様に見なすという不思議な作品である（トムキンズ 2003: 133-134）。いうまでもなく、「メートル原器」は計測学（metrology）の代表的装置であり、特にフランスはその国際的単位の設定に大きな役割を果たしている。この歴史から見ると、デュシャンのこの作品は、重要な科学インフラに対する、言わば冗談まじりの介入ということになる。

前述したアナスタージは、この作品はジャリの『フォーストロール博士』に頻出する測定装置への博士の執着と言う話をデュシャンが応用したものと見ている（Anastasi 1991: 89）。またデュシャン美学に於ける偶然の中心性を強調したモルデリングス（Molderings 2010: 117-131）は、この「三つの停止原理」とそこから始まるデュシャンの偶然性探求の背景について丸まる一章を設けて詳述している。そこではパタフィジックに加えて、数学者ポアンカレ（J.-H. Poincaré）による実験的帰納法と古典的な決定論に対する批判が、大きな影響を与えたと言う。

いわばパタフィジックに当時の新科学思想というブースターがついた様なものだが、その時代背景から言うと、更に相対性理論や量子力学が加わっても不思議ではない。半世紀前のベルナール流の決定論的実験哲学、及びその忠実な追従者であるゾラという関係性から見ると、ここでは科学と芸術をめぐる星座の構造が大きく変動しているのが分かる。おふざけ科学として出発したパタフィジックが、後に時代の風潮と共振して一種のモメンタム（勢い）を生じ、大きな影響力を持ったと言う点も興味深い[25]。

6　偶然の二つの顔

デュシャンのパタフィジック的介入も、後に似たような劇的効果を現す様になるが、ここで面白いのは、この「例外の科学」というジャリの諧謔精神が、なぜかケージ的実験音楽≠偶然性の探求という図式には、あまり見られないという点である。あるインタビューの中で、ケージは自分の偶然性の音楽という方法について、五〇年前、まさにケージが生まれた年に、デュシャンが既にそうした原理に基づいて音楽を作っていたことについて、感嘆の念を込めて回想している。しかしその発言の中には、ジャリやパタフィジックについての言及は無いのである[26]。

デュシャンの背後にパタフィジックというジャリ的精神があると指摘したアナスタージの論考が、ケージにとって不快だった（シルヴァーマン 2015: 382-383）のは、敬愛するデュシャンの元ネタが、実はいかがわしいジャリにあるという指摘への不快感、あるいは後者の「ヤンキー的生真面目さ」が原因と解釈することは難しくない。しかし本書での文脈から言うと、ここでいう偶然（としての実験）はそもそも何の為な

のか、という問いへの答えの違いがあると私は考えている。(27)

ジャリの言う「例外の科学」という言葉自体が奇妙であるが、ジャリからデュシャンにいたるパタフィジック的精神に於いては、こうした探求をいわば科学精神そのものと同じように、厳粛に（あるいはそのふりをして）遂行するという意志がある。しかしその厳粛さは、科学精神のパロディという要請から来ている。他方、ケージの偶然性にそうした諧謔的要素はあまり感じられない。むしろそこにあるのは、易経であれ、あるいはユング的共時性であれ、ある種のオカルト的探求という隠し味である。(28)

実際、ケージに影響を与えたフィッシンガー（O. Fischinger）は、一般には初期の抽象的アニメーションで有名だが、彼は「すべてのものには魂があり、その音を取り出すには、そのものを振ってみるとい い」という不思議な思想を持ち、若きケージはその思想に強く影響を受けたとされる（白石 2009: 36）。ケージがのちに鈴木大拙の薫陶を得て、『龍安寺』という曲まで作っていることは既に述べた。

科学に対する姿勢という意味では、モルデリングス（Molderings 2010）が主張する様に、デュシャンの美学の根幹にある偶然性＝実験は、単に偶然を通じた新しい表現のみならず、パタフィジック的挑発、つまり美術的制度に対すると同様、制度としての科学への批評的介入という意図がある。その最たる例が、前述したメートル原器のパロディである。

他方、ケージの実験は実際音楽のありとあらゆる領域に及び、その中には新種のテクノロジーを応用した多くの分野も含まれるが、それはあくまで新しい音経験を紡ぎだす為の試みという意味に限定されている。従来の音楽体制に対する揺さぶりという点ではデュシャンと似ていても、強靱なレジームとしての科学に対する批評的介入といったものはその姿勢には感じられない。ケージがデュシャン思想のパタフィジック起源説を聞いて不快に感じたのは、ケージの実験に、こうした科学への諧謔的介入という意図が存在しなかったからではないだろうか。ケージの様々なパフォーマンス、例えば『ウォーターウォーク』の様なそれに対していかに観客が大爆笑したとしても、本人はこれを何かのパロディとしてやっている訳ではなさそうだ。そうした諧謔の領域に尊敬するデュシャンがいるという考え自体が受け入れられなかったのではないか。(29)

III　中間考察

1　実験音楽の特異性

ここで小休止して、本章のこれまでの議論をＳＴＳの理論と関連づけてまとめてみる。本章は芸術に於ける実験概念とその実践についての章だが、前述した様に、実験音楽という分野は、先行する章で扱われた様々な実験とも、あるいは芸術一般に於ける実験のイメージとも微妙に異なる特殊な進化をした領域である。

他の芸術領域では、実験的というのは未だ確立していない手法を用いて、革新的な作品を作るという含意があり、たいていは難解で人気が無かったりする。こうした実験的手法は、前衛的とも称されることが多い。他方実験音楽については、この実験と前衛が意図的に区別され、そこにアメリカ対大陸ヨーロッパと言うかなり特殊な対比が前提となっている点が特異である。

その背景には、音楽に於ける作曲家／演奏家／聴衆という構造に於いて、作曲というプロセスを作曲家の意図から解き放し、そこでの自由度を増す努力そのものを「実験」と呼ぶという、この領域独自の定義がある。それが更に文化地理学的な対比と重ね合わされて、大陸ヨーロッパに対して新興国家アメリカが、自らの試みを実験的と形容するという特殊な意味づけが加わっている。

科学的実践に於ける理論家という存在からの距離、という点を中心にこうした流れを再解釈して見ると、音楽上の実験（特にアメリカのそれ）は、仮想敵としての理論的な（大陸的）作曲法に対し、あらゆる方向に拡散していくというイメージで捉えてみるのも良いかもしれない。音楽実験の現実的形態は多様で、作曲法に偶然を取り入れる、特殊な新規装置を使う、更に演奏のレベルでの即興性、あるいは社会内実験と見なされた民謡や民族音楽を吸収するという作業まで含まれる。こうした拡散の中では、音楽と音の間の関係、クラシックとポップ音楽、作曲と即興の間といった様々な要素が入り乱れ、どこまでが狭い意味での実験で、どこが日常的な試行なのかも曖昧になってくる。つまりこれらの過程は、別の言い方でいえば、実験音楽といった言い方が段々とその独自性を失っていくプロセスと言えなくもないのである。

本章前半では、アメリカを中心とした実験音楽の諸相に加え、実験＝偶然性という特殊な定義には、別のルーツもあることを指摘した。それがジャリのパタフィジックであり、ここでは科学のパロディという、比較的まじめなアメリカ実験音楽ではあまり聞かない要素が、デュシャンといった現代芸術界の大物を経由して、偶然性の問題に関与している点も議論した。

こうした論点をＳＴＳの議論と関連づける際、いくつかの留意すべきポイントがある。第一に、科学実験でも常に問題になる、実験と理論の関係という点である。第二に、ここで言う実験＝偶然性という枠組みが、科学等の領域でどれだけ妥当性を持つか、という問題である。更にこうした議論自体が行われる場としての、芸術とその外という問題でもある。

2　理論と(音楽)実験のねじれた関係

実験音楽に関する理論的な基礎付けについての、ケージの貢献は膨大だが、前述した様に、彼は作曲に偶然性を導入し、演奏者の自由度を拡大する一方で、即興演奏を最後まで認めなかった。ポスト・ケージ世代が即興演奏に大きく傾いていくのに比べ、何か不思議とでも言える姿勢である。彼はまた楽譜という存在にこだわり、その意味で作曲家という姿勢を崩さなかったことも後の批判の対象となる。この点を、科学に於ける理論と実験と言う対比と重ね合わせてみるのも一興である。第1章等で議論した様に、従来、実験は（理論的）仮説の検証の為（だけ）の存在、といった理論優先の考え方が見え隠れすることがあり、近年のSTSや科学史の努力は、そうした潮流に対し、実験そのものの独自性を押し出すという面があった点は既に論じた。

この点から言うと、この理論と実験という対比は、理論的志向が強い大陸型の前衛音楽と、実験志向のアメリカ型の実験音楽にゆるく対応する面がある。理論的な考察では現れにくい偶然の要素を導入することが、実験⫲偶然性の長所だとすれば、この前衛と実験という対比も納得がいく。他方、ケージが即興に抵抗したのは分かりにくい点である。第1章の冒頭で紹介した、分子生物学者の話の様に、ラボに於ける即興的な実験は、正式な決定実験と同様、重要な過程だからである。

ここでこのケージの独特な実験理解を、一七世紀に於ける政治哲学者ホッブス（T. Hobbes）と化学者ボイル（R. Boyle）の間の、実験についての論争と重ね合わせてみるのも面白い。これはシェイピン（S. Shapin）とシャッファー（S. Schaffer）という二人の科学史学者による研究で、ホッブス／ボイル間の論争の分析を通じて、当時の政治と科学の入り組んだ関係を明らかにしたものである（シェイピン・シャッファー 2016）。

通常ホッブスは『リヴァイアサン』等の社会契約論で有名な近代的政治理論家とされ、他方ボイルの方は「ボイルの法則」や空気ポンプによる公開実験で有名な化学者である。上記の歴史学者たちは、二人の間で行われた論争を詳述し、ホッブスがボイルの称揚する実験法が理論的根拠に乏しく、単に偶然の成果を示しているに過ぎないと論難した点を分析している。ここで重要なのは、政治哲学者ホッブスが、単に政治理論のみならず、幾何学を理想とする独自の科学理論及び実験観を持っていたという点である。同様に、こうした実験をベースとする科学者共同体を擁護する化学者ボイルは、当時の王政復古後の英国の政体に於いて、ホッブスの政治思想とは対照的な、寛容でキリスト教との融和を求める政治思想を支持していた。つまり二人の論争は、単に科学のそれを超えて、政治的対立も含んだ複雑なものだったという点である（シェイピン・シャッファー 2016）。この点を後にラトゥールが取り上げ、政治（社会）と科学（自然）がその根底から絡み合っており、切断することは不可能という、自らの「ノンモダン」の主張に膨らませたのである[30]（Latour 1993）。

そもそも実験の力の起源はどこにあるか、という点について、ＳＴＳ内部でも様々な議論がある点は第1章で議論した。ラトゥールがラボの力の源泉を、ラボを起点としその内外の要素を関連づけることで、その関係を梃子にして研究が社会に対して影響力を持つと主張した点は既に指摘した（Latour 1983）。他方グロスは、その関係を逆転させ、「実験」の拠点は、科学の基盤であるラボではなく、むしろ社会レベルにあると反論した（Gross 2009; 2016）。これらはホッブス的というよりも、遥かにボイル的な姿勢に近いことになる。本章での実験音楽家達の様々な試みは、こうした実験の根拠を、作曲に於ける偶然性、日常的な様々な音響、演奏者の即興中に見いだしたと言える。その中には、民謡や民族音楽といった広範なレベルでの音（楽）の中に広い意味での「バナキュラーな（音楽）実験」を思い出し、その豊かさを再認識した人々もいる。

他方、ボッブスの姿勢、つまり理論的な支えが無ければ、実験は単に偶然その様な姿を示すに過ぎないという姿勢は、大陸系の前衛音楽を思わせる面もある。後者もこうした偶然性概念の挑戦に衝撃を受けるが、全てを偶然に任せていては作曲の意味も無くなる。そこで「統制された偶然」といった概念でその最後の砦を守ろうとする。また実験を大きく称揚したケージにも、どこかで作曲家による最終的なチェックが無ければ、野放しの即興は結局真の新しさを生まないと考えていた節がある。(31) 即興演奏に対するケージの否定的な姿勢には、どこか微妙にホッブス的な要素が消えなかったと言ったら言い過ぎだろうか。

3　偶然性という特異点

理論／実験という大きな関係性を軸に実験音楽の立ち位置を見てみると、こうした対応関係がぼんやりと浮かびあがってくる。同時に、芸術（音楽）領域の実験概念の特殊性も赤裸々になるが、それは実験＝偶然性という図式そのものの意味である。実際、ここまでの本章の議論の主役は、まさにこの偶然性という概念そのものであったが、これを第1章の自然科学領域に於ける実験と比較すると、偶然性が話題になるケースとしてよく挙げられるのは、既に登場したセレンディピティ、つまり「偶然」（幸運）による大発見という話である（マイヤーズ 2010）。

ここでの偶然性の意味は、研究者自身が予想した範囲が偶然の失敗によって飛び越えられ、思わぬ大発見に繋がった、という話である。この点だけに限れば、実験音楽の偶然性、つまり意図せぬ結果による新たな表現の獲得という点と並行関係がある様にも見える。いうまでもなく、偶然の結果を革新的な表現の素材として用いると言うのは、それこそルネッサンスから、シュルレアリスム的デペイズマンの有名な「ミシンと蝙蝠傘との解剖台の上での偶然の出会い」に至るまで、枚挙に暇がない。

とはいえ、この芸術的な偶然の美学と科学上のセレンディピティの間にはかなり大きな違いがあるのも事実である。最大の違いは、セレンディピティによって得られる偶然の発見は、対象への接近の始まりに過ぎず、そこから発見されたとされる内容の「検証」という長い手続きが続くからである。逆にいえば、最初の自称「大発見」がその後の追試で否定されたら、それはセレンディピティでも何でもない。つまり、少なくとも科学では、偶然性の働きは、発見という必然への一瞬の入り口を提供するに過ぎないのである。他方、芸術表現に於ける偶然の働きは、まさにその一回に生じ、その瞬間で終わることを目的とする場合が少なくない。偶然の結果は再現出来ないからこそ、表現としての特異性を持ち得る。当然、一回きりの偶然の表現は、それを試みるたびに毎回異なって当然ということになる。

偶然的表現の一回性という点から言うと、ケージが固執した楽譜という存在には独自の特徴、つまり論文のそれと似た特性がある。ラトゥールは論文を「不変の可動物」(immutable mobile) と呼んだが、これは様々な場所に運べるが、その内容は変化しない媒体という意味である (Latour 1987)。楽譜にはこれに似た特性がある。また楽譜と論文にはもう一つ似た面もある。コリンズが強調した様に、科学実験に於いても、論文に書かれた情報だけでは実際の実験は難しい。それを実行するには、明示されていない細則、実験装置の個性の把握、それを使いこなす暗黙知的な技能といった点が常に必要である（Collins 1985）。演奏という形で実際の音につなげていくには、楽譜だけでは不十分で、様々な装置、そして技量が必要なのはいうまでもない。

だがここで論文と楽譜の差も顕著になる。第1章で紹介したように、コリンズは、「実験者の無限退行」という形で、実験結果が実験室によって異なることへの微妙な調整のあり方を議論した（Collins 1985）。しかしこれが実験科学で「問題」になるのは、一つのラボで発見された結果が、他のラボでも集合的に検証される必要があるからである。他方演奏にこうした集合的一致という制約は無い。特定の楽譜からの諸演奏が微妙に異なること自体は、言わば演奏家集団が持つ個性の発現としてむしろ称揚される。こうした違いに加え、ポスト・ケージの実験音楽家達がこの作曲家（楽譜）／演奏家（演奏）という構造自体に疑問を持つ様になると、実験の範囲も拡大し、再現不能な即興演奏そのものが実験音楽と同義に語られる様になる。極端にいえば、それがどんな形態であれ、「実験」とはその場限りの再現不能な即興そのものだ、という話にもなりうる。

ところがここで話が更に複雑になるのは、この「再現不能な即興」としての実験が、録音技術によって再現できる様になり、それが広い範囲で新たな聴衆を生むという状況である。グラブス（2015）は、この点について本一冊費やして論じているが、彼の矛先はまずケージの有名なレコード嫌いという話に向けられる。ケージは折りにふれ、風景（偶然の力）をレコードは台無しにすると批判し、自分はそれを一枚も持っていないと自慢する。他方、グラブスが指摘するのは、ケージの名声が世界的になったのは、レコードその他の新規録音技術のおかげであり、その点では他の即興演奏家達も状況は同じだという点である。本書の文脈で言えば、科学研究上のセレンディピティは、発見への「偶然」の入り口であって、その偶然性はそれに続く集団的な検証によって言わば「馴化」され、必然の事実に転化する。他方芸術に於ける偶然性は本来なら一回きりのそれとして経験され、反復を許さない。ところが、テクノロジーの力によってそれが「訓化」され、一回性を消失し、反復可能になってしまうのである。

これだけだと話はベンヤミン（W. Benjamin）風の「アウラの消失」（ベンヤミン 1970）と似た話で終わりかねないが、テクノロジーによる偶然性の訓化は、もう一つ別の予期せぬ効果を生むことになる。それは聴衆の態度の変化である。クラブス（2015）が指摘するのは、かつての様に尖った実験音楽と、一般のポップスを区別して聞く必要も無くなって来たという点である。そして実験音楽とその外という弁別そのものが、ジャズのようなアメリカの民族的マイノリティの音楽を意識的に排除し、人種・階級的に基づいたラベル貼りだという、厳しい批判の声まで紹介している。

4　芸術とその外

ここで話が狭い実験音楽（あるいは芸術一般）業界を超えて、社会のより大きな領域と関係する議論にならざるを得ないのは、第2章での問題設定、則ち実験概念が政策や社会一般に拡大された場合に現れてくる一つの特徴と関係するからである。つまり社会実験が、実験室に於けるそれと半ば重なり、半ば異なる側面があると同様、芸術実験もその業界の枠を超えるのである。

前述した様に、様々な社会実験に於いては、通常のラボでの実験と異なり、社会参加がその主要目的である場合も少なくない。他方、社会参加的側面だけが先行すると、実験からデータを取って結果を分析し、次のトライアルや政策に繋げるという機運が生じないという批判すらある。つまり社会参加とデータ解析の間のバランスをどうとるかは、社会実験に於いて重要でかつ頭が痛い課題である。

ではこの図式を芸術領域に写像すると、どういう問題が見えてくるだろうか。実験音楽については、前衛／実験という対比に対して、共同体と言う第三項を挿入した議論を紹介した（石橋 2021）。前衛／実験という対比が、科学的実践内部での理論／実験関係とある程度オーバーラップする面があるとすれば、共同体という新たな項は、科学的実践と社会、つまり社会実験に於ける社会参加と研究という対比と興味深い並行関係を示している。前述した前衛／実験という対比が、所詮かなり限定された現代音楽業界内部での出来事に近いとすれば、ここに加わる第三項は、そうした枠組みを超えたより広い社会的枠組み全体と音楽（あるいは芸術一般）との関係という問題として再定義可能なのである。

ＳＴＳでの議論には、この専門家／非専門家関係、つまり科学的専門性の限界とそれを乗り越える為の市民との協働という話はよく登場し、本邦ではＳＴＳといえばこの議論と信じている人も少なくない。チェルノブイリ原発に於ける汚染の実験室ベースの予測が現実の地形や環境をうまく表現しておらず、現場の牧場主達の地形に対する知識がそのより正確な予測に不可欠であるといった議論がその例である。またエイズ患者達が、現状の治験システムの不十分を批判し、ある程度試薬の有効性が見えてきたら、それを現実の患者に投与することで人命を救うと言う柔軟性を要求し、研究者と患者達が協力してその改善を試みたという話もある（コリンズ・ピンチ 2001）。

この専門家／非専門家という図式は、ある意味ゆるく現代芸術全体の問題と重ねあわせることが可能だが、これを本章でのこれまでの議論に写像してみると、ある種の類似性と共に、芸術実験の明らかな特殊性も浮き彫りになってくる。実験音楽に於ける社会参加という話は、一方で実験音楽を聴衆との関わりで定義したケージの定義や、戦前のドイツに於ける共同体音楽といった試み等で多少その姿を現す。しかしそれが大きく議論として展開される様子はない。むしろポスト・ケージ的な戦線の拡張の中でその点が課題として重みを増していく。

他方、比較が難しいのは、実験に於ける研究という側面である。セレンディピティに於ける偶然は、事実確定を目標とした研究の為の単なる入り口に過ぎない。他方、偶然による表現は、それ自体が目標だと考えるとすると、そこには研究というモメントは基本的に存在しない。勿論、偶然をめぐる試行錯誤そのものが研究（の様なもの）だと言う理屈も可能である。実は、芸術実験と、そこに於ける研究というモメントは、近年大きなテーマとして浮上しつつある。実はそこにＳＴＳも部分的に関与しているのである。

この近年の傾向は、広く見れば現代芸術一般の高踏化、学術化、あるいはより部分的には科学技術的な領域とのオーバーラップと見なすことも出来る。これらの諸傾向は複雑に重なるが、芸術実験という概念の近年の展開を精査するには、それを支える制度的な枠組みの変化と絡めて、ここまでとはやや異なった視点からその展開を見直してみる必要がある。これが本章後半の中心テーマである。

Ⅳ　科学・芸術・ＳＴＳ

1　ＳＴＳの理論的介入

第3章前半は、芸術に於ける実験概念に関して、特に議論の厚みがある実験音楽のそれに着目し、パタフィジックや実験小説の世界に寄り道をしつつその概観を追った。その中心は戦後すぐのアメリカが舞台であり、その後話は歴史的に更に時間を遡ることになったが、ここからは話は比較的近年の歴史になる。ベッカー（H. Becker）の『アート・ワールド』論（ベッカー 2016）を待つまでもなく、芸術に係わる制度的領域にはかなり性質の異なる複数の中心があり、それが芸術業界の特殊なダイナミズムを規定している。これまで論じてきた実験音楽を中心とした芸術実験という話も、その自身の思想的展開と同時に、一方で科学技術そのもの、他方でそれを支える制度的な構造といったものとの関係によって成立している。

実験音楽について、それをフランスのミュジーク・コンクレートの様に、新規テクノロジーを応用した音（楽）の制作と捉える論者もいた点は既に紹介した。科学技術そのものの変化が芸術全体にどういう影響を与えてきたかと言う巨大な問いは、本書では解答出来ないが、話をＳＴＳに限定すると、その介入の始まりは比較的明らかである。実際、本章前半での実験音楽とその周辺の知的景観そのものには、ＳＴＳ

的言説は登場しない。他方、一九八〇年代以降ＳＴＳが興隆して来ると、そこでの実験概念が、一部の芸術実践／理論と相互作用をし始める。その為、話はおのずと反照的（reflexive）なものにならざるを得なくなる。

本章の後半では、ＳＴＳに於ける科学／実験概念が、諸芸術分野とどう交差してきたかを精察する。第Ⅳ節では、初期のラボラトリー研究と並んで、ドイツのＳＴＳ研究であるラインバーガー（H. J. Rheinberger）の「実験システム」という考え方が、彼の周辺のアーティストや論者を巻き込んで、科学／芸術関係に於ける実験についての考察に影響を与えている様子を議論する。

続いて第Ⅴ節では、二〇〇〇年代以降、特に欧州を中心として量産される様になった、科学（あるいはもっと一般的に研究）と芸術活動の関係と言う議論の制度的背景について分析する。この時期になると、ＳＴＳ由来の芸術実験論もこうした大潮流に棹さす形で議論を行うようになるが、その背後には、特に欧州を中心とした芸術関係の高等教育の制度的問題がある。こうした制度的側面を無視して、芸術実験を論じることが不可能になってきたという現実を論じるのがここでの目的である。

2　ラボラトリウム展

一九八〇年代以降、ＳＴＳに於ける科学研究が一段落すると、そこでの議論と芸術論の間に少しずつ接点が生まれる様になってきた。この点は、先行する二つの章の様に、科学や社会実験の実践に於いて、そうした影響がほぼ皆無であるのとは対照的である。特にラトゥールは、早くから科学と芸術関係（彼の場合は特に視覚芸術が中心だが）に関心を寄せており、メディア・アーティスト兼国際的キュレーターでもあるヴァイベル（P. Weibel）と共同で、一連の展覧会や図録を編集し（Latour & Weibel 2002; 2005 等）、その二番目の編著には私自身も寄稿している（Fukushima 2005）。最初の『イコノクラッシュ』（Latour & Weibel 2002）は、別稿でも議論した様に、彼が大きな影響を受けた神学者ブルトマン（R. Bultman）、更に後者とハイデガー（M. Heidegger）が文通上で議論した、科学、宗教、芸術が独自の真理性を持つ、と言う考えに基づいて、芸術と科学を並列して論じている（福島 2023）。

こうした流れの一つとして、特に一九八〇年代に活発に行われたラボラトリー研究との関わりで、科学／芸術の関係を照らしだそうとした展覧会がある。国際的に有名なキュレーターのオブリスト（H. Obrist）と、芸術史家のファンデルリンデン（B. Venderlinden）が一九九九年にベルギー・アントワープで共催した「Laboratorium」という展覧会である（Obrist & Venderlinden 2001）。第1章で詳述したように、この語はもともとラテン語で作業場一般を意味し、ワークショップという言葉と似た起源を持つ。この展覧会（図録）では、ラボラトリー研究を行ったＳＴＳ研究者を中心に、科学史、科学哲学、各種科学者、芸術家、写真家、デザイナー、更には建築家までかき集めて、様々なレベルでこうした諸領域での実験的活動について領域横断的に議論している。

図録に掲載された科学者の中には、「形態形成場理論」という奇説[32]で有名なシェルドレーク（R. Sheldrake）や、マトゥラナ（H. Maturana）と共にオートポイエーシス理論を主導し、後にチベット仏教を経由して意識の問題に接近したヴァレラ（F. Varela）等がいる。前者は、科学がもっと脱中心化した活動形態をとるべきだと主張し（Sheldrake 2001: 61-84）、後者は意識の科学の可能性について論じている（Varela

2001: 33–45）。またラボとスタジオを並列して論じるという考えに基づいて、建築家のコールハース（R. Koolhaas）が、スタジオでの設計過程についてビデオでの講義録を残している（Koolhaas 2001: 199–202）。様々なタイプのラボの写真も多数収められており、実験科学とは異なるフィールド科学の特性や、アフリカに於ける近代的ラボの社会環境についての論考もある。

こうした雑然とした展覧会の中で、ラトゥール、コリンズ、ベイカー（W. Bijker）といったSTSの主要研究者の論説や講義が重要な位置を占めているのが目につく。ラトゥールは、パスツール（L. Pasteur）の講義録を中心に、公的な場での実験の持つデモンストレーション（theatre of proof）としての役割を議論しており、実験結果の公的呈示に於けるレトリカルな効果についての解説がメインである（Latour 2001a: 185–186; 2001b: 200–203）。また科学哲学者のスタンジェール（I. Stengers）は、ガリレオの行った物体の落下実験がなぜ真の意味で、最初の（科学的）物理実験と言えるのか、という点を分析している（Stengers 2001: 420–425）。

本書の文脈から特に興味深いのは、科学史家のガリソン（P. Galison）と、美術史家のジョーンズ（C. Jones）による共著論文である（Galison & Jones 2001: 205–209; Galison 2001a: 95–107）。ガリソンは実験物理学の歴史研究で知られているが、その内容の一部もここに掲載されている（Galison 2001b: 219–223）。議論のポイントは、第1章でも指摘した、第二次世界大戦前後、特にアメリカ物理学を中心に進んだビッグ・サイエンス化という過程に対して、芸術領域のそれはどう反応したか、という問いである。要点だけ示すと、科学が個人研究から中央集権型のそれに変化したのに対し、アメリカ中心の抽象表現主義の画家達の間では、むしろ孤立した個人のインスピレーションによる作品制作というイメージが強まり、科学の変化とは方向が逆だったと言う（Galison & Jones 2001b: 206-207）。

こうした個人中心主義に対し、科学の変化と並行する形での集団主義的な傾向を導入したのは、キャンベル・スープ缶を作品化して有名になったウォーホール（A. Warhol）の「ファクトリー」という考え方である。これは作品を集団で組織的に生産する体制のことを意味する。著者達はここに一種の産業モデルの様な作品生産体制が導入されたと指摘する。科学同様、芸術部門でもこうした産業化の時代が到来したのである（Galison & Jones 2001b: 208）。

第1章でも議論したが、こうしたビッグ・サイエンス化に対し、それに続くWWW等による科学的データの共有、遠隔地での利用可能性の進展、更にシミュレーションといった新手法によって、研究者は分散的な形での仕事が可能になった（Galison & Jones 2001b: 208）。それに対して、著者達は、芸術界に於けるランドアートに注目する。作品をスタジオ内で制作し、それを美術館で呈示するのではなく、美術館外の空間そのものを制作対象として、そのまま作品とする一連の動きである。この文脈から、その理論的主導者の一人であったスミッソン（R. Smithson）が言及される（同右 208-209）。スミッソンは先日森美術館でも小特集（二〇一三年）が組まれたが、多くの著作も物している理論家でもある。彼の最も有名な作品の一つが、ユタ州のソルトレーク湖の一角に土砂を掘り起こして作った、渦巻き状の「スパイラル・ジェティ」である。作品そのものに加えて、制作過程を撮影し記録に残すことで、多層的な表現形式を模索したのである。

ジョーンズは別の書の中で、戦後アメリカの代表的な美術作家を取り上げ、彼らとテクノロジーの関係を精査しているが（Jones 1996）、その最終章はスミッソンに関するものである。『ラボラトリウム』本では、科学に於ける脱中央集権化の流れに呼応した芸術側の分岐点としてスミッソンが語られるが、そのポイントは、スタジオ中心主義から、その外部としての「ランド」で制作し、その一部を美術館で展示することで、表現の場所が拡散する契機となったという点が一つ。スミッソンがそれを「サイト／ノンサイト」と言う形で理論化したのでも有名である（Galison & Jones 2001b: 209）。サイトは場所、ノンサイトはいわば非場所だが、現地で収集した岩石等もノンサイト作品として美術館で展示される。スパイラル・ジェティに関する映像作品もノンサイトになるが、これもまたサイトでの実際のモノ同様の重要性を持つ[33]。

このサイト／ノンサイトという概念は、ラトゥールが言う、科学に於ける論文＝「可動の不変物」（immutable mobiles）という定式と明らかに呼応している。ラトゥールは科学を、計算の中心としてのラボから出発し、情報を収集してラボに持ち帰るという円環的な運動と表現している（Latour 1987）。こうして集められた情報は、論文という形で拡散し、共有される。サイト／ノンサイトという概念をこの図式と重ね合わせて見ると、サイトはそうした情報の場所であり、ノンサイトは、論文同様、どこにでも移動可能で、展示可能であるモノを示す。ある意味、この計算の中心をふくむネットワークと同様、芸術作品もこうしたサイト／ノンサイトの円環的なネットワーク全体によって構成されるのである。これがスミッソンが言いたかったことであろう。その意味ではスミッソン自身、こうした科学実験を一つのモデルとし、自分の芸術観を新たに再構築した人物なのである。

ここで紹介したのは、二〇〇〇年代初頭に企画された展覧会の内容であるが、このあたりの議論が、初期ＳＴＳ研究（特にラボラトリー研究）と芸術関係のそれが交錯する端緒と言って良いだろう。これが二〇一〇年代になると、二領域間の交流は急速に盛んになる。この背景には、特に欧州を中心に、artistic researchという内容の議論が急速に盛んになって来たという事情がある。この話はかなり込み入っているので、詳細な分析は後回しにし、まず初期STS以降の、芸術領域との相互参照関係を先に概観することにする。

3　実験システムという考え

STSの文脈に於いて、実験及び実験室についての議論にはいくつかの潮流があるが、その中で、特にラボレベルでの実験過程に着目し、STS及び一部の芸術関係の議論に影響を与えつつある議論に、ラインバーガーの「実験システム」という考え方がある。彼はもともと現役の分子生物学者で、その後科学史に転じたが、彼の著作でよく知られているのは、分子生物学成立前夜の生化学のミクロ史である（Rheinberger 1997; 日比野・鈴木・福島 2022）。この研究では、分子生物学登場以前に、未だその実体がほとんど明らかでなかった遺伝現象について提唱された様々な生化学関係の学説の盛衰を分析している。これらは、後に発展する分子生物学の主要概念によってほぼ駆逐されてしまう。彼は、こうした多様な実験的概念が生まれては消えていく様子を、デリダ（J. Derrida）の「痕跡」（trace）という概念を利用して分析している。よく知られている様に、デリダは、現在という瞬間に基づく（現象学的な）意識の理論に対して、それが常に消えゆくもので、そこにあるのは過去の痕跡に過ぎないという点から切り崩しにかかったものである。

同様に、研究はどんどん進んで行くため、ある時点での我々の知識は少し時間が経てば既に古びて来て、過去のものになる。例えば「遺伝子」といった概念の意味合いは、時々刻々と変化しており、ある意味全て過渡的であるとも言える。科学的対象のこうした性質を、ラインバーガーは「認識的モノ」(epistemic thing) と呼び、それをデリダの痕跡概念と結びつけたのである。またこれを支える体制を「実験システム」(experimental system) と呼んだ。ここで実験は、常に対象の性質を変化させる体制とされ、これが科学実験の最小ユニットと定義されるのである (Rheinberger 1997)。

実はラインバーガーは、美術との関わりが深い(34)。あるインタビューで、若い頃に美術史学者のクブラー (G. Kubler) の著書を読み、その内容に大いに触発されたと言う (Schwab 2013)。最近邦訳が出たクブラーは、もともとラテンアメリカ (特に中米) の考古学の専攻という、特異な経歴を持つ美術史家である。彼は、特定の土器や埋蔵品、そして美術作品一般が、どう模倣、持続されつつ変化し、地理的な範囲を超えて拡散して行くかという過程を理論化した。美術に於ける形態のダイナミズムに着目したのである (クブラー 2018)。

この形態変化をクブラーは数学の用語を用いて sequence (数列、邦訳ではシークエンス) と呼んでいるが、ラインバーガーの議論は、このクブラーの理論に多くを負っている。前者の議論は、デリダの痕跡概念と並んで、クブラーのシークエンス (およびシリーズという言葉も使っているが) 概念を実験科学に応用したものと見ることすら出来る。スタルシュス (Stallschus 2013: 16–19) は、クブラーの議論がラインバーガーにあたえた影響として、①文化的時間の概念、つまりそれぞれの領域で流れる時間が、当該領域ごとに異なるという考え。②ものごとの時間的経緯 (temporality) の重要性。③芸術と科学の間のある種の並行関係。そして④物質的存在が持つ持続としてのシークエンスというとらえ方、という四点をあげている(35)。

ある程度予想出来ることだが、芸術 (評論) 業界がこうしたＳＴＳ系の議論に注目する様になると、特にドイツ語圏の論者が飛びついたのが、ラインバーガーの議論である。認識的モノの持つ流動性についての分析を、アートの生成過程に応用しようという訳である。実際、アーティストが何か作品のアイデアを思いつき、それが試行錯誤の結果ある形に収斂していく過程を、実験システムに於ける認識的モノの成立と変容の過程と重ね合わせて見る、という応用は分かりやすく、こうした議論が盛んになりつつある。

例えば、ドイツ人論者を中心としたARに関する論集（Dombois et al. 2012）では、ラインバーガー自身が、自分の実験システム論を解説する章を担当している（Rheinberger 2012）。更に前述したシュワブ（Schwab 2013）では、論集自体が実験システム論の芸術諸領域への応用になっている。そこでは、前述したケージを批判したカーデュー等の英国の実験的即興音楽グループに関する議論（Anderson 2013）や、無調音楽の始祖の一人であるシェーンベルグ（A. Schonberg）の「実験」についての分析（Crispin 2013）、更にはオランダSTS研究者による、歴史的な「実験用オルガン」に関する論考と言った変わり種も含まれる（Peters 2013）。もともとラインバーガー自身がデリダやクブラーの議論を自らの実験論に応用しているため、多くの芸術分野がこのミクロ社会学的な実験概念によって分析出来るのである。

実際、ラインバーガー周辺には、前述したシュワブらに加え、ラインバーガーと直接協力、あるいはその理論を援用している芸術家もいる。スイスの美術大学で教えているリクリ（H. Rickli）は、ラインバーガーと協働している芸術家／著述家であるが、上述した一連の論集にも投稿している。最初の論集では、一九九一年にたまたま訪問したスイス・ニューシャテルのラボで、彼らが研究していた蜜蜂の嗅覚に関係する行動生物学的な実験のビデオ記録をもらい受けたと言う逸話から論文が始まっている（Rickli 2012）。その二〇年後に、彼が所属するチューリッヒ芸術大学を起点として、「Spillover: Videogram for experimentation」という学際的なプロジェクトが始まった。タイトルは「あふれでたもの、過剰」という意味だが、作者がランダムに収集したラボの実験過程の記録ビデオを用い、科学史家、ＳＴＳ研究者、更に芸術家である本人が協力し、分析／作品制作するというものである。

この論文で詳述されているのは、蜜蜂の嗅覚関係の行動パターンを実験する装置で、装置の内部は外から観察出来ないので、ビデオでの記録が中心となる。その記録を学際チームが譲り受け、内容を再分析した（Rickli 2012: 102-109）。別のデータ源は、北海でほとんど絶滅したとされるタラの行動分析の記録で、音声を画像・グラフ化したものが記録として残っており、これも学際チームが利用した（同右 109-113）。ビデオ記録等に残され、現在では特に有用性が無くなった（デリダ／ラインバーガー流の）「痕跡」についての共同研究のあり方が議論されているのである。

Fig. 9

Fig. 10

図 14　インスタレーション例

翌年の論文（Rickli 2013）でも似た様な話が繰り返されるが、今度はテーマが「電気」になる。ここでは、スイスのコンスタンス湖の湖底の水質を観察しているラボで使われる観測装置と、そこで得られる様々なデータの形式、その故障に対する対処法、更にその過程で浮上した、電気の働きについての考察が議論される。ここにビデオ記録に基づいたインスタレーションの記録が続く（同右 30-35）。後半では、別国のバイオインフォマティックの専門家のラボとの関わりが示され、情報処理用の大型装置の説明や、そこでの電気の役割についての考察などが記されている（同右 35-39）。科学者のラボ（あるいはその記録）に芸術関係者が参加し、そこからある種の審美的／コンセプチュアルな発想を得て作品を制作するという、近年の流行の一例である。

また別の論者は、ラインバーガーの実験システム論を、バイオアートと呼ばれる新領域に応用している。ヨルゲンセンら（Jorgensen & Savat 2019）は、バイオアートに特化したラボを擁する西オーストラリア大学出身の研究者だが、SymbioticA という、バイオアート業界で有名なグループ／ラボについて、その意義を分析している。その際、この手の論文によくありがちだが、ラインバーガー、クブラーといった上述した論者に加え、ドゥルーズ／ガタリ（F. Guattari）の「ノマド科学」という議論まで援用して議論を展開している。[36]

この論文のポイントは、SymbioticA の成功の裏に様々な制度的軋轢があったという点である。内容が芸術表現とはいえ、生物素材を扱う以上、科学界で規定される様々なプロトコルに従う必要があり、勝手にやる訳には行かない。この文脈で、Critical Art Ensemble という社会参加系アート集団を結成したクルツ（S. Kurz）は、バイオテロの嫌疑でアメリカで逮捕されたりもした。これを機にこのラボへの注目も増し、結果として政治的、批判的なニュアンスを持つ作品が増えたと言う。特にバイオ領域の基本的手法をその文脈から外れた方法で使うことで、科学自体への批判的機能を持つ様になって来たと論者は指摘する（Jorgensen & Savat 2019: 77-79）。このあたりの過程は本章前半で紹介したジャリのパタフィジックに通じる面も無くはないが、後者にある諧謔精神は余り感じられない。

以上は、ラインバーガー流の実験システム論に直接影響を受けた表現／批評活動の例だが、いうまでもなく、ＳＴＳの影響は実験システム論に止まらない。ラボラトリー研究自体にも、民族誌、ミクロ社会学、エスノメソドロジー等複数の流れがあり、その中にはＳＴＳ研究者が芸術やデザイン活動をラボラトリー研究の様に観察するというタイプの議論もある。それらは前述したラボラトリウム展の発展形態とでも呼ぶことが可能である。たとえば「スタジオ研究」（Farias & Wilkie 2016）という内容のそれは、ラボ研究に近いやり方で、芸術関係の諸制度（デザイン、あるいは建築系のスタジオ等も含みうる）の質的研究を行うものである。ミクロ社会学的研究という視点に加え、知識やテクノロジーについてのＳＴＳ流の解釈が加味されるのがこうしたアプローチの味噌だが、芸術制作に関係する技術的装置や、美術館に於ける保存技術の研究といったものも、遠くＳＴＳの影響を受けた分野と言えなくもない。

更に、ＳＴＳ研究者が慣れ親しんで来た科学的実践そのものに見られる審美的（あるいは遊戯的）要素を改めて取り上げるというケースもある。科学理論に於ける審美的要素の重要性と言う議論は既にあるが（ヴェクスラー 1997）、ＳＴＳの文脈で（特に実験科学に関して）更にそれを探求するという話である。たとえばリンチは、バイオ系ラボに於いて、科学者達が自ら獲得したデータを前に示す、様々な反応の会話分析で知られるが（Lynch 1985）、似たような視点から、ナノテクノロジスト達が原子を操作して作るナノ自動車（nanocar）について分析している。ポイントは、こうした制作が必ずしも実用的、学術的な目的のみならず、ある種アート的享楽性を持ったものだという点である（Lynch 2019）。

似たような話は『有機化学美術館へようこそ』（佐藤 2007）という愉快な本でも詳しく紹介されている。

ここでは、合成化学者が作る多彩な新規物質の構造が、その分子記号から見ると、踊る人やイスラエル国旗の様に見え、研究者達がそれを楽しみつつ開発競争する様子が紹介されている。但し前述したリンチの論文は、英語の art という言葉が持つ複数の含意を前提として議論しており、科学の art 的側面と言った場合、暗黙知や審美的なそれ、更にいわゆる「芸術」的なそれといった多様な層がその言葉に込めている点を重視している（Lynch 2019）。

4　有効性と限界

これらはＳＴＳ領域と芸術実験の相互関係の一部を紹介したものだが、こうしたＳＴＳベースの芸術研究、あるいは後述するＳＴＳとＡＲの協働と言った話は、前述のラボラトリウム展以降、近年勢いが増したという印象もある。とはいえ、ここにはいくつかの限界がある。第一に、こうした研究の大半は、その視点が古典的ラボラトリー研究同様、ミクロ社会学に限定されがちだという点である。もともとラボラトリウム展自体、科学系ラボと芸術系スタジオの相似性という発想に基づいており、前述したスタジオ研究も、ラボ研究のスタイルを殆どそのまま芸術／デザインのそれに転用した形式になっている。その際、それらを繋ぐ理論として重用されているのがラインバーガーの理論である。

繰り返しになるが、彼の主張は実験の「ミクロプロセス」に関するものであり、認識的モノという概念は、実験プロセスの絶えざる進展と、それによる知識の増大によって絶えず変化する対象という意味を持つ。その元ネタの一つがクブラーの形態変化論である以上、この話を芸術作品のミクロな生産過程に転用するのは決して難しくない。

とはいえ、ミクロレベルに於いてすら、両者の相違点も明らかである。ラインバーガー本人も指摘している様に、実験システムは絶えず新たな情報を獲得し、それによって対象の認識が常に変化するが、芸術的生産はエンジニアリングと同様、最終物としてある形に落としこむことで、一応一つのサイクルが終了する（Rheinberger 2012）。この「実験はいつ、どこで終わるか」という話は、本章前半、ケージ自身が実験音楽概念にもともと持っていた疑問、つまり芸術に於ける実験と、その制作過程に於ける単なる試行錯誤はどう違うのかと言う点についての問いとも関係している。ケージは、実験の概念を聴衆に拡張することでその意味を再認識した、という話は既に紹介した。他方、ラインバーガーその他の議論を見ると、話はそのレベルにも達していないという印象が拭えないのである。

こうした議論に於けるミクロ社会学的視点の限界は、ラインバーガーの実験システム論に於いて、より広い社会的文脈との関係が議論されていない点からも見て取れる。第1章等で議論した様に、ラボラトリー研究の流れは、一方でラボとその外側の社会という問題に議論が発展した。ラトゥールやグロスらに加え、私自身も、リサーチ過程のダイナミズムが、より広い文化社会的文脈との関わりで決定されるという点から、ラボ外部を含んだ「研究過程のレジリエンス」という概念を提唱した（福島 2017）。これらはみなラボ内活動を外部から閉じたものとして議論することへの批判とも言える。

これに比べると、ラインバーガーの議論は、ミクロレベルの分析に終始する。もともと制度論的アプローチが強い従来の科学史に対し、現場レベルからのボトムアップの議論を作るため、ミクロの視点——実験の最小単位としての実験システム——を強調したと言う（Rheinberger 2013）。だがこの戦略が、そうした背景に無自覚なまま芸術領域に導入されると、話が全てミクロレベルの議論に終始する。そこには精緻さはあるが、議論が常に研究者／アーティストの周辺で滞留してしまうのである。実はここに、ミクロＳＴＳ的言説が一部で好んで援用される様になった、より大きな制度的背景がある。それが続く節で詳説する、芸術的研究（ＡＲ）という考え方の問題である。

V　芸術的研究（ＡＲ）というハイプ

1　芸術と研究の曖昧な境界

前節で議論した芸術領域へのＳＴＳの近年の介入について、それがラボ研究とその周辺に於ける実験実践の理解を前提としたものが中心、という点を議論してきた。そこでは、近年顕著になってきた、より大きな制度上の変化について、十分に注意を払われていないという問題がある。ベッカーの『アート・ワールド』論（ベッカー 2016）が端的に示す様に、芸術領域の制度的構造はかなり複雑で、様々な局所的力学の相互作用によって全体の方向性が緩く決定されている。こうした制度的文脈に於いて、近年特に顕著になって来たのは、特に欧州を中心として、芸術と研究（リサーチ）の間の関係を問い直す一連の動きである。実際、前節での議論も、そのかなりの部分がこうした新たな知的流行に基づいてＳＴＳの成果を利用しようとする背景もある。

この潮流は、現在様々な言い方で表現されており、用語法は著しく混乱している。英語圏及びその周辺で使われている関連書物や論文で使用されている用語だけを取っても、artistic research、art-based research、art as research、artistic practice as research、research in the arts（and design）、research through practice、art practice as research とまちまちである。更に本や論文のタイトルとして、artist scholar や artist as researcher といった名称まで使われている。(37)

このようなバリエーションが生まれる理由として、もとになる言葉、つまり art にせよ、research にせよ、その意味が多義的で、それらの細目の組み合わせが多数存在するという点があげられる。また art と research という概念のどちらにウェイトを置くかも、論者によってかなり異なっている。例えば、リサーチの語を教育を含むものと見なし、教育方法について、伝統的なアートがそれに対しどういうモデルになるか、と定義すると、それは従来の自然科学をモデルとした教育実践に対する修正という話になる。芸術をモデルとする新たな教育論である。こうした視点に近いのが、いわゆる Art Based Research (ABR) という話で、笠原 (2019) によると、これはアメリカで始まり、従来の教育方法に対する、質的、研究的な改善を求める試みである。

他方、本書が関心を持つのは、リサーチを科学のそれを含めた研究一般とし、芸術一般と研究の間の相互関係を論じる内容である。この場合も、力点を伝統的な芸術に置くのか、それとも新規技術を応用したテクノアート的なものに話を向けるのかで内容がかなり異なってくる。前者の場合は、STSとの関係が深い科学的実践と、芸術活動の関係という話に近くなるが、これが前節で紹介したSTS関係の議論の背景の一つである。その中には、Artist Scholar (Daichendt 2011) といった本のタイトルが示すように、芸術(特にビジュアル・アート系)の活動を殆ど研究者のそれと見なして議論するケースもある。他方、現在沸騰中の多くの議論は必ずしも科学技術のみに限定される訳ではなく、多くは芸術表現活動一般を研究(リサーチ)という観点から考察し、何が同じで何が違うのかという点を延々と論じている。

実はこうした議論の沸騰の背景に、近年の欧州に於ける高等教育の問題がある。Artists with PhD's (Elkins 2009) といった、そのものずばりのタイトル本が示す様に、背景には芸術家の高学歴化というトレンドがある。芸術家の養成が基本的に高等教育内で行われるようになり、芸術と研究(教育)の関係をどうすべきか、という教育行政上の問題が、芸術内容そのものにも深い影響を与える様になってきたのである。実際、現時点に於いて、特定分野での芸術実験を論じる議論では、ARを巡る論点が前提となっている場合も増えたため、こうした制度的背景抜きにそれを論じるのは難しくなっている。

2　ARの制度的背景

ここでは百花繚乱の議論の全体を示す語としてAR(artistic research)という略称を用いる。前述した諸用語群の間でもその力点は微妙に異なり、そのこと自体がこの分野の議論の取り止めなさを象徴している。実際、ARをめぐる議論は、教育行政的な側面が強いものの、多様な論者の中(その中には前述したSTS系も含まれる)には、そうした歴史的背景をどれだけ理解しているのか、心もとない人々も少なくない(38)。

以降の節では、前述したミクロ社会学的STSの介入だけではよく理解できない、こうした制度的背景を概観する。その際中心となるのは欧州、特に英国とEU全体のケースである。この二つの流れは最終的にある程度合流するが、この二つは分けて論じた方がその経緯を理解しやすい。この二つに共通する問題関心は、芸術から科学にわたる多様な諸領域に於いて、博士課程を含むその教育課程/評価方法をどう標準化するかというものである。この問題関心をベースに、教育行政的な措置がトップダウンで進んできたという背景がある。この制度設計過程そのものが、STSが関心をもつインフラのダイナミズム研究(Star & Ruhleder 1996; Star & Bowker 2002)と密接に関係するが、標準化論(Lampland & Star 2009)でも議論されている様に、それを担う主体、プロセスは様々であり、ローカルな多様性と全体の統一性のバランスをどうとるかも重要な問題である。

ARという領域の議論を欧州内で先導してきたのは英国である。一連の議論を見ると、こうした議論の起点の一つとして言及されるのが、有力な美術批評家で、後にロイヤルカレッジ・オブ・アート(RCA: Royal College of Art)の学長にもなった、フレイリング(C. Frailing)の古典的論文である(Frailing 1993)。この論文の中で彼は、芸術/デザイン、および科学に関する世間のステレオタイプを批判し、これらが実は相互に重なる面があると主張する。面白いのは、この相互浸透を強調する際に、彼は科学哲学者ファイアアーベントの過激な相対主義的主張と並んで、本書でも繰り返し言及されているコリンズ(Collins 1985)を援用し、科学的実践が単に合理的な計画に基づく探求というよりも、技術習得のための暗黙知や直感といった役割が重要であるとし、そこに芸術制作過程と重なる部分を見て取っているのである(Frailing 1993: 3)。

こうした相互浸透関係を分析する為に、リード(H. Read)の芸術教育に関する有名な弁別、つまりteaching to art と teaching through art(リード 2001)に言及しつつ、芸術と研究の間の関係を三つに分類する。この分類法はその後の英語圏でのAR論ではしばしば援用されることになる。

一つは、芸術/デザインへの研究(research *into* art and design)。これは芸術領域そのものを対象とした研究で、歴史、感性あるいは理論的研究の総称である。これが現状の美大等の論文でも中心的なテーマとなる。二番目は、芸術／デザインを通じた研究（research *through* art and design）で、著者が例として挙げているのは、デザイナーとエンジニアが協力してカラーコピー機を開発する、といったケースである。言わば芸術的知見を応用して、新たなテクノロジーの開発を行うといった話である。三番目は芸術／デザインの為の研究（research *for* art and design）で、彼はこのタイプの研究に対して、ある種の懸念を表明している。つまりこうした研究（的側面）は、作家が（芸術、デザイン）作品を造る行為にもともと随伴する活動だと彼は主張する。彼が心配するのは、こうした側面をあたかも科学の研究同様の、言わば大文字の「研究」（Research）と見なし、そこにわざわざ学位を与えるという現状に対してである（Frailing 1993）。

この論文は、ＡＲが後に大騒ぎになるかなり前に書かれたものだが、この先駆的論文に於いてフレイリングは、一方では科学と芸術／デザインの間に複雑な相互関係があることを認めている。他方、科学技術的研究と、芸術的「研究」を同一視し、後者にも前者と同様に学位を与えようという、当時議論されていた状況に対しては、強い懸念を表明しているのである。

ほぼ一五年後、ＡＲについての議論が沸騰するなか、その論点をまとめた論文集（Macleod & Holdridge 2006）に、フレイリングは今度はＲＣＡの学長として序文を書いている。その中でもＡＲを巡る議論の混乱を指摘しつつ、こうした議論が続く原因として、英国学術政策の動向を指摘する。特に重要なのは、「研究評価事業」（RAE: Research Assessment Exercise）という一般的な研究評価基本方針の確立、理系や社会科学系に倣って設立された「芸術・人文科学研究会議」（AHRC: Arts and Humanities Research Council）という新制度、更に研究大学生のキャリアに於ける学位の重要性といった複数の変化である。

彼は、こうした「芸術の学術化」とでも言うべき流れが、モダニズム芸術のそれとは相反するものだと鋭く批判する。モダニズム芸術の批判の矛先は、まさにこうした学術的（アカデミー的）作品だった筈であり、それらはモダニスト達の軽蔑の対象だったのに、と手厳しい（Frailing 2006: xiii-xiv）。

この論集（Macleod & Holdridge 2006）は、ＡＲ（ここでは art as research と表現されているが）に関して、様々な観点からの論文を収録しているが、芸術と研究の収斂を正当化、ないしは批判する論考の両方が収録されており、そこにはポスト構造的哲学に倣うものも多い。他方、そうした哲学的議論の背後にある、制度的な要因を分析した論考も少なくない。たとえばジョーンズ（Jones 2006）は、こうした議論が英国の文脈で前面に出てきたのは一九九〇年代だが、八〇年代では、芸術・デザイン活動を「研究」と見なすというのはいかにも奇妙で不気味な考え方と見做されていたと指摘する（同右 226）。それが九〇年代になり、あらゆる活動は知識生産を伴う以上、ある意味「研究」と言えなくもない、という議論が強まり、上述した「研究評価事業」（ＲＡＥ）、つまり研究評価の一般的基準が芸術系大学にも適用されることになったのである。これがＡＲ論の制度的な発端である。前述した「芸術・人文科学研究会議」がこの方針を推進するようになり、「研究」という言葉の意味が大いに歪む結果になったと言う（同右 227-228）。

更に話は、英国に於ける美術系大学、及び関連する学位の歴史に及ぶ。そもそも前者は産業革命時の工業生産に於けるデザイン教育の必要性に端を発し、そこで博士号が現れ始めるのは早くて一九七〇年代である（Jones 2006: 231-232）。アメリカでは博士の学位はより早く始まり（オハイオ大学）、後に全国の標準に統合される。しかしその学位の目的は美術教員の資格であり、芸術家のそれではなかった。結論として、芸術系博士論文では、テーマの選び方から指導、審査方法にいたるまで、芸術領域での独自性を反映することが必要だと主張する（同右 232-239）。

他方、後にＡＲ問題について編著を物するエルキンス（J. Elkins）も、そのあとがきに於いて、論集に頻出するresearchとnew knowledgeという用語は、もともと英国の行政用語だと指摘し、こうした議論の背景に英国大学の経営・経済学的な前提があるとする。博士学生の数が大学への予算配分と連動する為、（芸術系であっても）大学側は博士学生を量産する必要があるのだ。また大学評価の中に、論文等のページ数といった量的項目があり、これも「新知識」競争に拍車をかけている（Elkins 2006: 241-242）。

エルキンスは返す刀でＳＴＳも批判するが、芸術評価の（悪しき）学術化傾向に荷担したのは、当時ＳＴＳ内外で多少流行った『モード論』（ギボンズ 1997）である。この理論は、科学システムが、パラダイムを中心とした言わゆる「モード１」という体制から、より「ポストモダン」な「モード２」に移行しつつあり、そこでは科学とそれ外の障壁が低くなって流動化しつつある、という話である（ギボンス 1997）。国際的なＳＴＳ業界の内部では、その安易な図式性がかなり批判されており、私自身もその内容に納得していない。エルキンスはこの議論に対して、科学を工学の一枚岩の様に扱っていることが、科学技術内部での（評価を含めた）多様性を消去するというマイナスの効果を持ったと指摘し、こうした議論を芸術にも当てはめてＡＲを正当化する議論を批判している[39]（同右 242-245）。

以上はＡＲに関して、英国の教育行政上の背景を説明したものだが、ケルヴェマルク（Kälvemark 2011）は、欧州のその他諸国の事情を概説している（ここではpractice-based researchと言う行政用語が使われている）。ここで中心となるのは、一九九〇年代に進んだＥＵ内部での教育政策で、特に重要なのが一九八七年に開始された「エラスムス計画」である。これはＥＵ内部の学生、教員の交換制度であるが、これにより各国教員間の交流の素地が出来た。更に九九年に始まった「ボローニャ・プロセス」という取り組みがAR論の興隆に貢献したが、これは欧州全体の高等教育の学位／プログラムを統合しようという試みである。その中核案は、学位の構造を学士―修士―博士という三段階に統一すること、及びその評価基準の明確化である（同右 7）。近年のSTSでもEUによる標準化過程の持つ政治経済的インパクトを分析した研究があるが（Laurent 2022）、ARという学術的議論の沸騰も、実は後者の言う「欧州的対象」（European objects）、つまり欧州による標準化の産物という側面がある。

実際このボローニャ・プロセスは、EU内諸国の芸術系高等教育に大きな変化をもたらした。その例として、スイスでの変化が挙げられているが、そこでは二〇〇五年以降、芸術系大学が雨後の竹の子の様に次々と設立されたと言う。その目的は、芸術系高等教育機関に於いて、EUが規定した修士過程を整備し、より長期的には「研究」という体制を準備するためである（Kaelvemark 2011: 7）。この点について、自分でもこの問題に関する書物を物しているボーグドルフ（H. Borgdorff）のインタビューが挿入されているが、問題を端的に説明しているので、ここに引用してみる。

「現在のARに関する熱狂（ハイプ）は大陸ヨーロッパ全体に起こっている高等教育改革のうねりを考慮に入れないと正確に理解できない。ボローニャ・プロセスと学位の三層構造に合わせる為、かつては教員の訓練用だった「研究」（research）という考えが高等教育の分野に導入されたのである。今や「研究」はかつてのポリテクニック、専門学校、応用科学系の大学で中心的な課題になったが、その中には（多くの国で）芸術系の高等教育機関も含まれる。他方欧州のすべての国がこうした状況に満足している訳ではない。特にドイツではこのボローニャ（プロセス）に強い反対意見がある。問題は、芸術およびその教育に対して、こうした研究の導入は外からの危機なのか、それと

もチャンスなのかという点である。」[40]（Kälvemark 2011: 8 に引用）

こうした文脈で成立した新規の学位授与形式に於いて、評価をどうするのかと言う大きな問題が生まれる。ここでも役立ったのが英国の先行事例で、ＥＵ諸国でも多いに参照された（Kälvemark 2006: 12）。とは言え、そう簡単に話が進む筈もない。科学界では定番のピアレビュー、つまり同じ分野に属する同僚（研究者）によってその研究内容をチェックするという方法が、芸術教育に直接適用出来るのかといった問題が生じた。そもそも芸術家の作品をチェックするのは同僚なのか、そしてそれは誰か、あるいはその生産物は単純に論文なのか、それ以外の作品も含むのか等々、全くはっきりしないのである。

この点についてもボルグドルフが引用されているが、これも紹介しておく。

「緊急だがあまり広く論じられていない practice-based research［本章でのＡＲのこと］の側面はその評価法である。これが緊急の課題なのは、芸術界とアカデミアの双方にこうした研究の成果について（それが作品の場合にせよ、それによって得られた知識の場合にせよ）なるほどと思わせる懐疑論が存在するからである。もう少し限定して言えば、そうした研究の芸術的成果が、芸術界で意味あるものにならなければ、practice-based research はその正当性を失い、こうした試みは一体何のためなのかという話になるからである。こうした懐疑論に油を注ぐのは過去一〇年間に行われた芸術系の博論プロジェクトで、その成果は控えめにいっても納得出来るものにはほど遠い。practice-based research に対するこうした脅威はアカデミアそのものの中での懐疑論よりも深刻で、前者に抵抗があるのは当然だからである。」（Kälvemark 2011: 14 に引用）

こうした懐疑論は彼に限らない。前述したエルキンスは、ARをめぐる制度上の諸問題に関し最も精力的に発言を続けている論者の一人だが、Artists with PhD's（Elkins 2009）に於いて、自ら芸術内外の博士号制度に関する複数のレビュー章を執筆すると同時に（Elkins 2009a; 2009b）、「博士号に対する一四の不信」（Elkins 2009c）という全面的な攻撃も行っている。そのリストは、AR懐疑論の一覧表という風情だが、これを読むとARを巡る論争の根の深さが実感できる。多少冗長だが、その論点を項目別に要約記載すると以下の様になる（Elkins 2009c: 228-278）。

①学生が学者（scholar）のような活動を強いられる。
②こうした研究によってどんな領域の芸術活動が改善するのか不明。
③芸術の学術化が加速する。
④階級と特権問題が悪化する。
⑤作品制作と研究の両方が必要。
⑥芸術史／哲学の学生もこの学位を取れてしまう。
⑦過度な自省性の弊害。
⑧芸術修士（MFA）の正体が不明のため、博論の前提とならない。
⑨博士号は金によって左右。
⑩芸術一般の教育はない。
⑪研究という概念への一般的な異議。
⑫芸術作品が産出する知識に関する合意の不在。

⑬博士号はお金がかかる。
⑭博士号の評価が出来ない。

これらの多様な論点を複数のクラスターにまとめてみると、次の様になる。第一群が、芸術家が研究者の様に教育されることへの危惧で（特に①③）、そうはいっても論文だけ書く訳にいかないので作品／論文という二重構造になり（⑤）、それにより作品制作に関して過度に分析的になるという悪影響を催しうる（⑦）。

第二群は、こうした新規教育制度そのものの欠陥に関するもので、大学院教育の特権性と経済的負担の問題（④⑨⑬）、修士／博士のプロセスの不明瞭（⑧）、評価の困難（⑭）、更にもともと研究系の分野が優先される可能性（⑥）等である。

第三群は、芸術および研究という概念の曖昧さ、多様性にまつわる一連の、より理論的な議論で、この点が私のもともとの関心に近い。この範疇の議論は、基本的に芸術内部の多様性に基づく疑問である。多様な芸術活動に対応する研究の多様性の乏しさ（②）、芸術一般の教育という困難（⑩）。そして、研究という概念の多義性に関する疑問（⑪）、芸術作品がそもそもどういう知識を産出するのかについての根本的な批判（⑫）等が挙げられる。

この第三群後半に関して、エルキンスはかなりのページ数を割いて詳細に議論をしているが、本書の関心から特に興味深いのは⑪のＡＲに於ける「研究」概念の曖昧さというポイントである。彼はこの点に関して、既に存在する様々な論点を概観し、網羅的な批判をしている（Elkins 2009c: 244-259）。ここでエルキンスは、当時既に沸騰していた関連議論をAからEまでの五つにタイプ分けしている。多少煩瑣だが、まさに繁茂するAR論の良い見取り図となるので、その要約を記する。この諸タイプとは、

A　研究概念そのもの
B　ARと科学的研究の間の関係
C　芸術「を通じた」「もとに」「への」研究といった関係
D　研究の教育／学習法
E　ARそのものの定義可能性

である。

A〈研究概念〉は、代表的な美大のプログラムや政府の文献、更にはAR関係の解説書やAR関係ジャーナルなどで用いられる「研究」という言葉の定義の比較分析である。エルキンスは、教育行政の議論に於いて、研究という概念の定義に美的な側面が欠如している一方、AR論系のそれでもそれがはっきりと定義出来ている訳でもないとする。こうした状況で、研究という概念が教育行政上の出発点になっていると指摘している (Elkins 2009c: 244-247)。

B〈ARと科学的研究の関係〉では、エルキンスはこれを更に（1）ARは科学的方法のモデルを採用できる。（2）ARは相対的に科学とは異なるので、ARの方法を修正する必要がある。（3）ARと科学的研究は全く異なる、という三つの立場に分類する。（1）は少数意見で、（2）にはSTSのノボトニー

（H. Nowotny）が登場するが、彼女は上に紹介したモード論を元に科学と芸術の関係を議論しており、ARに関した論述も多く行っている。他方エルキンスは、このモード論に対するSTS内部での批判を紹介し、この議論の根拠そのものに疑問を呈している（Elkins 2009c: 247–248）。

ARと科学研究は全く異なる、という（3）の立場は、実は結構多くのAR論者が取っているスタンスで、科学とARは断絶したものだと考えている。しかしエルキンス本人は、こうした立場の背景にあるポスト構造主義的な立場に批判的で、これが結果として芸術と科学的研究との対話の可能性を最初から拒んでいる点を危惧している（Elkins 2009c: 249）。

C〈芸術＋前置詞〉は、研究と芸術の入り組んだ関係を様々な（英語の）前置詞を通じて分類するやり方で、前述したフレイリングの三分類の発展版である。ボルゴドフの「芸術における（in）研究」という概念が加わり、更に近年の公的な文書ではフレイリングのそれに近い分類が採用されていると指摘している（Elkins 2009c: 252–256）。

D〈AR教育／学習法〉は、各種の教育機関がARをどう扱っているかという点についてであり、現実にはその内容、実行レベル（学士からか、それとも博士からか）ともに多様で、厳密に仮説や方法論から出発するものも、逆にほとんど規定のないそれの間の多様性が大きいと指摘する（Elkins 2009c: 255–257）。

E〈AR定義〉というのは、ARはそもそも定義可能なのかという議論である。論者によっては特に定義を必要としないと主張するものもいて、エルキンスはそうした立場の危険性を指摘する（Elkins 2009c: 257–258）。

このAからEは前述した一四項目のうちのセクション⑪（ARの曖昧さ）の内容であるが、ここで紹介された議論の多くがポスト構造主義に影響を受けたもので、全体としてレトリック以上の内容に乏しく、エルキンスはその非生産性を批判する。他方EUからの圧力が強まる現状では、研究とは何を意味するのかという点を明示する必要があるという（Elkins 2009c: 258-259）。次の⑫も本書との絡みでは重要だが、ARが「研究」と言う以上、それが産出するはずの「知識」とは何か、と言う問いであり、⑪同様、論者の間で合意はない。彼はこれもAからDの四つに大まかに分類している(41)。

これだけ詳細なAR批判を挙げた後で、エルキンスは別の章で、このARに対してより積極的な提案を行っている。あまりに冗長なのでその論点は略述にとどめるが、前述の批判にもかかわらず行政上こうした潮流は止められないことを前提に、①それぞれの大学でその個性を生かしたプログラムを開発する（Elkins 2009c: 303-305）、②そこで何を中心にするか、キータームを明確にする（彼の好みは暗黙知としての視覚芸術）（同右 305-306）、③博論に関してその規定と評価方法を明示する（同右 306-308）等である。特に彼が力をいれている提案が、④あらたなタイプの学位論文を提案する、という項目である。

3　ARとSTS

ここで紹介したのは、現在ARを巡って文字通り沸騰中の議論の大群のほんの一部であるが、芸術分野に於ける実験概念の探求という文脈から、ここでARとSTSの関係について、全体の要約を試みる。実験音楽についての議論では、実験という語が、特にフランス等では科学実験に於ける様々な装置を連想した形で、新たなテクノロジーを応用した音楽に使われることもあった。しかしそうした語用法は主流にはならず、特にアメリカという文脈では、実験音楽が、大陸ヨーロッパ／アメリカという対比と重ね合わされることになった点は既に議論した。

ＡＲに関して現在沸騰中の議論は、「実験」や「音楽」という言葉よりも更に多義的な、「研究」(research) と「芸術」(art) という曖昧な二領域の関係についてである。ここでは更に、現場から立ち上がったボトムアップ的側面と、制度的思惑が絡むトップダウン的なそれが混在しており、この二つを原理的に分けないと話が混乱する。

ボトムアップ的側面と言うのは、制作現場に於ける新興科学技術と芸術領域の交錯という現状である。話をテクノロジーに限定すれば、前述したフランス版実験音楽がその実例に近い。実際、実験音楽のかなりの部分が、新たなテクノロジーとの出会いによって、音楽という領域から離れてサウンド・アートのような新領域へと展開していったという話は既に紹介した。デュシャンらが、工業技術に関心をもち、それを表現の形式に導入しようとした試みもそれに似ている。

他方、ＡＲの議論は、単に新規テクノロジーや科学そのものに限定されている訳ではなく、社会科学や人文系をも含んだ「研究」全体とも係わっている。そのため、実験芸術に関する議論とはカバーする範囲がかなり異なり、本章のテーマとは必ずしも重ならない議論も少なくない。とはいえここでいう「研究」概念は、どうしても科学のそれに影響を受けるため、ＡＲ論にＳＴＳの一部が介入して来た理由も理解出来る。既に示したように、ＡＲ論がバブル化する前から「ラボラトリウム展」に代表されるように、ＳＴＳと芸術領域を繋ぐ試みはあった。他方ＡＲ論が活発になると、その随所にＳＴＳ由来の議論や概念が顔を覗かせる様になったのも事実である。もともとＳＴＳは、科学が持つ、象牙の塔的イメージを修正し、より柔軟、開かれたそれに変えることを目指してきた。AR論の文脈ではコリンズの初期の議論や、モード論といったものがよく参照されるが、こうした方向性が科学／芸術といった二項対立を崩し、AR論にある種の正当性を与える手助けになってきたのである。

他方、こうした文脈でより精密に、STSの議論／調査方法とAR論を交差させたのが、ミクロ社会学的STSの系譜、特にラボラトリー研究のそれである。既に紹介したラインバーガーの実験システム論やエスノメソドロジー、民族誌的な研究といったものが、STS／ARの相互交渉の分析に応用されており、近年ではそうした指向性を前面に打ち出した論集もある（Borgdorff et al. 2020）。前述した様に、ラインバーガーの議論自体がクブラーや、フランス哲学に依拠するため、AR側からも接近しやすいのである。更に、これ以外のSTS的概念を直接AR論に応用する動きもある。たとえばボーグドルフの『学部間の争い』（Borgdorff 2013）は、カント（I. Kant）が議論し（カント 2002）、後にデリダがとらえ直した哲学論（デリダ 2008）のAR版とも読めるタイトルである。この書は全編STS、特にラトゥールとその周辺の人々の議論を多数引用しており、科学と周辺領域の複雑な相互作用についてのSTSの知見をベースに、ARの問題と可能性を探求する形になっている。

ラインバーガー自身も、近年はこうしたAR論の動向に反応して、実験に於ける芸術／科学関係についての論考も発表している。STS／ARの相互関係を扱った編著の巻末を締めくくる論考の中で、AR論をある程度参照しつつ、それを「認識的（epistemic）な実験」と「審美的（aesthetic）な実験」として比較している（Rheinberger 2013）。前半では、科学と芸術間の並行関係を確認した上で、ARに関し二つの可能な在り方として、一つをexoteric、もう一つをesotericという用語で表現している（同右 242）。後者は普通「秘儀的」という意味だが、その内容が外に隠されているという状態を示し、前者はその反対で、内容が分かりやすい、外に開かれたという意味である。

前者の exoteric、つまり分かりやすい実験事例として、芸術家が科学者のラボに参加し、その成果を使って作品を作るというケースを挙げている。これはナノテクノロジーやゲノムシークエンス画像等をアート作品と称して呈示する様なケースである。ラインバーガーは、この場合科学（認識的）と芸術（審美的）の関係は一方通行であり、芸術家は科学者に影響を受けるが、その逆は殆どないと断言している（Rheinberger 2013: 242-244）。実際、前に紹介したリクリの一連の研究／作品（Rickli 2012; 2013）を見ても、特定ラボで使用済みになったビデオを廃物利用して作品とするものであり、この作品がめぐりめぐって当該ラボの研究に影響を与えたという形跡は無い。

この一方的関係は、ある意味ＳＴＳと科学の関係に近い。英国に於ける科学社会学者と合成生物学者の関係がよい例であるが、英国政府が合成生物学のプロジェクト実行には、起こりうる倫理・法的、社会的問題（言わゆるＥＬＳＩ）へのリスクヘッジの為、必ず社会科学系を参加させるように義務付けた。その結果、多くのＳＴＳ系社会学者が合成生物学プロジェクトに参加し、大量の論文が生まれた。しかしそこで繰り返し指摘されたのは、社会学者が合成生物学者について論文を書くことはあっても、社会的視点を応用して合成生物学者が自分たちの研究テーマとするといった互酬関係は生じなかったという点である。社会学者の存在意義は、世間に対する一種の免罪符（つまり政府のいうＥＬＳＩをちゃんと守ってますよ）という点に過ぎないのだと彼らは結論づける(42)（Balmer et al. 2015）。

構造的に似た様な話は、いわゆるデザイン・エンジニアリングという新興領域でも見聞したことがある。

これは従来の工学とデザインの障壁を取り払い、一貫した視点で教育、制作を行おうとする試みである。この分野を長年英国で牽引してきた研究者と会話した際、このコースに関心をもつのはどちらかというとデザイン系であり、エンジニア系学部の関与は稀だったという。エンジニア系の関心は新たな工学的原理を探求するので、こうしたデザイン領域にそれほど熱心ではないという話であった。また実際にこうした融合領域で活躍するエンジニアも、物理学の知識がいる機械工学からデザインに移行するのは難しくないが、その逆は困難だと指摘している（山中 2011）

他方、esoteric なARというのは、この英語が「秘儀」を意味することからも分かる様に、はっきりとした実例がなく、ラインバーガー自身一種の理論的可能性として、曖昧な言い方に終始している。彼はそれを四つの瞬間として記述しているが、それは芸術制作の過程がどういう文脈（瞬間）にリサーチのような性質を持つかという点についての彼の思弁である。簡単にまとめると①対象が自分の予想に反して抵抗する、あるいはある種の扱いにくさを持つ場合。②それがあらたな対象として登場することが容認されている時。③それが持続的な性格を持つ場合。これはハプニングとは違うとされる。④言語化および集合化がそのアジェンダの中に入っていること等である（Rheinberger 2019: 244–246）。

この部分を読むと、私はマルクスの共産主義社会の定義を思い出す。現実の資本主義社会の批判的分析がいわば論文前半の exoteric な話で、これは現実のある側面への分析である。それに対し、「分業の無い、自由な共産主義社会」への夢想が、esoteric、つまりある種の芸術実践（実験）についての、ラインバーガーによるそれである。ARに関する「平凡な」関係と「秘儀的な」それとの間の乖離は、実はARを巡る大量の議論の中に明滅しているのである。

4　芸術実験とその外

とはいえ、現在完全なバブル状態にあるＡＲ関係の議論に於いて、ＳＴＳの介入はあくまで部分的で、ＡＲ論の中核からややずれているという印象すら受ける。その最大の理由が、このバブルの背後にある欧州の芸術教育の制度改革と標準化という大きな行政的変革について、ＳＴＳ系の議論が殆ど分析していないからである。こうした標準化過程自体、インフラ論と関連してＳＴＳ自身の中心的課題の一つでもあるが、ＳＴＳによるそうした視点は見当らない。

前述したように、これはＳＴＳによる芸術領域への介入に共通する欠陥である。ラインバーガーを含め、こうした研究は、第2章で繰り返し登場した、ラトゥールやグロスによる、ラボとその外の関係性を論じるという視点がない。前述したラボラトリウム展にも同様の限界があったが、フィールド科学やアフリカに於ける科学研究と言った記事を挿入することで、ラボラトリーと社会の接点についてもそれなりの目配りはしていたのとは好対照である。

但し仮に話をミクロレベルに限定しても、実験システム論その他を芸術面に応用することには限界があると私は考えている。ラインバーガー本人も指摘する様に、実験システムは絶えず新たな情報を獲得し、それにより対象の認識が変化する。他方芸術的生産物はエンジニアリングと同様、最終物として形に落とし込むことでそのプロセスは一応終結する（Rheinberger 2013）。ここで本章前半で議論した、ケージの実験音楽論考を思い出して見るといい。ケージが実験音楽という呼称について最初は疑問を持っていたという話は既に紹介した。創造的行為は全て試行錯誤を含むから、その意味に限定すれば、どんな創作活動も基本的に「実験」的であり、わざわざ実験音楽という必要は無い。彼の回心は、それを聴衆の聴取に拡大することで、実験（音楽）という言葉が別の意味を持ちうるという点にある。これに比べると、ラインバーガーやその周辺の人々の議論は、一九五〇年代以降に実験音楽周辺で行われていたインテンシブな実験（音楽）概念への探求というレベルにすら達していないという印象が避けられない。

結果として、その（芸術）実験論は、話がラボ／スタジオからその外へとは広がらない。こうした議論はまた（ARのそれも含めて）、より古典的な芸術社会学的成果（例えばブルデューやベッカーのそれ）との接続も拒んでいる。既に詳述したように、AR論は、EUとその周辺に於ける、学位を持つ芸術家の育成に関する、教育行政上の問題に端を発している。エルキンスらの制度論的批判を長々と引用したのも、ミクロSTS的実験論では、そうした制度論的背景が殆ど見えてこないからである。

実際、スタイエル（Steyerl 2012）は、現在行われているAR論は、一九二〇年代のロシア・フォルマリズム時代の映像理論に既にその原形があり、一九四〇年代、更に戦後の第三世界関係の映画論といった文脈で多くの論者によって繰り返された内容であると言う。他方現行のAR論はそうした過去の議論を参照せず、その内容も欧州中心でそれ以外の社会を全く反映していないと厳しく批判しているのである。ここで論じられる高学歴化した芸術実験は、高等教育行政の範囲内で周遊し、その外にあまり出ないという印象さえ受ける。その意味では、この状況そのものが、相対的に閉じた科学界のイメージと妙な近接性を持ち、ある意味不気味でもある。

他方、一九五〇年代から六〇年代のアメリカ実験音楽にこうした閉鎖性が無かったかと言えば微妙である。前述したキャメロンは、自らのアメリカ実験音楽の民族誌の中に、「芸術のパトロンとしての大学」という章を設けている。ここで彼女は、実験音楽その他の先端的な芸術実験が、基本的に大学という場の支えで実践されていた点を詳しく分析している（Cameron 1996: chap 5）。特に六〇年代アメリカの各地で沸騰した、現代音楽を含む様々な芸術実験の多くは、各地の大学を拠点として行われていた（同右 102）。

また彼女が所属していたイリノイ州立大学アーバナ校は、先端的な実験音楽施設を完備すると同時に、実験音楽の巨匠の一人パーチと関係が深く、五〇年代後半からパーチはこの大学で断続的に教鞭を執ると同時に、パーチ・コレクションもここにある（同右 102-108）。六〇年代に入ると、ケージもこの大学周辺で重要な作品を公開しているが、その中には、「ミュージサーカス」（多くの演奏家がちょうどサーカスのように自由に雑然と演奏をする）や、ＨＰＳＣＨＤ（実験的なマルチメディアショー）等がある（同右 109）。但しキャメロンによると、一九五〇年代から六〇年代に於けるこうした実験音楽教育／実践は、七〇年以降保守的な学部長の就任等により衰退するが、九〇年代、彼女の調査時になると再活性化したとも指摘している（同右 110-111）。

他方、当時の実験音楽が皆高等教育機関の周辺でのみ生息していた訳ではない。結局のところ狭い専門家の中に閉じこもる傾向があったとも言えるケージ的な（高踏的）音楽への反発もあり、実験音楽は、一般聴衆、演奏家の即興、更には民謡やワールド音楽といった範囲にまで拡大し、それを欧州流の前衛音楽と一線を画するアメリカ固有の動きと見なす論者も多い。この点では、現在沸騰中のＡＲ論が結局大学とその周辺での閉じた構造を持つのに対して、本章前半で論じてきた実験音楽家達の多様な実験そのものが、第2章に於ける社会実験の精神と共鳴する部分がある、という印象を私は持つのである。

5　実験、観客（聴衆）、社会

本章の最初に引用した「芸術と実験」という短いエッセーで、瀧口は科学と芸術に於ける実験の意味を直接比較する気はない、と前置きをしつつ、次のように指摘する。

「［科学の発展には実験が不可欠という話は］しかし芸術の上ではかなり問題がある。いわば試験管のなかのような仕事が、芸術ではどんな位置を占めるのだろうか。芸術作品は作者の創造であって、精神の燃焼であり定着であると考えられているが、それが作品として、外部に投げ出されたものである以上は、作者からはなれて外界に作用する運命をもっている。（中略）だから芸術の実験というものがあるとすれば、それはアトリエや手帖のなかの操作でしかない、ということになるだろう。（中略）しかし芸術作品の存在とは、それほど明快に割り切れるものだろうか。」（瀧口 1992: 5-6）

瀧口はある意味初期ケージと似た形で、芸術実験が作品となる過程を超えて、その作品自体が外にむけて開かれた構造を持っていることを強調している。エッセーの終結部では、こうした実験とは決して象牙の塔に閉じこもることではない。仮に大衆のための芸術、大衆にアピールする新芸術を求めるにしても、そこにも偉大な実験が必要、と喝破している（瀧口 1992: 9）。この章の冒頭で引用した部分は、そこで演劇界や画壇に於ける商業主義と実験主義の相剋等、言わば社会構造的な側面にも言及している箇所である。

繰り返しになるが、芸術作品やその経験は、それを享受する受け手（読者、観客、聴衆その他）の存在無くして成り立たない。この構造により、芸術実験に関する本章は、先行する二つの章の間の中間的なグレーゾーンを形成する。既に論じたように、受け手という存在が無ければ、芸術家の活動のかなりの部分が科学者（あるいは研究者一般）と並行して見える部分があっても不思議ではない。しかしまさにこの並行関係という設定そのものに問題があるとも言える。

芸術実験論（ＡＲ論をふくむ）の多くに感じるのは、こうした実験によって生産される作品や経験の受け手がそもそも誰なのか、あまり意識されていないという点である。ＳＴＳに於ける、ラボとその外と言う議論は、ラボで生産される知識が科学者共同体内部で周遊しているという理解に対して、それを相対化し、外に対してより開かれた形で捉え直すという試みであった（Latour 1983; Gross 2016）。また特に英国の科学社会学者達は、専門家集団によって産出される知識の限界および非専門家との関係という、特に本邦で人気があるテーマを主導してきた（Collins 2014）。この相対化の試みは、社会実験という文脈では、知識獲得と社会参加と言う二つのベクトルのせめぎ合いという形として現れた。そこでは社会実験と言いつつ、実は社会参加が中心のイベントになるリスクもある、という点も議論の対象となった。

他方、芸術実験を巡る様々な言説や実践を通覧すると、そうした実験の多くが、ラボ（スタジオ）レベルからあまり外側に広がっていないという印象を受ける。この点は、いわゆる前衛芸術に於ける「前衛」という発想の起源にも関連する。それは政治的前衛という概念をもとに、急進的な前衛組織が一般大衆を先導して社会変革をもたらすという政治的エリート主義であり、そのエリートが大衆を先導するとされる（コンパニョン 1999）。それゆえ前衛的な芸術も基本はエリート主義的であり、ブルデュー流に言えば、こうした作品の解読には、かなりの文化資本（教養）が必要となる（ブルデュー 1989）。言い換えればその構造は、科学モデルに近い、専門家によって閉じた構造を持つと言えなくもない。

しかしある意味これは妙な話でもある。科学業界なら、特定分野の成長は、同業者を探し、初期ネットワーク状の構造を作り出すことから始まる（Callon 2001）。そうした初期ネットワークから、専門ジャーナル、学界の形成と言う手続きを踏んで、段々と新興分野としての相貌を整えていくのである。では芸術家集団にそれと同じことが可能であろうか。実際、歴史上では同好集団が次々と誕生した時期があり、ドイツの「青騎士」の様に自らグループを作り、命名した場合もあれば、アメリカのプレシジョニストの様に、一部を除き、同時期に勝手に活動していた複数の個人を後でまとめてそう呼んだ、といったケースもある。

だがこうした芸術家集団の形成を超えて、その作品の受け手という点まで話を拡大すると、途端に事態は複雑になる。たとえば、実験音楽を含めた芸術実験にとって、その受け手は誰かというのはかなり微妙な問題である。AR論で散見するのは、その受け手は高等教育関係者に限定されている、という暗黙の前提である。この点に関しては、AR論内部でも強い批判がある点は指摘した（Steyerl 2012）。科学界ほど限定されてはいないものの、作品が周遊する範囲は、あくまで学位保持者の間だけ、にしか見えない。この受け手に関する問いは、AR論に援用されるSTSの議論にも存在しない。社会実験の章で、ラボとその外についてのSTSの議論が部分的にせよ引用されるのに対し、芸術実験で引用されるSTSの議論の大半は、ラボ内部の過程に限られるのである。

この点から言うと、こうした芸術実験は（その内容よりも制度的な意味で）ある種の疑似科学化への道を歩んでいると言えなくもない。まさに〈博士号をもつ芸術家〉（Elkins 2009）は、科学的実践と同様、専門家内部で閉じた構造を持つと言われかねない。更に面妖なのは、このAR論のどこにも、生産された作品と市場との関わりといった議論が全く登場しないという点である。博士号を持つ芸術家は、市場との関わりは存在せず、あくまで高等教育機構の中でその収入が保証されるということなのだろうか。

その点から言えば、実はアメリカの「実験」音楽が、その多様性の中で、こうした閉鎖性からの離脱の可能性を示してきた点が重要である。ケージが、実験（音楽）の定義に早々と聴衆（受け手）とその聴取という観点を導入し、音楽実験を外に開かれた形で定式化した点にそれは現れている。とはいえ、ケージの作曲活動が、実際の生の聴衆の存在によるフィードバックを前提にしていたかははっきりしないという点は既に指摘した（ナイマン 1992: 52-53）。実際、後続の実験音楽家の中には、ケージの作り出す音楽が観念的であり、単純に嫌いだとする人も少なくない。後にミニマル音楽の中心人物として大きな影響を与えるライヒ（S. Reich）は、作曲のプロセスを隠していることと、概して人間味がないという理由で、ケージの音楽を嫌っていたと言う（シルヴァーマン 2015: 372）。またケージ以外、パーチやハリソンと言った人々による多様な試み、更には民謡、世界音楽への拡大という形で、人々の現実的な聴取に寄り添った形での実験音楽の試みが続いたという点も重要である。ケージの音楽はどうしても高等教育機関無くして生き残れないという印象すらある。

ただし、彼が実験（音楽）概念をアメリカ的文脈の中で定式化したことで、その文脈の特殊性がクローズアップされ、結果として、ケージの考えとはかなり異なる方向に、様々な実験が行われたという点は重要である。そうした広がりを網羅的に追跡するのは難しいが、少なくともこの時期の実験音楽を巡る試みは、実験芸術の隘路と可能性を同時に示しているのが興味深い点である。

結語

本章の始めで、先行する章との関係性を示すいくつかの項目、即ち、①フィールド実験、②実験／ラボ概念の揺らぎ（知識か、社会参加か）、③ラボと社会の関係、④実験の巨大化と即興性、⑤実験の非線型性とセレンディピティ、そして⑥STSとの関わり、について再録した。芸術実験に関して言えば、これら諸項目の重要性のバランスは、先行する科学実験及び社会実験のそれとはかなり異なっている。社会実験を論じる際に重要な点は、まず以てそれが社会というフィールドに於ける実験である以上、①フィールド実験についての様々な考察が中心的な意義があるという点である。とはいえ、社会実験は単に社会での情報収集という点のみならず、社会参加というベクトルが複雑に絡み合っているため、②実験概念の揺らぎと、③ラボと社会の関係という二点が、①と密接に係わってくる。

一方芸術実験に於いては、もともとそうした知識獲得というモチーフは乏しいと理解されて来た為に、こうした点とは異なる形でその定式化が成されて来た。基本的にそれは、何か従来に無い斬新な表現を試みる、という意味での実験であり、実験的という形容詞がつく分野は、それゆえ前衛的というそれと殆ど同義であった。他方、フィールドや社会という言葉を、芸術表現を受容する最小単位（受け手）と考えればそこでは、科学界でのピアレビューを超えた存在、つまり聴衆や観客といった集団が必須となる。それらの存在がラボ（スタジオ）を超えた必要条件であり、これが③ラボと社会の関係という項目の、芸術面での出発点になる。

詳述した様に、実験という概念にこの芸術社会の最小単位である聴衆を含めるという点が、ケージらが実験音楽という行為を独自に定義した際の重要な出発点である。ケージがこの方向の探求を完遂したかどうかはかなり疑問が残るが、少なくともこの出発点によって、実験音楽に係わる議論が、他の領域の芸術実験と比べ、驚く程の独創性と厚みを持つことになったというのは私の買いかぶりであろうか。

実験音楽に於けるこの実験概念が、他の領域のそれと比べても特に目立つのは、前述した項目での⑤実験の非線型性とセレンディピティという点に於いてである。一般的な研究過程でも偶然の役割は重要で、第2章で詳述したキャンベルや、一部のＳＴＳ研究者が研究過程の非線型的な過程について強調したという点は繰り返し論じてきた。しかし特にケージ等の実験音楽の議論では、この偶然性という概念そのものが、（音楽）実験を定義する最も中核的なそれになっている。

しかもこの偶然性の中心的役割は、前述した④実験の巨大化と即興性、という項目とも遠回しに関係する。この項目はもともと第1章冒頭の、実験の二つの形という話に於いて、ラボでの小回りの効く実験という文脈で紹介したものである。こうした非公式の即興的実験が、実験規模の拡大によって難しくなると言うのがその意図であったが、これに近い現象が、社会実験の巨大化にも見られるという点が第2章の議論であった。こうした硬直化を避ける手段が、即興性を重視する一部の建築系のアプローチだったのである。実験音楽の文脈では、この即興性が、実験≒偶然性を担保するものなのか、それとも本当の意味での革新性を生まないものなのか、といった点で激しい議論に繋がって行くのである。

この偶然性～即興を巡る論争が、実験音楽が持つ独自の進化の一側面であるとすれば、先行する章に対して更なる遠心力を加えるのが、デュシャン及びその思想的背景の一つとしての、パタフィジックという議論である。ここでは偶然性は、それを貫く法則性の探求という名のもとに、科学への一種の芸術的オルタナティブとしての地位を獲得する。そしてこの考えは、デュシャンといった影響力の強い作家の活動を通じて、現代的な芸術実験の、言わば地下水脈のような役割を果たしてきたのである。これは偶然性という錦の御旗のもと、科学へのパロディ的介入という形をとる。その意味で、前述した①～⑥のどの項目のどれにも当てはまらない、芸術実験の特異性を示すのである。

本書の後半では、こうした図式に修正が迫られる事態を議論したが、そこでは科学（を含む研究一般）と芸術実験の関係性が問い直されつつある。上記の項目で言えば、②実験／ラボ概念の揺らぎ、③ラボと社会の関係、⑥STSとの関わりといった側面に於ける構造変動が見え始めている。それが特に欧州を中心とした、AR論の沸騰（ハイプ）である。例えば②の問題は、もともと社会実験に於いて、研究か社会参加かという極を示す為に置かれた項目だが、AR論に於いては、研究と芸術の間の収斂（とその批判）という形でその姿を現し、その正当化の為に⑥STSの関与が加速しつつあるという印象を受ける。

この文脈ではSTSに於けるラボラトリー研究に代表される研究のミクロ過程と、芸術実験の共通性と言う議論が多く成されているが、その限界についても既に議論した。こうした議論の背景にある芸術教育の高等学術化と制度的統一という問題について、STSの介入が無知である点、また研究と芸術の並行性という議論が、科学のピアレビューと、芸術の観客（聴衆）を混同している点を批判した。STSでは③ラボと社会の関係についての議論の蓄積があるが、AR系の議論ではそれが生かされていない。アカデミアの範囲を超えた話は、殆ど出てこないのである。その意味では、こうしたＡＲ―ＳＴＳ系の議論は、音音楽実験の考察を、作曲家を超えて聴衆、更により広い社会との関係で模索した、ケージ以降の様々な音楽実験論のレベルにすら達していないというのが本章の結論である。

第4章　STSと実験再考

序　残された論点

さて、ここまでSTS的視座を軸に、科学、社会、芸術といった異なる諸領域に於ける様々な実験概念とその実際の在り方について、その極めて多様な様相を、いくつかの事例を中心に概観して来た。実験は今や極端に複雑な生態系を形成しており、その全てを本書だけで概観するのは不可能である。とはいえ、ここで議論したいくつかの分野や事例に限っても、ローカルな独自の進化と同時に、興味深い共通点も見られる点は明らかになった。

第1章の始めに、実験的行為の基本的特徴のいくつかを暫定的に呈示した。簡単に振り返ると、実験とは、単に思念するのみならずそれを実際に試してみる、という振る舞い一般を示す。この際に理論と実験という問題系が生まれる。

第二に、実験は、繰り返し行うことで、対象から学習する過程でもある。その為には、結果を分析し、内容をフィードバックするというプロセスが必要となる。

第三に、実験は、失敗のリスクを伴う。何を失敗とするかは色々だが、失敗自体が貴重な情報をもたらす。それゆえ失敗は学習の基礎である。しかしそれへの対応は分野によって大きく異なる。

最後に、実験は結果として新しい情報を産出するが、実験の目的が、そうした新しい情報に限定されるのか、それとも他の要因、目的が係わるのかは、分野によって異なる。

これらの点を個別の問題に則して各章のライトモチーフとして呈示したのが、①フィールド実験に始まる①から⑥の六つの項目である。それらを別の軸からまとめ直したのが、上の四つだが、先行する章ごとにそれぞれの濃度もかなり違っていた。これら四項目のうち、第一の「理論と実験」の話は、ＳＴＳとその周辺領域で様々な議論があり、残りのトピックは、私の「学習の実験的領域」論との関係が深い。以下前者はＳＴＳ一般の議論との関係で論じ、後者は、実験への諸制約という形で、それぞれまとめて論じることにする。そして最後にこうした実験が今後どうなるかという見通しについても簡単に論じる。

I　理論と実験

1　科学史の文脈

科学に於ける理論と実験の関係は歴史的にも複雑で、STS及びその周辺諸分野でも、その関係についての理念的、経験的な多くの研究蓄積がある。ここではそうした膨大な議論には立ち入らずに、本書で現れた領域に限定して、その議論を概観してみる。言うまでもなく、西洋科学史に於いて、実験的な行為の重要性を論じた多くの歴史的な論者がおり、そうした実験の擁護者として、二人のベーコンの名、つまりロジャー（R. Bacon）とフランシス（F. Bacon）が挙げられることが少なくない。前者は一三世紀の修道僧で、独自の視点から当時でいう「光学」（今でいうそれとはかなり異なり、神学的要素や、視覚の研究も多分に含む）という観点から、実験的なアプローチの重要性を説いた人物とされる（伊東 1981）。このロジャー・ベーコンへの評価が、後代の啓蒙主義史観により強調され過ぎたという議論もある。

他方、フランシスの方は『ノヴム・オルガヌム』（ベーコン 1978）といった著作で有名で、英国経験主義の祖とされることもある。その経験的知識の中心性の強調が、実験的アプローチの思想的擁護の先駆的実例としてしばしば名前が挙がる。但しそうした主張の背景には、当時の大学教壇に於ける、アリストテレス自然哲学に対するある種の盲信に対し、それを打破する為の実験の称揚という面が強かったという歴史的な背景もある（石井 2016）。

こうした科学思想史の古典的な事例に比べ、ＳＴＳ界隈でより直接的に参照されるのは、既に紹介したボイルとホッブズの論争である。内容を繰り返せば、自身の空気ポンプ実験に代表される実験的手法を大いに唱導したボイルに対して、『リヴァイアサン』で有名なホッブズが、理論的な基礎付けが無い実験の無意味さを批判したという話である。他方ボイルは、ホッブズの過激な政治思想とは対照的に、より保守的な政治思想を支持していた（シェイピン・シャッファー 2016）。ここからラトゥールが、政治と科学の必然的な融合というストーリーを導き出し、いわゆるノンモダンの哲学という主張を発展させたのは良く知られている（Latour 1993）。

既に論じた点だが、国際的ＳＴＳ、特に英国の初期科学社会学の議論により大きな影響を与えたのは、クーンのパラダイム論である。この議論は、研究者はその領域の学問的マトリックスを習得することで専門家になっていくという図式とも読め、ある種の社会学習の過程と解釈可能なため、社会学者達にとって大きな刺激になった（e.g. Barnes 1982）。他方、ポパーの「反証可能性」といった先行する議論と同様、その理論的枠組が理論物理学をモデルに組み立てられている点が、特に一部の科学史家達から批判された。こうした科学史家は、理論からの実験の相対的自律性（ハッキング 2015）、あるいは理論物理と実験物理を繋ぐ複雑な回路、そして実験装置の変化が研究内容に大きな影響を与える（Galison 1997）といった点を強調し、クーン的理論科学偏重の姿勢に対し修正を迫ったのである。

更に、クーンの陰でその存在があまり知られていなかった、生理学的医学者であるフレック（L.

Fleck）の一連の発想もＳＴＳでは重視された。フレックは、パラダイム概念に似た「思考共同体（Denkkollektiv）」（Fleck 1979）といった概念を呈示し、国際的ＳＴＳでは学界賞の称号にもなっている。彼はその著作の中で、ヴァッセルマン反応という梅毒判定の実験の意味が歴史的に徐々に変化してきた様子を詳述しており、そうした変化をクーンのように理論Ａから理論Ｂへと「革命」的に変化するとはしていないのである（同右）。また最近では、ゲノム研究といった分野の急速な発展をベースに、データ・ドリブン科学のような言い方も一部で使われている。

2　ＳＴＳと理論／実験

前述したように、ＳＴＳ、特にラボラトリー研究に代表される初期のそれは、理論科学よりも実験科学の持つ多様な相貌に興味を持ったため、ＳＴＳ全体としての関心のウェイトが実験科学やフィールド科学に向けられ、理論科学的な面は（例外的に数学や論理学についての研究もあるが）それほど立ち入って研究してはいないという印象は否めない。他方、ＳＴＳ自身の理論的志向性を見ると、理論／実験のどちらに力点を置くかは、思いの外複雑である。

ＳＴＳ全体での動向の分岐を略述したのは、社会と知識の「共生産」（co-production）という概念を提唱した折衷主義的なジャサノフのまとめにその典型例が見られる（Jasanoff 2004）。ここでいう社会と知識の二分法は、特定の知識が社会に依存するのか（典型的にはマルクス主義の様に、下部構造としての生産体制が上部構造としての知識体系を規定するといった話）、それとも知識は社会構造と自立的なのか、という議論に端を発している。こうした二者択一ではなく、社会と知識が同時並行的に生長するとまとめたのがこの議論である。ここでは、実例としてのゲノム研究等が論じられている。ゲノム研究はそれ自体が膨大な知識を産出する一方で、そこで産出された知識体系は多様な新しい社会的装置（研究組織から市場にいたるまで）を急速に作り出していく。この知識の成長と社会の関係はどちらが先という訳ではなく、同時並行的に進行するという意味で、共生産という言葉が使われるのである（同右）。

しかし続けてジャサノフは、従来のＳＴＳの理論の傾向として、知識の生産が社会的文脈に埋め込まれていると考えるグループと、そうした知識の空間が比較的独立的であると考えるグループを二つに分け、アクターネットワーク理論等はその後者に分類している（Jasanoff 2004）。他方、現実の研究過程の研究から、こうした独立説を痛烈に批判したのは第1章で紹介したクラインマンである。製薬会社との共同研究という形でバイオ研究を行っているラボが、製薬会社が主張する特許等の制約と葛藤しつつ研究している姿を分析して、アクターネットワーク論者たちが主張する、相対的に独立した知識空間という考えがリアリティを持たないという点を強く批判したものである（Kleinman 2003; 福島 2017）。

だが実は話がこれほど単純ではないのは、ここでは空中に漂う観念論のように扱われているアクターネットワーク理論にも別の側面があり、それが理論と実験の関係についての議論の分岐の起源になっているからである。そもそもアクターネットワーク理論は、一方で記号論、つまり人々の観念を扱うような側面を持つ。たとえば「アクター」という言葉そのものが、言語学的な意味での「行為項」の意味で、一種の作用を持つモノ／状態は状態ならすべて主語になる、という話から出発している。

対象の実在性に関していえば、科学論争の最中では、語られる対象が実在するかどうかは未だよく分からない。その段階では、話は観念（仮説）に止まっているとも言える。しかし研究が進み、対象の実在性が確認され研究者集団がそれを承認すれば、その対象はただの仮説ではなく、実在する対象として認定される（Latour & Bastide 1986）。ただしこのプロセスは仮説から実在といった簡単なものではなく、常に修正が加わる暫定的な過程、としたのが第3章で紹介したラインバーガーの認識的モノといった概念である（Rheinberger 1998）。

いずれにせよ、観念（記号）から実在へという動きを支えるのが実験／観察であるが、この過程は一方通行ではなく、逆流したり絡みあったりする。アクターネットワーク理論では、観念系の話と、現実に存在するアクターの区別をつけないため、観念も実在物も両方登場する。ここで重要なのはむしろ論争で話が賑わっている状態で、それがネットワーク記述の前面に出てくるのである。では実在性が確認されたらどうなるか、というとその時点でこの話は、ネットワーク的記述の前面から撤退することになる。

カロンの初期論文を読むと、問題化（problematization）のネットワークという表現を使っているが、議論の俎上に乗っている対象がネットワークとして記述され、議論が終われば、その対象は記述の背後に納まってしまうのである（Callon 1980）。これは後にネットワークの安定と不安定と呼ばれる様になるが、ネットワークが安定すれば、古典的な社会構造と同様、アクターネットワーク理論を持ち出す必要も無くなる。この理論による分析の妙は、当該ネットワークが不安定な状態から、安定化し、自明化する過程なのである[1]（cf. 福島 2020）。

話を論争に限れば、そこで登場する対象は、未だ観念レベルに止まっているとも言える。これをテクノロジーの開発初期に置き換えると、話はアイデアと実験室環境という限られた状況の中にあり、その未来は可塑的である。こうした側面を強調すれば、カロンが言う「エンジニアは世界を造る」といった表現も可能になる。他方、論争が終結し、現実の製造されたモノが動きだすと、それは理論よりも実在にかかわるものとして、実験に関係するという風にも見えるのである。

3　デューイとホワイトヘッド

ＳＴＳの代表的な理論の一つであるアクターネットワーク論の内部ですら、観念と実在のどちらにウェイトを置くかは微妙であるが、そうした方向性の分岐を象徴するのが、近年特に英米系ＳＴＳを中心に再評価されている二人の古典的哲学者、則ちデューイとホワイトヘッドである。いうまでもなくデューイはアメリカ・プラグマティズムの代表的論客で、ホワイトヘッドは英米哲学には珍しく壮大な形而上学的な体系に意欲を示した哲学者である。その哲学的主張はかなり異なるが、この二人が共にＳＴＳ界隈で重宝されるにはそれぞれの理由がある。

実験に係わる哲学的議論という意味では、アイコンとしてよりふさわしいのはデューイである。第1章では、リービッヒ・ラボの影響の一つの例として、プラグマティズムの始祖パースに登場してもらったが、第2章では、プラグマティズムの国アメリカ行政に於いて、なぜ必ずしもそうした実験的姿勢が行政学では受け入れられなかったか、という点に関して、デューイに絡めて論じている。実験という観点そのものからいえば、デューイは「実験学校」という試みの中で、まさに試行錯誤としての実験を学習の中心に置いたことでも有名である。但しデューイ本人はこの実験という言葉が、モルモットを連想させるという点から最初渋ったそうであるが[2]（メイヒュー・エドワーズ 2017）。より一般的には、デューイの認識論は、生物が問題状況に於いて解決を探索するという大きな枠組みがあり、探索活動として科学的実践と学習の間には強い並行関係がある（デューイ 2018）。第1章で触れたが、現在教育現場の一部で大はやりのワークショップ概念は、もともと実験室を示すlaboratoriumとほぼ同義として使われていた時期もある。こうした近親性を教室で試みたのである。

問題解決の為の探索活動という概念を政治に応用したのが、彼の民主主義論である。そこでは民主主義は、集合的問題解決の活動と定義される（デューイ 2000; 植木 2010）。これはいわば科学＝集合的探索という考えを政治に翻訳したものだが、後にＳＴＳの論者が試みる、ＳＴＳ的論点を科学以外に拡張するという試みそのものを、デューイが既に行っていたと再発見された訳である。実際アクターネットワーク論者達の中で、政治の実験化を主張する人々は、自分達を（デューイ流）プラグマティストと自称する場合もある（e.g. Marres 2007）。

他方、もう一人の巨匠ホワイトヘッドへの近年のＳＴＳ界隈の関心は、より思弁的、哲学的なそれに由来する。ホワイトヘッドは数学基礎論から出発し、後にロンドンで教育の実務を経験する一方で、詩と歴史を愛し、後にアメリカに移ってそれらを統合した壮大な形而上学的体系の形成を試みた。その体系がフランスのドゥルーズ等に大きな影響を与えた点は夙に知られている。

その関心の中心の一つは、主観の世界と外界の物理的自然の統一である。彼はこの二つが異なる世界として分岐することを問題視し、それらを統合した一つの自然として示そうとした。彼自身二〇世紀の理論物理の革新に部分的に関与していると同時に、ワーズワース（W. Wordsworth）等の詩の世界にも深く傾倒しており、その二つの領域を同一の平面で記述できる体系を作ろうとしたのである。実際彼が試みたのは、心的な傾向を顕す語彙を改変し、より一般的な関係性の語彙として使用することである。彼の基本概念の一つである prehension は日本語では「抱握」と訳され、意味がよく分からないが、もともとは英語の apprehension、つまり何か悪いことがおきるのではないかという不安、心配、という語から接頭語 ap を取り除き、現実を構成する要素が相互作用するあり方として再利用している。そうした関係性を示す一連の用語があり、その中には「感じ」(feeling) といった用語もあるが、モノの相互作用でもこれを使うのである (ホワイトヘッド 1979)[3]。

ここで言いたいのは、彼の哲学体系の詳細というよりも、本書の主題である実験についてのホワイトヘッドの立ち位置である。ホワイトヘッドは六〇歳代になってハーバード大学に移籍し、そこで組織的に自分の哲学を展開するが、第2章冒頭で紹介した様に、その会話録では、当時勃興するシカゴに感嘆し、現代に於ける (古代ギリシャの) アテネに相当する、とまで称賛していた (プライス 1980)。と同時に、同じ本の中で彼は、当時シカゴを中心に活躍していたデューイの哲学に対し、その基本方針には反対ではないが、彼らがあまりに現実のレベル (実用主義) に固執し、観念の持つ役割を正確に評価していないと批判している点が面白い (同右)。前述した様に、デューイ哲学の関心は、生体と環境との関わりに置かれ、知性の働きは環境との関係性の変化によってそのモードが変わる (それ自体はパースの議論の生物学化であるが)。そこでは知性の働きは常にその環境とセットになっている。

他方、もともと数学出身で、プラトン哲学に傾倒してきたホワイトヘッドにとって、これでは観念の働きが限定されてしまうと考えたのであろう。実際、ホワイトヘッド哲学と言えば『過程と実在』(ホワイトヘッド 1979）が最も有名であるが、それ以外にも例えば『観念の冒険』（ホワイトヘッド 1982）という一種の歴史哲学書も書いている。このタイトル自体が暗示的だが、まさに数学者で理論物理にも貢献したホワイトヘッドらしい言い方、つまり観念／理論がいかに人類の歴史に貢献したかを大きなスケールで分析した書である。

ＳＴＳの分野でこうした哲学的な議論に共感を示すのはアクターネットワーク理論系の研究者に多いが、興味深いのは、彼らの傾向も、ある意味、デューイ派とホワイトヘッド派に分かれるという点である。例えば前述したマーレスは盛んに政治が「実験化」する必要を主張し（Marres 2013）、その系列の議論ではよく引用される人である。彼女はまた公衆の性質についての、デューイとリップマン（W. Lippman）間の論争を議論して、公衆が事前に存在するというよりも、様々なイシューと共に生成するという彼らの議論を復活させ（Marres 2007）、ＳＴＳ界隈に流通させた人でもある。こうした人が自分のことをプラグマティストと呼んでいるのが面白い。

他方ホワイトヘッド派の関心は、話を現実社会に於ける実験レベルに関係させるよりも、むしろ上述した『観念の冒険』に近い、思弁的、理念的側面の重要性を強調する傾向がある。みずからホワイトヘッド社会学を目指すマイケル（M. Michael）の様な場合が典型である（Halewood & Michael 2015）。彼の関心は、例えば設計プロセスに於いて、エンジニア達が想定するユーザーイメージの機能や、未来を語る言説がテクノロジー開発にもたらす働きにある（Wilkie & Michael 2009）。また近年イギリスを中心に喧伝されているスペキュラティブ（思弁的）・デザインに関し、まるで大陸哲学のような観念論的な主張も積極的に行っている（cf. Wilkie, A. et al. 2017）。

本書で扱ってきた実験というテーマから言えば、デューイ派、つまりプラグマティズムの方が内容的には近親性があり、デューイ本人のカバーする範囲も、教育、民主主義、更にはアート（デューイ 2010）に及んでいる。特に社会実験という文脈に於いては、デューイこそその元祖の一人と言ってもおかしくはない。とはいえ、前述した様に、現実の行政ではプラグマティズムではなく、理論中心の論理実証主義の尊重、つまり実際にやってみることよりも、政策の論理的整合性といった、理論的な側面が重視されてきたという指摘もあった（Snider 2000）。この点が「失敗しない行政」と可謬主義的プラグマティズムの対立として、第2章の重要なポイントであった。

4　理論・実験関係の諸相

以上の論述でも明らかなように、理論と実験という図式が科学領域から拡大すると話は更に複雑になる。社会実験の領域では、「理論」の側に分類される性質が、単に仮説という点に止まらず、政策という政治的要素が加わる。実験の結果が理論の想定に合わない場合、科学分野では様々な対応法があり、それをアーティファクト（つまり人工的に生成したエラー）として排除する場合もあれば、それが正しそうだと感じられると、他の研究室での検証（追試）、結果の意味についての論争、理論の部分的修正、といった諸々の段階を経て最終的には理論全体の再構築といったステージに至る場合もある。とはいえこうした手続きは原則科学業界内部で進行する。

他方、特に政策が関連した社会実験では、実験結果を政策にフィードバックさせる手続きは、科学理論のそれと同じとは言えない。クーンが指摘するように、科学理論ですら、理論に反する実験結果に対し、パラダイム側は様々な形で抵抗する（クーン 1971）。多様な社会実験とその結果に関しては、当然話が更に複雑になる。そもそも社会実験という考え方が政策局面に登場したのは比較的最近の話だが、第2章で紹介した旭川市の歩行者天国のそれも、行政内部でゲリラ的に行われたのは、「行政は間違わない」からである。つまり失敗の危険のある実験という考えは、そもそも行政用語に無かったのである（上田 1984）。また社会実験の結果に応じた政策の変更（撤回も含む）についても、交通実験系は比較的そうした可能性があるものの、経済特区のようにその成功が（事実上）義務づけられている場合もあり、そこでの撤回可能性は少ないという指摘もある（白取 2007）。

また理論／実験という枠組みが、全ての社会実験の前提となっている訳でもない。第2章で繰り返し論じた様に、社会実験の目的が、知識の獲得なのか、それとも社会参加の促進なのかという点について、様々な立場があるからである。交通システムという工学領域に関係が深い社会実験では「仮説の検証」と言う図式がよく用いられる。しかし交通実験ですら、社会参加といった意識によって理論／実験という枠組みを超えた対応をするケースもあることは指摘した（高橋・久保田 2004）。更に、ある種の建築系社会実験では、むしろ即興的住民参加にウェイトが置かれ、社会実験ドリブンとでも称すべきアプローチを取るものもある（馬場他 2020）。当然、これが行き過ぎると、社会実験が単なるイベントになってしまい、理論的検証という契機が乏しいとされかねない（泉山他 2021）。逆にイノベーションを重視したリビングラボでは、ラボという名称からも分かるように、科学実験をモデルにした色彩が強い。しかしその詳細に関して、社会参加するユーザーや住民の取り扱いについて、その不十分さを指摘する議論もある（e.g. Bogner 2012）。

このように社会実験に於いては、一方で政策、他方で社会参加という重要なファクターが加わるため、理論と実験という単純な図式に還元出来ない場面も少なくない。このどちらの要素に重点を置くかで、社会実験の目的が、知識の獲得、政策の形成、住民（ユーザー）参加という形で、複数のベクトルに分岐するからである。その意味では、理論と実験という形で問題を整理することは、多様な社会実験の実態を理解する点では意味があるものの、そこには限界もある。その一つは、自然科学を超えた「社会」という要素の複雑さを見逃すという点である。と同時に、自然科学に於いてすら起こる、理論／実験関係の多義性を誤って単純化し、社会実験を単に（社会に関する）仮説を検証する手続きだと誤認することにもなる。

これが第3章の芸術領域に移ると、話は更に独自の進化を遂げる。既に論じた様に、この領域でいう実験という言葉には、工学系の色彩の強い社会実験でよく見受けられる、特定政策や技術の「実証実験」、という意味合いは乏しい。多くの場合それは、新奇な手法によって生み出される新たな表現の試み、といったニュアンスが中心になる。それゆえ一般には「実験」芸術は「前衛」芸術という言葉とほとんど同義である。

しかし例外は実験音楽で、ここでは欧州を中心とした、作曲家中心の「前衛」音楽と、偶然性を強調したアメリカの「実験」音楽という特異な対比法がある。実験音楽は偶然性、そして即興という概念と密接に結びついて、意図された（前衛的な）作曲という概念と明確に対比されている。この意味では、この対比が理論と実験という図式に似ている面もある。しかし注意すべきは、ここでの実験が多くの場合偶然性と同義とされており、更に理論中心の大陸欧州的な音楽に対する、実験的なアメリカのそれ、という独自のニュアンスが加わるという点である。芸術面でも、第2章で紹介した「実験国家アメリカ」という含意が加わるのである。

更に話が込み入ってくるのが、音楽が作曲と演奏という二重構造を持ち、それ自体が理論と実験という関係性と類比的な点である。そのため、作曲から演奏、聴衆に至るスペクトラムのどこに、実験≠偶然性という図式を適用するのかという点について、多様な論者間に合意が存在していないのである。即興を巡る論争も加わり、話は理論／実験図式とのアナロジーからかなり漂流する。更なる遠心力は、「偶然を貫く法則性」の探求という、科学のパロディとしてのパタフィジックである。

この実験≠偶然性という理解は、科学や社会実験に於ける実験理解とはかなり異なるものだが、科学でもセレンディピティという概念がある。但し既に論じたように、これはあくまで新たな真実に対する「偶然による」入り口の発見とでもいうべき内容である。他方、芸術実験に於ける偶然性の探求は、それ自体が目的であり、一回きりの試みである場合が少なくない。ここら辺になると、科学実験（第1章）と芸術実験（第3章）の間の翻訳が難しくなるが、更に話がパタフィジックになると、目的は科学のパロディとなる。陽子・反陽子的な言い方に倣えば、それは一種の反・科学ですらある。こうした文脈で、科学／芸術間の困難な翻訳を無理やり行おうとしているのがARという潮流ともいえるが、もともと欧州固有の教育行政問題がこうした無理な翻訳を行わせているという点は既に議論した。

科学と芸術に於けるかなり分岐した実験観に対し、社会実験に於ける偶然性、逸脱あるいはセレンディピティの扱いはなかなか微妙である。それは社会実験の中に、科学（研究）的、社会参加的、そしてある意味アート・デザインを含めた創造的な側面が混在しているからである。社会実験には特定の政策との関わりや、社会参加と言うベクトルが共存しているが、政策との関わりでいえば、実験による逸脱は小規模であれば政策面での微調整で済む。他方それが大規模になると、政策そのものの見直し、あるいは中断、廃止といった大きな変更も必要となる。その政治的コストはバカにならないし、中断は、公的な意味での失敗として批判されかねない。自然科学系の実験でさえ、たとえば新型ロケットの打ち上げ失敗という、新規技術開発には常に伴う側面に対して、メディアの反応がことのほか厳しいというケースが近年目立つ。まさにこれがコリンズらのいうデモンストレーションとしての性格である。研究では失敗によって多くの発見があるが、メディアの目には単なる予算の無駄としか映らないのである。

この点では、リビングラボといった、イノベーションを中心として行われる社会実験のケースでは、逸脱あるいはセレンディピティは新たな商品開発といった側面と密接に関わりうる。しかしそうした場合でも、特にそれが脱炭素経済への移行といった大規模政策とリンクすると、逸脱が持つ創造的な側面よりも、大目標からのずれという形で理解されがちになる。この点は、実験過程の本質的な蛇行性を強調するSTS系論者も認めざるを得ない点なのである。

それ故、社会実験に於いても、様々な実験的な試みに、こうした実験≠偶然性といった側面が無い訳ではない。しかしそれが大きく展開されるか、それとも元になる政策との関係で微調整で終わる、あるいはあえて無視されるかは、社会実験の特性に依存する。例えば、その実験が特定政策の「検証」という側面が前面に出ている場合、そうした偶然性による逸脱は、結果としての微調整に終わる場合も多い。他方、力点が架設性や、地域活性化、イノベーションのアイデア出しといったタイプの社会実験なら、セレンディップな偶然性の可能性は尊重される可能性もある。

また、ローカルな創発性をより広い範囲に拡大するという政治的意思の有無も、この実験≠偶然性という側面がどの程度社会実験で生かされるかを決める要素になる。その意味では、政策に於けるデザイン思考といった潮流は、ある意味こうした「実験音楽的」とでもいえる実験観を社会実験が引き受ける窓口になるかもしれない。ここで求められるのは、全ての領域に妥当するロバストな事実の探索よりも、特定領域に於ける創発的な政策の形成と修正である。その場合、偶然性に於ける新たな発見に対しては、多様なフィードバックの経路により、その意味・意義が学習されるのである。

II 学習の実験的領域再考

1 概要

さて、以上の議論は、全体を通じて浮き上がってくる潜在的なテーマの一つとして、理論／実験関係という側面をとりあげ、それをSTS内部に於ける動向と関連づけて論じたものである。他方、もし実験の概念を拡大し、それを様々な現場に於ける試行錯誤の様式と見做せば、こうした実験的行為が日常レベルでどの様な状態にあり、どういう条件によってその可能性が拡大縮退するかを観察することが出来る筈である。福島（2022）が試みたのは、そうした条件をあるタイプの学習理論の一部から切り出して拡大するという試みである。それが「学習の実験的領域」論であり、The experimental zone of learning（EZL）理論として英語でも発表された（Fukushima 2017）。

この議論の核をここで簡単に再録すると、基本的に日常的実験（everyday experiment）とされる日々の試みは、大きく分けて二つの条件の影響を受ける。一つは様々な「社会的制約条件」、もう一つは実験を可能にする様な「社会技術的装置」（socio-technical device）という考え方である。

前著でも示したように、この議論の出発点は、社会学者ベッカー達が一九六〇年代に行った様々な職場での現場学習の実態調査にある（Becker 1972）。このプロジェクトはもともと学校教育の有用性についての問題提起が目的で、それとの対比で様々な現場での学習状況を詳細に観察した。だが皮肉にも、この過程で学校教育のみならず、現場学習にもそれ固有の問題がある点が明らかになった。実際の仕事現場では、時間と業務に負われ、新人の学習に必要なゆとりや現場での教授が欠けていたのである。新人が教えを請いたくてもまわりはみな忙しくてそれどころではない。また他者の行動を観察する余裕もない。他方、現場では失敗が許されず、失敗は様々な形での損失に直結しかねないのである[4]（同右）。

こうした現場観察に対して異議をとなえたのは、レイヴ（J. Lave）らによる伝統的徒弟制研究で、一時期「状況的学習論」の名で教育関係者の間で持て囃された（レイヴ・ウェンガー 1993）。この議論では新人の修業の過程に、ある種の試行を可能にするような猶予空間があることが強調される。レイヴが調査したアフリカの仕立て屋の就業プロセスでは、初期の段階でおこる技術の不足による仕立ての失敗、そしてその結果としての布の切れ端等は、リサイクルの対象として有効活用される。新人が現場に参加しても、ベッカーのいう現場の諸問題を緩和するための「組織的な緩衝材」がそこに組み込まれているのである。

この空間のことを彼らは「周辺」（periphery）と呼び、そこに参入することを周辺参加（peripheral participation）と呼んだ。この周辺というのはかなり特殊な空間である。この空間は、新人がその未熟さ故に試行錯誤を繰り返す場合、それがもたらす様々なリスク（私の言い方では「毒素」）を中和する役割を果たす。この議論は、現場に於いてそうした空間を見出せず、結果として「現場でも学習は無理である」と言う過激な結論に達したベッカーへの反論でもある。

興味深いのは、こうした特別な猶予空間が常に存在するのか、また存在するとしたらどんな条件に於いてか、という点である。ベッカーや他の多くのケース（私自身の調査も含めて）が示す様に、現場に常にそうした猶予空間が存在している筈はない。私が調査した救命センターでは、特に看護部門は目が回る程の忙しさで、そこで当時問題になっていたのは看護業界でいう「リアリティ・ショック」、つまり学校から現場、という急激な環境の変化に適応出来ずに調子を崩す若い看護師のメンタル上の問題であった。これはまさに現場に於いて、実験的試行を可能にする猶予空間が殆ど存在しない実例である（福島 2023）。

学習の実験的領域論に於ける実験的行為は、多様な日常の現場に埋め込まれたミクロの存在であるが、その存在様式は、それを阻害する様々な制約との関わりで、時間的にも、空間的にも変化する。特に重要なのは、そうした実験的試行がもたらす負の要素、即ち失敗（毒素）である。新人は様々な形で実験的試行を行い、それは彼らの成長に深く関与する一方で、それによってもたらされる毒素の扱いは難しい。ラボの様に社会的、空間的に隔離すると言う方法は日常的実験では困難である。

またその対処法は失敗（毒素）の内容にもよる。アフリカの仕立屋の事例では、その毒素は仕立てに失敗して出来た布キレで、これは経済的コストであり、対処法はリサイクルのシステムである（レイヴ・ウェンガー 1993）。他方この毒素が人命にかかわる場合、話はこう簡単には行かない。外科手術がよい例であるが、新人の失敗は患者の生死に直結する。それ故こうした場合での対処法は、新人が段階を追ってより現実に近い実践に近づく様な訓練プロセスという形を取る。献体、動物、模型やシミュレータといった代替物を大いに活用し、実践状況でも危険度の少ない部分からじわじわと参加するのである。

福島（2022）には、近年「当事者研究」で有名な熊谷晋一郎氏がエッセーを寄稿して下さっているが（熊谷 2022）、ポリオによる全身マヒという条件で、小児に採血を試みる若き熊谷氏に、彼の上司がその失敗を後者がカバーすると語ってもらったことで、採血に成功する様子が生き生きと描かれている。実際、外科医の世界では、「外科医の腕は過去に何人の患者を殺してきたかによる」といった物騒な冗談を現場で聞いたことがある。過去の失敗を通じての技術の向上という一般原則から言えば、ここには（あまりうれしくはないが）一分の真実がある。他方、医療事故に対する世間の眼差しが険しさを増し、訴訟数も急増する現在では、事故状況を曖昧にするのは難しい。失敗に対する世間の圧力が強まっている現状では、失敗のコストを軽減化しつつ、どう実験的試行を可能にするかは、緊喫の問題なのである。

2　実験一般と諸制約の構造

学習の実験的領域論では、こうした失敗のコストを定義づける様々な社会的制約について分析している。その第一は時間である。実際の多くの現場で、新人が時間をかけて実験し、その失敗から学習するといった余裕は無い。そうした時間的制約が、現場での教授関係にも制限を与える。第二は経済的制約で、現場での失敗の多くは経済的な損害という形で現れる。また法・倫理的な制約は、たとえば医療事故の現状をみれば分かるであろう。

またこの枠組みでは、日常的な諸現場に於ける実験（日常的実験）と、ラボに於ける実験を対比しているが、ここでは、ラボは様々な制約要件に対して、特別に寛容な社会空間という位置づけが為されている（福島 2017）。実際、実験室で費やされる夥しい試行の繰り返しは膨大な失敗を生むが、それ自体が新たな発見への中心的な基盤である。それ故それらは「失敗」というよりも、前進の為の必須の手続きである。

とはいえ、そこに上述した諸制約が全く存在しない訳ではない。いくら時間に寛容とは言え、何年も成果が挙がらない実験の継続は難しい。フジムラが言うように、実験は「やれる（doable）」（Fujimura 1996）必要があるのは、科学実験といっても、予算の限界もあり、時間無制限とは行かないからである。更にここには経済的制約も絡んでくる。本書でも繰り返し登場したように、ロケット打ち上げの様に、一部の分野での実験の巨大化により予算が膨れ上がり、実験期間も長期化する分野がある。このことがまさに新人の学習問題と直結するのである。

また、法・倫理的制約もその圧力を強めつつある。かつての様に、人体実験的な試みが殆ど野放しだった時代は終わり、動物実験に対してすら倫理的な批判の眼差しが向けられる時代である。また宇宙空間についても、調査実験により当該惑星の環境が不必要に改変されないような注意も必要となりつつある。これらの動向は、日常的な実験に比べ、その制約条件から比較的自由と考えられるラボ（あるいは研究一般）と言う環境でも、諸制約の力が強まっている現実を示している。

とはいえ、社会実験の様に、一般社会を直接巻き込んだ実験に比べると、ラボに於ける実験での制約要件は、相対的にマイルドである。学習の実験的領域論は、あくまで日常的現場での実験的試行のミクロ分析であるが、社会実験のそれは、多くの場合、（社会）「実験」と名付けられた、公的な実験である場合が少なくない。当然ながら、諸制約との関わり方は、学習の実験的領域論で示したそれとは、連続面と切断面の両方がある。

社会実験もまた、それなりの成果を生み出す為には、それに応じた予算、準備調整期間、実験の実施、そしてその結果の調査等の、様々な時間的、経済的コストがかかる。更に初期の交通実験に見られる様に、道路交通法の制約により、多くの試みが法的に難しかったという。こうした法的制約は、社会実験が一般化するにつれ、様々な形で緩和され実験がしやすくなったという点から言うと、社会の一部が前述したキャンベル流の「実験する社会」という概念を少しずつ受け入れるようになって来た証左と言えなくもない。

こうした法的緩和は、他の社会実験の領域でも報告され、それゆえ社会実験は様々な領域で促進されるようになってきた。とはいえ、必ずしも全てが緩和された訳ではない。それゆえ特に建築系の社会実験では、まさに架設性という点から、法的手続きに抵触しない形で即興的に実験を行うやり方が模索される一方で、より長期的展開を視座に入れれば、最初からその合法性を十全に担保しておく必要もある。

実はこの点が、脱炭素経済への移行戦略で活用されることもある、STSオランダ学派の、テクノロジー発展図式（戦略的ニッチ管理論）の肝でもある。前述したように、この図式は、テクノロジーの揺籃期であるニッチ、それが地域社会に統合されるレジーム、更により広い範囲でそれが一般化するランドスケープといった段階を想定するが、特に難しいのは、ラボレベルでの揺籃期にあたるニッチ段階から、それが様々な社会的要素で構成されるレジーム段階へと移行するプロセスである（Schot & Geels 2008）。こうした移行に関しては、当該テクノロジーに関する「期待」とその変動（いわゆるハイプサイクル）といった不安定要素をうまく制御する必要がある一方で、電力の歴史研究で有名な技術史家のヒューズ（T. Hughes）がいう「逆突出部」（reverse salient）に対応する必要もある。これは戦線に於いて最も遅れた部分を示す言葉だが、テクノロジーの発展も、開発が最も遅れた部分が全体の動向を左右するという意味である。実際、ニッチ（揺籃期）のテクノロジーが、より広い社会に浸透する為には、こうした逆突出部に於ける遅延をカバーする必要があるが、どこで遅延が起こるかは、やってみないと分からないという不確実性がある。それは学習の実験的領域論で示した複数の制約条件、たとえば時間、経済、あるいは法・倫理的制約だったり、更に全く別の問題の可能性もありうるのである。

3　参加という制約

実際、紹介したいくつかの社会実験では、時間、経済、法・倫理と言った問題が一種のブレーキの働きをしたが、それ以外の制約の可能性もある。例えば鎌倉の交通実験に於けるメディアの働きは、それが肯定的に働けば、当該社会実験を大いに持ち上げる推進力になるが、それがロード・プライシングの様に、執行部の内部ですら意見の対立がある政策案になると、メディアはそうした亀裂を拡大する猛烈な逆風ともなる（高橋・久保田 2004）。まさに狭い意味での実験とデモンストレーションの違い（コリンズ・ピンチ 2001）が露呈するのである。

ここでは、通常の科学実験では殆ど問題にならない、実験への参加者という主題が表面化する。実験室内でのそれは、研究当事者（被験者も含む場合もある）に限定されるのが普通だが、他のタイプの実験では、そこに様々な参加者が加わり、しかもその関わりあいには複雑な濃淡がある。社会実験に於いても、ランダム化実験の様な場合は、参加者は研究対象者に限定されるが、交通実験等では、その地域全体、更には周辺地域住民等も直接、間接的に巻き込まれる。その一方で、その関わり方には濃淡があり、実験当日に交通機関を利用する人もいれば、使わない人もいる。特に鎌倉市の様な場合、住民か観光客かといった違いもある。それぞれにとって社会実験の経験的意味が異なって来るのである。

この点は、テクノロジー開発に於けるノン・ユーザーの重要性を論じたSTSの議論とも関係する。当該テクノロジーの直接的ユーザーだけでなく、それを直接使わない、ノン・ユーザーの役割にも注目すべきだという議論である（Oudshoorn & Pinch 2003）。こうした議論と関係が深いのは、リビングラボ系の社会実験である。もともと開発研究を象牙の塔から社会内に移動することで、新規テクノロジーを、潜在的ユーザーと共に開発するという意図があるからである。それ故、リビングラボを自称する試みに於いて、ユーザーや住民と一体となった開発という点が強調される。

とはいえ、ここで言うユーザーや住民が、どの程度実際のリビングラボ（あるいは都市ラボ）の試みと関係するかは、プロジェクトの内容や社会的環境、文脈といった諸要素によって大きく異なる。特に脱炭素経済への移行といった大きな政策的な目標が加わると、実験は行政主導になり、住民の自発性が等閑視されやすい。前述したマンチェスター市の事例が示すように、開発プロジェクトが、当該地域社会との関係が曖昧なまま進められていると批判される場合もある。

こうした参加のまだら状態は、社会参加を重視する他のタイプの社会実験でも問題になり得る。一部の住民が始めた新たな試みや架設的実験に対し、上述したテクノロジー論に於けるノン・ユーザーと似た意味で、参加しないが間接的に影響を受ける住民や団体というのは常に存在する。こうした非参加者の動向も無視出来ないのは、交通実験や架設的建築実験に対して、間接的に影響を受ける住民や団体から苦情が出て、当該実験の執行が変更を余儀なくされるケースは十分想定し得るからである。

この参加という制約は、芸術領域ではまた異なる相貌を見せる。そもそもデュシャン（デュシャン・カバンヌ 1995）やデューイ（2010）が異なる文脈ではあるが共通して指摘する様に、芸術作品はそれ単体としては存立し得ず、必ずそれを享受する人（観客、聴衆）の存在が必要である。ケージに於ける実験音楽の定義は、聴衆という存在をその枠組みに入れた為に、実験の意味が大きく拡大した。理想的には聴衆自体が積極的にその聴取活動に「参加」することで、実験音楽の実験性が担保される。ケージ自身がどれだけ聴衆の実際的な反応に敏感だったかは別としても、である。この点で芸術領域の参加者が固有な構造を持つのは、原則的に彼ら（聴衆、観客）は無制限であるものの、現実には限界があり、特に実験芸術系一般は、参加者がかなり狭い範囲に限定されるからである。

こうした構造的限界が露呈するのが、ARに係わる議論である。その限界は、芸術実験を含む創作活動が、アカデミアと言う相対的に閉じた領域で周遊し、社会実験が象牙の塔を離れて社会の中に拡散したり、あるいはラボごとそこへ移動したりといった運動性に乏しい点にある。逆に象牙の塔に回帰する傾向すらある。この点は、ケージ等の実験音楽にも内在するリスクである。初期実験音楽が民俗音楽や民謡の様な別の方向性も試みたという点を議論したのは、アカデミアに回帰、停留するだけが芸術実験ではないという事実を明らかにする為であった。この点から言えば、参加という制約は、実験音楽を含む実験芸術にとっては、最も重要な制約条件と見做すことが出来るかもしれない(5)。

4　実験の未来

さてここまで大きく分けて三つの領域について、その代表的な実験観（及び実践）のいくつかについて概観してきた。科学領域に於けるデータ・ドリブン科学といった動向の登場、様々なタイプの社会実験の興隆、更にARに代表される、芸術とリサーチの融合やその問題という文脈も含めた、実験的試みへの称揚といった諸傾向は、まさにキャンベルがかつてやや楽観的に唱えた「実験する社会」という話が実現に近づきつつあるという雰囲気をも漂わせている。また本書では取り上げなかったが、経営学に於ける実験的組織論（ハーバード・ビジネス・レビュー 2020）や、教育分野でのデューイの実験学校を彷彿とさせるプロジェクト学習（藤原 2020）といったものの唱導も、こうした実験的アプローチへの更なる高まりへの期待に繋がる。

とはいえ、テクノロジー研究が指摘するように、こうした「期待」にはハイプ（熱狂）的な側面もあり、現実の困難によってその勢いがそがれる可能性も少なくない。繰りかえし指摘した様に、実験には様々なコストがかかり、その規模の巨大化は同時にコストの増大も意味する。また実験で得られる知見が、当該実験を超えてどれだけ有効なのか、関係する研究者の意見はしばしば一致しない。ローカルな実験結果をより大きな政策に結びつけるのには様々なやり方がある一方で、それぞれに隘路がある。

また、キャンベルのかなり楽観的な実験社会論に対する、STS側の批判的な姿勢の裏には、実験のもつ予測不能な側面についての慎重な態度がある。実際、芸術領域に於ける実験概念が強調するのは、実験が予測不能な結果を生み出す力であり、それは仮説検証といった、かなり訓化された考えでは十分に覆いきれない。仮説を検証する（だけ）のそれも、科学をおちょくるジャリ風パタフィジックも、実験の二つの相貌なのである。

ラトゥールは、科学が論争することで生まれる不安定な側面と、それが終了し、事実が確定し（そしてそうした論争の過去を忘却した）別の側面を、科学が持つ二つの顔（ヤヌス）として表現した（Latour 1988）。

実験にも、仮説（観念）のワイルドさを現実的に鎮静する顔と、現実の想定外の姿を顕現させる荒々しい顔という、二つのそれが同時に存在する。実験の醍醐味の一つは、そのどちらが立ち現れるか、実際にやってみないと分からないという点である。

このことは、実験への組織的対応として、その在り方がきわめて柔軟であることを要求する。予想通り行くのか、それとも大きく逸脱するのか分からない以上、そのどちらにも対応できる組織的な姿勢が必要となる。またその負の効果、つまり大きな失敗による損失については、近年シミュレーションといった形で、実際の損害なく仮想することが可能になってきた。特に交通実験等を含めたそれには、こうした技術が多く採用されているのは言うまでもない。

しかしこうした防衛策に限界があるのは、これらが既存の理解とデータに基づいて計算されたものであり、現実の実験には常にそうした枠組みを超えた側面があるからである。実験がもたらすこうした想定外の結果という点に敏感だったキャンベルが、統計学的手法と並んで、民族誌的な微視的側面をも重要視したのは、こうした面をも丹念にすくい上げ、その意義を読み取る必要をよく理解していたからである。

こうした、予想外の実験結果に対して対応する柔軟な戦略や組織という考えは、ＳＴＳではラトゥールやグロスと言った論者が論じ、既に何度も言及したが、近年ある経済紙でそれに近い様な内容の興味深い記事を読んだ。それは近年経済成長が著しいインドネシアに係わるもので、そうした発展の背後に「まずやってみよう、やってから考える」という精神があるという指摘である。その記事の主張は、デジタル技術等は実際に作って試してみて、それでうまくいかない点を探すというやりかたでないと対応できないが、そうしたやり方は、インドネシアの国民性に合っているとする。事例として示されるのは、ショッピングモール建設の例である。未だ完成していない段階で部分開業し、そこで起きた問題を現場で解決しつつ先に進むという方法で、一般にソフトローンチと呼ばれる(6)。実際、特に革新をもたらす技術やイノベーション一般は事前に関係する問題を全て洗い出す訳には行かない、それ故「まずやってみる」というやり方の方がスピード感もあり、変化にも対応出来るというのだ。もしかしたら、キャンベル流の「実験する社会」の本来の姿は、ランダム化実験や疑似実験による政策の科学的検証に基づく社会、というよりも、むしろ走りながら考える風の、架設的、過程的なそれがより近い姿なのかもしれない。それはまた実験のパタフィジック的側面と無縁と言う訳でもなさそうである。

但し、神経質なほど完璧主義、ゼロ・リスク志向の本邦に於いて、こうしたやり方が受容されるかどうかははっきりしない。また、ソフトローンチ的なやり方が称揚されるのは、イノベーション関係の分野だが、他の分野、例えば危険性が高い領域に於いて、このやり方が難しいのは、リスク管理、高信頼性組織といった分野を見れば分かる点である。そもそもそういった領域では、小さな実験すらままならないことが多い。原子力発電の様な領域では、他の分野でよく聞かれる「英雄神話」、つまり特定の個人の英雄的な行為がその組織の危機を救ったという組織内伝承が存在しない。その構造が火力等の他の発電所に比べて圧倒的に複雑なため、そうした「英雄」がやるある種無謀な実験の副作用が予測出来ないからである(Schulman 1996; 福島 2022 第5章)。但し、こうした組織でも、その対応法には多少差があると指摘したのはブリエ(Bourrier 1996)だが、リスクを伴う原子炉の定期検査(定検)実施に関して、事前準備型と、関連部門の柔軟対応型という二つのパターンがあり、どちらも有効だという議論である(cf 福島 2022)。前者を日本的なアプローチ、後者をインドネシア式的それと重ねてみるのも面白い。

実際前述したソフトローンチ記事の指摘でも、日本の反応は遅く、東アジアの他の国にも遅れをとっているという。このインドネシアの事例は、我々に深く根ざした文化的信条に於いて、そもそも実験的精神が調和的なのか、更なる課題を突きつけているとも言えるのである。

あとがき

もうだいぶ前のことだが、ある老舗の古書店を覗いた時、ドイツの古い研究室についてのかなり年季の入った書籍を見つけた。一八世紀のドイツの大学の建物や、古い実験装置の白黒写真が載っていたが、その時は今一つピンとせず、購入には至らなかった。だいぶたってその店を再訪した際は、電子化の荒波のせいか、かつてのラインナップは影をひそめ、本屋自体に元気がなかった。確かドイツの研究室の本があったことを思い出し、店主にも尋ねたが、思い出せないとのこと。その時お世話になっていたラボは農芸科学系だったが、かつて買いそこねたその古書は、その分野の開祖リービッヒについての本らしかった。

更にそれからだいぶたち、実験という営みについて、無謀ともいえる試みを始めようとした時に、真っ先に思い出したのがこの本である。加速する情報化の恩恵によって、オンラインで購入し、存分に引用させてもらうことになった。

どこかで、エバンス・プリチャードは我々が書く本はある意味皆自伝のようなものだ、と述べている。特定のテーマや内容について、かなりの時間をかけて調査や執筆を行うという行為の裏には、様々な自伝的要素が含まれているというのも、まんざら嘘ではなさそうである。

分野を問わず、何か新しいものに挑戦する際に、実験という行為は重要な構成要素の一つである。それゆえ多くの領域でそれは称揚される。しかし分野によってその内容は大きく異なり、またそこから期待される事柄もだいぶ食い違っている。それらを大まかに比較してみようと考え、試行錯誤をはじめてから既にかなりの時間が過ぎた。膨大な関係文献を考えても、無謀な試みである。当然、多くの欠点や掘り下げ不足も免れない。しかしこうした領域横断的な試みによって、はじめて見えて来るものもあるだろう。

個人的にはこの探求のプロセスは実に多くの個人的発見の連続であった。読者にもそうした感覚を共有していただければ幸いである。

この探求の過程で、特に資料の提供、関係テーマや内容についての問い合わせ・議論といった点で、様々な分野の専門家の方々にお世話になった。ここでお礼を述べたい。(順不同、敬称略)。寺田寅彦、谷口守、石橋鼓太郎、中川克志、藤本穣彦、庄野俊平の諸氏。

本書の最初期の企画段階から、その意図をよく理解し、常にサポートしていただいたのは東京大学出版会の後藤健介さんである。すでに先行する複数の出版物でもお世話になってきたが、内容面でも今回は特に紆余曲折があった。ありがとうございます。

本書の執筆の期間は、著者が学内移動で新たな部門に参加した時期と重なる。コロナ禍とはいえ、横の知的つながりは乏しかったが、例外的に、ゲームと学習の関係を研究する藤本徹さんには、退官後の手続きも含めて、大変お世話になった。ゲームの世界は本書が主題とする実験のそれと親和性が高い。その関係についてはいずれ考えてみたい。

表紙のエッジの効いた写真は、気鋭の現代アーティストで、近年国際的な評価も高い久門剛史さんの最新インスタレーションからお借りした。久門さんとは、彼がアピチャポンと共作した「シンクロニシティ」以来、交流させていただいているが、最初に表紙をどうしようと考えた時にまず浮かんだのが、この電球のインスタレーションである。もともと後藤さんから、『実験という謎』というタイトルを提案され、今一つピンと来ずに却下した。実験の謎めいた部分はこの画像に集約されているといったら言い過ぎであろうか。デザイナーの岩橋香月さん（デザインフォリオ）には、これを迫力ある形でまとめていただいた。ここにお礼を申し上げる。

コロナ禍での社会的孤立を避けるため、期間中は頻繁にドライブしたが、常に早苗という伴走者がいることは僥倖である。彼女がいなければ、こんな面倒な作業は完遂できなかっただろう。多謝。

曇天の武蔵野にて

福島真人

注

第1章

（1）形容詞では expérimental は使われるし、expérimenter, expérimentation といった言葉はあるものの、expérience の方が普通に使われる。

（2）この書における、「論文」という特殊なテキストへの強い関心の背後にある、ラトゥールの特異な神学的・聖書学的背景については、福島（2023）が詳細に論じている。この点は本邦を含めた多くのＳＴＳ系論者が完全に見落している点である。

（3）自分ではこうした調査をしたこともないのに、ラボ研究等もう古いと言い募る科学史家もいて驚かされたが。私自身の調査は既に書籍として公刊されているが、その目的は、本邦のＳＴＳに於ける基礎研究軽視の現状を是正すると同時に、従来の流れでは不十分ないくつかの問題について、よりつっこんだ分析を行う為である。

（4）例えば Give me an experiment and I will raise a laboratory（Gross 2016）等。

（5）ＳＴＳにも関係が深いシェイピン（S. Shapin）は、一六世紀以来の錬金術的な実践が大きく変化するのが、一七世紀のカントリーハウスに於いてであり、そこで近代科学への飛躍の基礎が出来たという主張をしている（Shapin 1988）。他方クラインはラボという言葉の当時の一般的な使用法から言って、この主張は妥当ではないと批判している（Klein 2008）。

（6）化学系ラボの歴史について浩瀚な書を物したモリス（Morris 2015）は、こうした化学ラボ史の系譜として、ホーヘンローエ（W. v. Hohenlohe）というドイツの貴族がその居城に持っていたとされる（錬金術系の）作業場（一五九〇年代）が資料で確認出来る化学系ラボの嚆矢だとする（同右 chap. 1）。続いて著名な化学者であるラボアジェ（A. Lavoisier）の研究室（一七八〇年代、奥さんによるラボ内部の描画が残っている）（同右 chap. 2）、英国のファラデーの授業用講義室の話（一八二〇年代、学生のために教育用の実験を講義室で行った）等にそれぞれ一章を使って説明している（同右 chap 3）。ファラデーのシアターの話は既に本文中で紹介した。

（7） 実際、山岡（1952: 104-106）は、ロシアのロモノッソフ（M. V. Lomonossow）（一七四九年ラボ創設）やアメリカのイートン（A. Eaton）（一八二四年創設、リービッヒのそれと同じ年である）らが作った学生用のラボは、それぞれかなりの大きさを持ち、殆どリービッヒのそれに引けを取らないもので、設立年代で言えば、前者のそれが世界初と言って良いと主張している。他方リービッヒ以外の試みは制度としては永続せず、彼らとリービッヒとの違いとして化学およびその教育に対する、両者の熱情の違いにその原因を見ている（同右 106-125）、

（8） ラボラトリーという言葉の多義性という点から見て、リービッヒの時代直前でもその実態はかなり牧歌的だったという点はブロック（Brock 1997）が詳細に記録している。ギーゼン大学の初の化学教授（一八世紀初等）はヘンシング（J. Hensing）だが、その授業は自宅で行われていた。一七二六年、その死の直前には、市内にラボを建築することが許可されたが、彼の死後そのラボの消息は不明である。一七八三年に新しい化学教授用に、植物園の中に小さなラボが建てられたが、それが後継施設に当る。近接するマールブルグ大学では、一七世紀末からフランシスコ派の廃墟となった礼拝堂の一部がラボとして使われたが、一八世紀末にはやはり植物園の一角にラボが建てられる。当時の化学者（F. Wurzer）はその後教会附属の修道院の一角により広い空間を獲得するが、当時としてはこれが実態だった。

（9） 山岡は、英国でもこうした練習実験は大いに行われたが、しかし朝八時から夜六時、しかも何年もの間、一人の教官のもと学生が一丸となって研究するという雰囲気は英国には無い、という英国学者の印象も記している（山岡 1952: 114-115）。

(10) この点についてロック(Rocke 2003)は更に、ラボラトリー研究に近い詳細さから、以下の三点を指摘する。則ち①組成が同じなのに全く異なる性質を示すことを示す異性(isomerism)の提唱――これによって有機化学が扱う対象が爆発的に拡大した。②化学式という表示法の発達――紙の上での表示が実験と理論をつなぐ重要な役割を果たす。そして前述した③カリ球(Kaliapparat)である。この装置の画期的な意義は科学史家の梶(2009)が詳説しているが、これは製作、使用が簡単で、説明書を文書で見るだけでも作成出来たため、リービッヒの発明後瞬く間に主要化学教室の間に広まったと言う。

(11) 更にモレル(Morrell 1972)は、リービッヒのもつ強烈なカリスマと本人が長時間ラボに籠もって研究するという姿勢から生まれる、一種の運命共同体のような一体感も指摘している(cf. 山岡 1952)。

(12) 実際リービッヒ自身薬局で働いていたこともあり、また人生後半に於いては、農芸化学等、実践への関心を更に深めたという点もその証左となる(Brock 1997)。

(13) 訳書では、チャールズの師匠はホースフェルドと訳されているが、ホースフォードの間違いである。

(14) また近年でも二つの粒子を直線的に加速して衝突させるリニア・コライダーの想定予算規模が八〇〇〇億円と予想され、政府の審議会で受け入れを否定されたというニュースもある(https://www.mext.go.jp/component/b_menu/shingi/toushin/__icsFiles/afieldfile/2018/09/20/1409220_1_1.pdf(二〇二三年五月一一日閲覧))。

(15) このあたりの議論については、福島(2024a; 2024b)が科学に於けるシャドーワークという観点から詳細に論じている。このプロジェクトの組織規模の問題について話を聞いたエックス線天文学系の研究者は、計画当初時から、そのサイズが大きくなり過ぎ、従来のやり方で本当に大丈夫かと心配する声があったと指摘している(二〇一七年八月インタビュー)。サイエンスのリーダーシップとプロジェクトそのもののマネジメントの区別が不明確だったという指摘等がそれである(JAXA 2016「X線天文衛星ASTRO-H「ひとみ」異常事象調査報告書A改訂」、https://www.jaxa.jp/press/2016/05/files/20160531_hitomi_01_j.pdf(二〇二一年八月一日閲覧))。そうした手続き改善の為、システム・エンジニアリングのより厳密な適用が求められる一方、そうした手続きの強化が、組織の柔軟性を失わせると言う懸念の声も少なくない（松浦 2016）。

（16） 名古屋大学等での小型天文台プロジェクトといったケースも、それに類した試みであると言える（金田英宏 2022「衛星搭載用の観測装置・技術開発と人材育成」（http://gopira.jp/sym2022b/gopira_Kaneda_202209.pdf 二〇二三年五月五日閲覧））。

（17） このギエリンの議論は第2章冒頭でも重要な役割を果たすので、詳細はそこで論じる。

（18） のちにこの研究者は、データ偽造の疑いでその評価ががた落ちになったというオチまでついている（Kohler 2002: 202-204）。

第2章

（1） この「作業」（work）という用語は、象徴的相互作用論者であるストラウス（A. Strauss）らの質的病院調査で使われた言葉で、医師や看護師らスタッフが行う仕事（作業）は、単に診断と治療だけではなく、「機械管理作業」（machine work）、「安全維持作業」（safety work）、患者を慰め、勇気づける様な「慰撫する作業」（comfort work）等色々あり、それが全体として「医療的作業」（medical work）を形成しているという議論である（Strauss et al. 1985）。

（2） 地球物理学者が今まで見たことも無かった疫学調査に触れて、「こんなの科学じゃない」と叫んだという話を聞いたことがあるが、こうした弁別は様々な分野で起こり得る。黎明期の気象研究についての冷やかな視線（コックス 2013）や、後の心霊科学の様に、世間的に流行したがその科学性について揉めた（いまでも揉めている）（Collins & Pinch 1982; 松村 2021）等という現象が典型である。

（3） ケーススタディを基盤とする研究では、フィールドデータからどう一般化するかという点は常に頭が痛い問題である。フィールドの特殊性と、そこから得られる情報の普遍的な性格という点については、ギアツ（C. Geertz）が主張した、人類学者は村を調査するのではなく、村で調査するとした主張が有名である（ギアーツ 1987）。村で、の意味は、その村を構成する諸要素が、多かれ少なかれ他の領域でも見られるからであり、そうした一般的要因の絡みあいを具体的な現場で研究する、という考えである。これはある意味、ライプニッツ（G. Leibniz）のモナド論を適用したとされるタルド（G. Tarde）の主張、つまり個人に社会全体が反映されているといった議論とも繋がる面もあるのかもしれない（多分ギアツの論点の起源はそこではないだろうが）。

（4）ソーシャルワーク分野でのアダムズに関するより包括的な研究は、木原（1998）参照。

（5）現実からかけ離れた、理想主義的な、の意味であろう。

（6）別の論文でキャンベルらは、奨学生への奨学金の効果を測定する際、もともと優秀な学生に奨学金が与えられがちというバイアスを避ける為、成績以外の条件で一律不合格とされるケースを探し、その前後で比較することで、成績の影響を排除するという手法を紹介している（Thistlewaite & Campbell 1960）。

（7）この疑似実験は、前述したフィールド生物学における自然実験と似た様な考え方であるが、歴史学等で近年こうした手法を活用している例が、ダイアモンド・ロビンソン（2018）が推進する自然実験（疑似実験）的アプローチである。文化人類学等の近接領域でも、オセアニア諸島に於ける群島がその格好の研究対象となる。多様な島々が、似たような生態学的な環境下にありつつも、政治経済史的な経験の違いにより、期せずして対照実験に近い状態になっているのである。

（8）そこで登場する多様な協力者にはハーコビッツ（M. Herkovits）の様な高名な文化人類学者や、シーガル（M. Segall）という通文化比較を行う心理学者など多彩である。

（9）デューイとSTSの関係については第4章で論じる。

（10）その一つとして彼が分析するのは心理学者トールマン（E. Tolman）、そしてその対照群としてのスペンス（K. Spence）の事例である。キャンベルが指摘するのは、ＳＴＳのエジンバラ学派が主張する様に、社会構造が科学者の採用する理論的枠組みを決定するとしたら、スペンスの弟子が彼の枠組みを採用する一方で、トールマンの弟子はその殆ど誰もが自分の師匠の学説を採用しなかったという事実を説明出来ない、と反論している（Campbell 1979: 186-192）。

(11) マートンが科学の性質として、集団主義、普遍主義、利害にとらわれない姿勢、組織的懐疑主義といった特性を挙げたという点（Merton 1973）。後の、より実証的なＳＴＳ研究等では批判的に扱われることも多い。

(12) 更に言えば、キャンベルには無い（そしてデューイにはある）隠し味としての微妙に宗教的な色彩である。デューイにおけるエマーソン（R. Emmerson）の超絶主義の影響については優れた論考（齋藤 2009）があるが、もともとこの超絶主義自体がニーチェ思想の影響下にある点も興味深い（ローゼンハーゲン 2019）。一見同じように楽天的にみえるものの、デューイには何か宗教的な匂いがしない訳でもない。それがもともと熱心なカトリック信者で、プロテスタント神学者のブルトマン（R. Bultmann）関係で学位まで取ったラトゥール（福島 2023）や、もともとフーコー信者だったが、合成生物学研究でなぜかデューイに鞍替えしたラビノウ（P. Rabinow）の様なＳＴＳ系研究者（Rabinow & Bennet 2012）をも引きつける点があるのでは、と私は考える。こうした哲学・神学的な含み味のようなものがキャンベルに見当たらないのは事実であり、それが人文系の多いＳＴＳにとってキャンベルが素朴な科学主義者に見えた理由かもしれない。

(13) この法案およびその後については原（2008）の解説がある。

(14) 再犯減少の効果を確実に見るため、選ばれたのはハイリスクの元囚人で、四五歳以下の男性、重犯歴あり、そして窃盗で最低一回は逮捕、という条件付である。但しアルコール等の依存症は含まない。

(15) 具体的には、ＩＭＦが一八三の参加国に対して、二五％の借款以上の国はＩＭＦの規制に従う必要があるとしたが、この数字はもともと恣意的なので、それを緩く上下させることで、その効果を観察出来る可能性があると指摘している（Green & Gerber 2003: 104-106）。

(16) 創薬の為の治験では、二重盲検法という方法を用いる。これは、被験者も実験者も、薬剤か偽薬か分からないまま、被験者にランダムにどちらかを試すものである。この場合、ある程度効果が分かってきた試薬について、それを患者に投与せず、偽薬を続けるというのは倫理的に問題があるというのがここでの争点である。この問題について改善を求めたのがエイズ患者のグループで、専門家/非専門家の間の協働のケースとして夙に有名である。
(17) 福島（2017: 第5章）はこのキングダンの理論を援用して、ラボと行政の間の関係を分析している。
(18) これについては、私自身の「学習の実験的領域論」（Fukushima 2017）英語版冒頭で軽く触れているが、「デザイン実験（design experiments）」（Brown 1992）、「デザインによる研究（design-based research）」（Anderson & Shattuck. 2012; Cobb et al. 2003）といった名称で知られる手法で、授業内容の改善を目的としたものである。内容的には、こまめに介入しその成果を測定し、迅速に授業にフィードバックしてその内容を改善する。これは元を正せば、Simon（1969）の中で、飛行機やコンピュータ・プログラムの設計のための工学にならって、教育も「デザイン科学」として再定義されるべし、とした考えに由来している。
(19) なお特に経済学周辺に於けるその後のランダム化実験等の動向（特に開発経済学等を中心として）は、前田（2023）が詳しい。
(20) 道路政策に於ける社会実験の位置づけについては、石川他（2000）等参照。
(21) https://ja.wikipedia.org/wiki/%E3%83%9C%E3%83%B3%E3%82%A8%E3%83%AB%E3%83%AB%E3%83%95（二〇二三年四月四日閲覧）。
(22) 似たような話はロケット開発の様な場合にあり、開発初期に資金が必要だが、法的にそれをうまく支出できないという問題がある。それを解決する新たな方法がフロント・ローディング、つまり費用の支出を前倒しにするという新たな法的処置である。
(23) この点は、近年の経営学等で称揚されている社会（組織）実験が、しばしばオンライン上の試みだという点と大いに異なる。ウェブ上の表現を顧客の反応に応じてこまめに修正するという手続きが、迅速かつ低コストで出来る、といった点に基づく議論が多く（ハーバード・ビジネス・レビュー 2020）、同じ「社会実験」といってもその内実はかなり異なっている。

(24) あるいはよりゲリラ的（?）な「パブリックハック」という言い方もある（笹尾 2019）。

(25) https://www.gartner.co.jp/ja/research/methodologies/gartner-hype-cycle（二〇二一年五月一一日閲覧）。

(26) 私がタンパク三〇〇〇計画についての資料を閲覧するために文部科学省の担当部局に赴いた際、ちょうど担当官と、その政策に不満をぶちまけたES研究者の間の激論が終わった直後だったらしく、役人がえらく憤慨していたのを目撃したことがある。

(27) 実際STSの国際会議での関係するセクションで、オランダの長老が、ハイプは決して間違いではないとその肯定的機能について強調していた。

(28) 泉山（2017c）は、この概念とタクティカル・アーバニズムのそれとの違いとして、前者においてはコミュニティ主導、合意の重要性が中心的としている。

(29) https://ideasforgood.jp/glossary/living-lab/（二〇二一年四月四日閲覧）。

(30) https://en.wikipedia.org/wiki/Living_lab（二〇二一年四月四日閲覧）。

(31) 例えば https://ikuretechsoft.com/living-lab/（二〇二一年四月四日閲覧）。

(32) 例えばジョージア州立大学、未来コンピュータ環境研究グループ（The Future Computing environments Group）も、HCI（Human Computer Interaction）やユビキタス・コンピューティングの概念をもとに、在野での様々な実験的活動を繰り広げており、それをリビングラボと呼んでいる。実際、この中には、Classroom 2000（授業におけるユビキタス・コンピューティングの影響を知るためのプロトタイプ的教室）、Wearable Computing（文字通り、身体に装着するコンピュータの開発）、Aware Home（ユビキタス・コンピューティングを一軒家に丸ごと応用した実験的建物）（Kidd et al. 1999）といった様々な試みが挙げられている。
（33）更に本邦での調査報告では、リビングラボの始まりとしてアメリカ起源説を採用している。複数の唱道者の名が挙がっているが、それが一九九〇年代後半に北欧に渡り活発になったとする。その背景に八〇年代に北欧で盛んに行われた社会実験がその背景にあると指摘している（西尾 2012: 4）。
（34）https://cordis.europa.eu/project/id/035065/pl（二〇二二年四月四日閲覧）。
（35）その六つとは、①プロトタイプ用プラットフォーム（新規テクノロジーの大量生産のためのデザイン、開発施設）、②テストベッド（新規テクノロジーを実証する標準化されたラボ環境）、③フィールド実験（限定された範囲での現実生活内での実証実験）、④リビングラボ（新規技術が実際に用いられる実験的環境で、ユーザーは開発者でもある）、⑤市場用パイロット計画（比較的成熟した技術が限定された数のユーザーに試されるもの）、⑥社会用パイロット計画（新規技術、製品が社会に変化をもたらすように意図されたもの）といったグループに分けられると言う（Ballon et al. 2005: 2-3）。
（36）この中には、フィールド科学的実験に近いものもあり、例えばi-tree実験というのは、都市の一角で土地表面と様々なタイプの植樹を行いつつ、二酸化炭素排出量や湿度等を絶えずモニターして最適組み合わせを求めるというもので、大学、市当局、マンチャスター回廊等が共同して行った（Evans & Karvonen 2014: 424）。
（37）但し巨大化するにつれ計画の変更が難しくなるというプロジェクトそのものの性質からいって多少例外的だったのは、同じく巨大なプロジェクトであったタンパク三〇〇〇の様なケースである。拙著で詳細に分析したように、このプロジェクトは三〇〇〇個のタンパク質の立体構造を五年間で明らかにしようとしたもので、その為に全国の構造生物学者（タンパク構造の研究者）が動員された。
ここで興味深いのは、これだけの巨大計画にもかかわらず、もともと哺乳類のタンパク質は扱わない計画だったのが扱う様になる等、途中で急遽計画が変更された点である。この背後には、文部科学省の担当役人が交代になり、新担当者によってこのプロジェクトが創薬面でより明確な貢献をすることが求められたため、哺乳類のタンパク質構造という新たな課題が突然降ってきたのである。海外の研究者はこうした巨大プロジェクトの内容が途中で変更になるケースは殆ど無いと指摘したという（福島 2017: 第六章）。

（38）かつて単なる農地だったところにただ定規で線を引いた様な計画が、宅地化がすすんだ現状で突如実行に移され、住宅地や商業地、はては河川や生産緑地といった地域を無残に引き裂く形で新規道路が建設されるという事態は、私自身が経験したことである。

第3章

（1）勿論、それが更に拡大し、近年流行りの芸術家の社会参加という話とも関連し得るが、本書ではこの点には余り踏み込まない。

（2）その他映画や現代音楽の演奏についてもぼろくそに批判している。

（3）https://artscape.jp/artword/index.php/%E5%AE%9F%E9%A8%93%E9%9F%B3%E6%A5%BD（二〇二一年九月一〇日閲覧）。

（4）例えばロベール（2009）による、欧州や日本を含む実験音楽のディスコグラフィ集では、その筆頭に現代芸術分野で未来派として知られるルッソロ（L. Russolo）を挙げ、そのアートオブノイズという概念によって実験音楽第一号としている。それに続いて実験的映像作品のルットマン（W. Ruttman）、音映画のエジプト出身のダーブ（H. El-Dabh）というラインナップが続く。その後職業的作曲家、ストリート系、ミュジーク・コンクレート（具体の音楽）、電子音楽、民族音楽、ミニマリズム、そして多くの即興演奏家（その中にはロックやジャズ系も含まれる）達の名盤紹介が続く。

ここでは現代画家としてアウトサイダーアートを意味するアールブリュット概念を広めたデュビュッフェや、作家のバロウズ（W. Burroughs）までが実験音楽のメンバーに含まれる。実際ここでいう実験音楽とその周辺のそれの敷居の低さは、『実験的ポップミュージック』という別の解説書（バーグマン・ホーン 1997）でも見て取れる。但し本書の意図からいうと、実験主義に関するイーミック的観点、つまり当事者がはっきりと自らをそう主張したものかは微妙で、どちらかというと編者達から見た実験的なそれ（エティック）という色彩が強い。

（5） 彼女が挙げる最も初期の議論としては、イエーツ（P. Yates）という評論家による、実験主義が「欧州の音楽的伝統からのラディカルな逸脱」という一九六七年の指摘ではないかと言う（Cameron 1996）

（6） https://artscape.jp/artword/index.php/%E5%AE%9F%E9%A8%93%E9%9F%B3%E6%A5%BD（二〇二二年九月一〇日閲覧）。

（7） マイヤーは芸術と自然の関係について、（芸術についての）伝統主義者はそれを切断（つまり芸術は自然とは関係ない）と考えるのに対して、彼が言う形式主義者は、区別しうるが対等であり、更に超越主義者は違いはないと考える。この図式を現代音楽に当てはめると、形式主義者はセリー系の作曲家の様に、純粋に作曲の形式を追求するタイプになる（ベニデス 1981: 35-36）。哲学でいう合理論に近いというか。それに対して超越主義は、自然と芸術の間の同一性であるから、基本感覚の対象としての音そのものが関心の中心となる。これによると、ケージの思想がその代表的な議論となる（同右 56-57）。こちらはまさに哲学的経験論のような枠組みに近い。ここまでなら、一般的に語られる前衛／実験の弁別とそれ程違いはない。

ところが話が混乱してくるのは、実際にマイヤーが実験音楽について論じる場合である。そこでは、彼が形式主義に紐づける一連のセリー主義系の作曲家を実験音楽とし、他方非目的的な音楽であれば、シュトックハウゼンのセリー音楽もケージのチャンス・オペレーションのそれも等しく前衛的と呼ぶのである（Meyer 1967; ベニテズ 1981: 48-49）。ベニテズは「[マイヤーが]〈実験〉と〈前衛〉と言う語を殆ど通常とは逆の意味で使っていると思われる」（ベニテズ 1981: 50）と指摘している。

ちなみにここら辺の経緯について、石橋鼓太郎は、もともとマイヤーの段階ではそれほど明確でなかった前衛／実験という対比（本人にとってより重要なのは前述した形式主義／超越主義の対比）を「後年（一九七四年）、ナイマンが実験主義を歴史化しようとしたとき、メイヤーの先述の文章を（意図的にか非意図的にか）誤読し（なんとなくメイヤー本五二ページのあたりでしょうか）、ブーレーズやシュトックハウゼンらを avand-garde、ケージらを experimental と初めて呼び、それが定着したのではないか、と推測しています。前者が「ポスト・ルネサンス」の伝統を引き継いでいるというナイマンの説明が明らかにメイヤーから来ていることも、その根拠の一つになりそうです（明確に引用しているわけではないようですが）」（個人的教示、二〇二二年一〇月七日）と解釈している。歴史的にはかなり納得のいく解釈である。

（8）但し、偶然性の応用という発想のルーツにはデュシャン（M. Duchamp）の名が含まれる場合もある。この点は後述する。

（9）言うまでもなく、こうした前衛音楽家たちの手法も多種多様だが、現代音楽の発端は調性を否定し、一二音階を均等に扱うことで始まる。それらの音を一定の順番で構造化したのがセリー音楽、さらにその他の特性（例えば強弱）等もそうした順番に組み込んで作曲を行うのがトータル・セリー音楽である。沼野（2021）等参照。

（10）この話を聞くと、インドネシアのスカルノ大統領がかつて提唱した「指導される民主主義」という概念を思い出すのは私だけであろうか。最後は大統領（作曲家）の指導に基づいて、民意（偶然性？）を管理するという話である。

（11）この様子は以下の記録で観ることができる。https://www.youtube.com/watch?v=SSulycqZH-U（二〇二二年九月一六日閲覧）。

（12）https://www.youtube.com/watch?v=uJ3sK2rMcfo（二〇二二年九月一六日閲覧）。

（13）この点に基づいて、ナイマンは詳細な歴史的分析を行っているが、本書の目的から言うとやや煩雑で、かつ以下のベニテズと重なる部分も多いので、本書では後者を主に議論する。またこうした議論の一つとして、フランス前衛音楽を代表するブーレーズ率いるフランス国立音響音楽研究所（IRCAM: Institut de Recherche et Coordination Acoustique/Musique）について民族誌的な研究をまとめたボルン（Born 1995）の分析がある。彼女はこうした対比を大陸側の視点から分析しているが、そこでモダニズム／ポストモダニズムという対立を援用している。大陸側が前者、アメリカ側が後者とするが、だいぶ話を単純化している。ここでは作曲家の姿勢のみならず、そうした活動をサポートする社会制度的な違いにも言及している。

（14）実際、知り合いの英国人の民族音楽者／ギタリストは、このアドルノ説に憤慨していた。

（15）但し言明と行為は原則的に食い違うという点について、人類学等で長い議論の蓄積がある。たとえば福島（1992）。

（16）受賞経験の多いタイの著名な映画監督は、私的な会話のなかで、僕は観客の反応など全く気にしないと嘯いていたが、その割には国際映画祭のコンペに常に参加している。これに関して、いや観客の反応が気になってしょうがない筈だと指摘する友人もいる。実際何も気にしないという言い方には誇張がある。しかしケージの場合はその（無）関心の度合いについてははっきりしない。

（17）そのチェス戦略が彼のアート思想と密接に関係していると主張する論者もいる（中尾 2017）。

（18）デュシャンはアートを網膜の問題ではなく、脳の灰白質の問題、則ち視覚ではなくコンセプトが重要なのだと主張して、後のコンセプチュアル・アート等に大きな影響を与えた点でも有名だが、実は他の領域でもかなりの影響を与えたという証拠もある。たとえば一九二〇年代に、欧州での同様の動きと呼応して、近代的な都市建築（インフラも含む）の造形美を積極的に絵画や写真の対象とした一連のアーティスト達がいる。アメリカ国内では彼らはプレシジョニスト（precisionist）と呼ばれていた。本邦では画家の野又穣がこの中のシーラー（C. Sheeler）に影響を受けて独自の建築物中心の作品を多く残している。この主要メンバーの何人かはデュシャンやピカビアと交流があり、そこで工業的景観に対する当時のヨーロッパのアート関係者達の反応について、ホットな情報を得ていたようであ

る（Fukushima 2022）

（19） ケージ自身もインタビューの中でデュシャンの作曲法を説明している（https://edyclassic.com/2705/）。デュシャン本人はこれを「音楽的誤植」と呼んだが、実物はCDで聴くことが出来る。The French Avant-Garde in the 20th Century: Music and Modernism という現代前衛音楽を紹介したCDの Musical Erratum（1913）がそれに当たる。なお白石（2009: 111–112）は、音楽史に於いて、骰子を使った作曲法等を記述しているが、デュシャンには言及していない。

（20） 日本でも大竹伸朗が『ジャリおじさん』（おおたけ 1994）という不思議な絵本を書いて、国際賞まで取っている。

（21） 言うまでもなく、地口はデュシャンの好んだ手法で、その代表例が例の髭のはえたモナリザ『L・H・O・O・Q』である。

（22） 但し興味深いことに、デュシャン側はジャリの影響を公的には否定している。とはいえ、他方では「ラブレーとジャリは自分にとって神」という発言も残している（トムキンズ 2002: 75）。

（23） この話は映画にもなっている。『セザンヌと過ごした時間』（二〇一七年公開）。

（24） これが日本に導入され、結果田山花袋の『蒲団』のような作品となる過程は、異文化翻訳の絶好のテーマだが、私の手に余る。

（25） この話は、戦後すぐに西側世界の精神医療制度に対し批判が吹き荒れた際、社会学者ゴフマン（E. Goffman）の歯に衣着せぬ批判的な書『アサイラム』（ゴフマン 1984）が他のあまたある研究書の間でも突出した影響力を誇ったという点を連想させる。本人は精神医学界をどう変革するかといった目標については基本的に関心が無かったのにもかかわらず、この書は当時の時代精神と共振して広く読まれたのである（Fukushima 2020）。

（26） https://edyclassic.com/2705/（二〇二二年九月一六日閲覧）

（27） かつてアナスタージの記事に露骨な不快感を示したケージは、後のアナスタージ本人によるインタビューでも、自分はジャリのファンではなく、その表現にアレルギーがあると明言しつつ、デュシャンやジョイス（J. Joyce）がジャリに影響を受けていることは認めている（Hugill 2012: 51-52 に引用）。

(28) そもそもユングの共時性は、彼の深層心理学的な治療の過程で、患者の夢と世界中の諸神話等に見られる共通したモチーフ（後に元型と呼ばれるようになるが）の背後にある普遍的無意識という考え方に基づくものである。それらが因果関係ではなく、同時に出現するという意味で、それを共時性と呼び、因果性を超えた意味を見出そうとした。そこで易経が出てくる。但しユングの自伝を読むと、家族内にポルターガイスト的な心霊現象が起きたり、彼自身が、床が突き抜けてそこから様々な神話的な存在が噴出するのを幻視するといった、オカルト的現象体験をしている（ユング 1972/73）。

(29) 科学体制に対する批評性の欠如という意味では、実験という言葉をよりテクノロジー的な意味に限定した形で使っていた一部のフランスの作曲家達、例えばミュジーク・コンクレートの創設者達であるシェフエールの様な人々の作品を実験音楽と呼ぶ場合にもその傾向は顕著である。ケージは例の前衛と実験の対比の中で、こうしたフランス流の実験概念に対し自分の用語法を区別しているが、前者の実験は、行為としての実験ではなく、実験室の「装置」としての新規テクノロジーを応用した音楽という意味だからだろう。しかしこの問題は音楽の一部に限定されるものではなく、芸術領域全体がテクノサイエンス、あるいはより一般的に自然科学を含んだアカデミックな体系に取り込まれていく過程の一部と見做すことも可能である。この点は本章後半で論じる。

(30) 科学界一般に於いても、最近の超弦理論がその数学的な美に固執するあまり、理論面での進展が中心で、現実の実験による検証が進まない現状を憂いた書まで出版されている（ホッセンフェルダー 2021）。他方、バイオ系を中心にデータ・ドリブンという傾向も益々顕著だが、これは科学の現場でも、理論と実験の関係は一筋縄では行かないことの証左でもある。

(31) 空間そのものに生物進化を形づくる特定の力があるとした説。

(32) 沢山遼「サイト/ノン‐サイト」「現代美術用語辞典ver. 2.0」(artscape.jp)。
このサイト・ノンサイトという概念は、現代アートを代表する難解な概念の一つとして有名だが、そのニュアンスは、第七〇回のカンヌ映画祭最高賞を取った『ザ・スクエア——思いやりの聖域』という、スウェーデンの架空の現代アート美術館の館長とその周辺を巡るドタバタをシュールに描いた怪作でも見て取ることが出来る。映画冒頭、インタビュー時間に遅れて駆けつけた館長に、女性記者がこの「サイト/ノンサイト」概念に関して鋭く突っ込み、館長が答えられずにおたおたするというシーンが出てくる。

(33) 彼の著作は、生化学の基本知識とデリダ哲学の両方に通じていないとなかなか読み通せる代物ではないが、先日来日したラインバーガーと会う機会があり、その際フランスの高名な科学哲学者であるバシュラール(G. Bachelard)の遺品である絵画の話になった。

(34) スタルシュス(Stalschuss 2013: 22-24)は更に、クブラー本人は現代アートには直接触れていないが、この著作を後の作家、例えばコンセプチュアル・アートの分野で影響力のあったバルデサリ(J. Baldessari)や前述したスミッソン等も愛読して彼らもその影響を受けたと指摘しており、クブラー理論そのものが現代アートに直接影響を与えたと主張している。

(35) 私が十数年前、初めてオーストラリアで開催されたアジア太平洋地域のSTS学会で発表した際、発表の一つ前でプレゼンしていたのが、このSymbioticAのグループであった。建築家のプレゼンが自分の作品紹介に終始するのと同様、彼らの発表も、自分達のラボ/スタジオでの作品の紹介が中心であった。

(36) 煩雑なため、それぞれの出典は示さないが、文献目録を参照。

(37) 以下の話では前掲した芸術的、質的側面を強調した新たなタイプの教育方法というABRの話は、内容に関連性が無い訳ではないが、本論とは内容が異なるのでここでは深入りしない。

(38) エルキンスは科学と工学の違い(芸術も広い意味では後者に近いが)を一緒くたにしたこのモード論に批判的

だが、別所で論じたように、科学評価に於ける論文中心主義が、関係する工学や、工学的な色彩をもつ理学系の分野が正当に扱われないという問題を引き起こしている（福島 2025予定）。またパラダイムという概念そのものが、理論物理学をモデルにした考え方で、それが科学技術全体に当てはまるかどうかもともとあやしい。たとえば医学生理学から出発したフレック（L. Fleck）の描く科学像は理論物理学者であったクーン（T. Kuhn）のそれとはかなり異なっている（Fleck 1979）。

（39）実際ドイツはその初期にはこのボローニャ・プロセスに対して明確な反対意見を述べたものの、近年は段々とこの政策に同調する傾向もある。たとえばベルリン芸術大学の中に学際的な大学院を設置し、こうした学位の三層構造化に対応し始めたという（Kälvemark 2011: 9）。

（40）A、「知識」という言葉自体が不的確だとする立場で、代案としては、理解／表現／意味／感覚、そして解釈といった用語が提案されている。エルキンスはそれぞれに難点があるという（Elkins 2009c: 259–260）。

B、仮に「知識」と認めたとしても、そこには暗黙知／視覚的知識／情動的知識、といった代案がある。エルキン自身は、命題的知識／実践的知識／現象的知識等を追加する。ここで問題になるのは、命題的知識以外は、いわば身体的なそれに近く、この違いが芸術上の教育制度面で問題を起こしうるとする。行政用語としては、「芸術的知識」（artistic knowledge）という言い方があるが、殆ど定義されておらず、一種のフリーゾーンになっていると言う（Elkins 2009c: 61–264）。

C、（特に視覚芸術において）この芸術的知識がどのように導き出されるか、という問いについて基本的には二つの異なる立場がある。一つは作品（行為）そのものが知識を体現していると言う立場。もう一つはその作品（行為）を言語化したものが知識であるというもの（Elkins 2009c: 264–265）。多くの評者は前者の立場に近いが、その場合、作品と論文との関係がはっきりしない。後者なら、言語化した結果としての論文だけが知識を生むことになるが、ではもとの作品はそうした知識の単なる器に過ぎないのか、という問題がおこる（Elkins 2009c: 266–267）

D、ここでエルキンスは、こうしたAR教育を実践している教官との会話の記録を示し、そこで相手が「モンドリアンの絵画が知識を生産できないのは、モンドリアンが一貫した研究方法を持たずに作品を制作したからで、もしそうした研究方法論に基づく作品があれば、その作品は知識を産出する」、と主張する教官との間の対話を記録している。ここで相手が使う「知識」という言葉が、途中から非常に拡大するさまから、そもそも知識そのものをこうした議題にすることに疑義を感じるようになったと指摘する（Elkins 2009c: 267–270）。

（41）ここでも研究と作品制作という二つの対象に対して、一種の分類上のマトリックスを作っている。（1）は作品制作につながるような研究（論文）、たとえばある種の調査でそれに基づいて作品をつくる場合（芸術史、芸術理論、芸術批評、社会科学、テクニカルレポート等）。（2）は論文と作品を等価とする場合（これは二つ合わせて新たな学際的領域にする場合と、その二つを完全に分離する場合とある）。更には（3）では、論文＝作品とする場合（この場合、例えば視覚芸術系作品をそのまま論文として読む、或いは究極的にそれらの差異を無くすという立場になる）。エルキンス本人はこの最後の立場が最も興味深く、しかし実現困難だと認めているが、当然それをどう評価するのか、結論がある訳ではない（Elkins 2009c: chap. 15）

（42）Trophy wife、つまり見栄えはするが役に立たない若い夫人、という意味の言葉がよくその実体を示す例として用いられたという。

第4章

（1）半ば自明化したネットワークは表面に出て来なくなるが、その典型がインフラである。この様に、既に安定した部分が持つ問題を前面に押し出したのが一連のインフラ研究である。この点の詳細は福島（2017）参照。

（2）一九九〇年代「状況論」という一連の議論が一部ではやったが、その元ネタはカリフォルニア版ヴィゴツキーの発達心理学や、教育人類学的な議論であった。それを輸入していた人々は後にデューイの教育論に回帰し、その先駆性に驚くといった傾向があった。実際、たとえばヴィゴツキーの有名な、「発達の最近接領域」(ZPD: Zone of Proximal Development)という概念は、子供が発達する際に、親や他者の援助を得ることで発達が促進される領域を示すが、デューイにはこれに近い考えとして学習者の readiness(準備が出来ている状態)(デューイ 2004)という概念がある、というのがその一例である。

(3) どことなくヘーゲルの『精神現象学』を思わせる面もあるが、ホワイトヘッド本人は数学者としてヘーゲルの数学論に辟易し、その議論を殆ど何も読まなかったと言う。後にその点を少し後悔したそうだが(プライス 1980)。

(4) ベッカーとそのチームの主張は、現実の様々な現場ではよく観察される状況でもある。特に前著で議論した高信頼性組織、つまり失敗が許されない高度にリスキーな環境で動いている組織にとっては、こうした失敗は命取りであり、そこには全体を見渡すゆとりは無い。これはある意味、前述したラボの様な実験空間とは全く異質の空間のように見える。ラボに於ける実験とは、ある意味でこうした制約条件がかなり緩く、多くの試行、失敗が容認されると同時に、その失敗が学習の資源とされるような状況であるからである(福島 2023)。

(5) 第2章の社会実験との関わりで言うなら、近年のいわゆる socially engaged art といった動向がそれに対応するものと言えなくもない。但し、本書の目的である、領域を横断した実験概念の検討という目的から言うと、こうした動向が実験という観点から議論されるケースはあまり見かけない。実験音楽の名で膨大な論考があるのとは対象的である。その点で今回は見送ることにしたが、今後の課題としたい。

(6) 「インドネシア流「まずトライ」 進捗速度で日本と差」『日本経済新聞』(https://www.nikkei.com/article/DGXZQOGM214G50R21C22A0000000/)に再録(二〇二三年一〇月一六日)。

ソフトローンチについては https://www.applovin.com/ja/blog/%E3%82%BD%E3%83%95%E3%83%88%E3%83%AD%E3%83%BC%E3%83%B3%E3%83%81%E3%81%AE%E6%9C%80%E9%81%A9%E3%81%AA%E6%88%A6%E7%95%A5%E3%81%A8%E3%81%AF/(二〇二三年一〇月一六日)。

福島真人 著

真理の工場

科学技術の社会的研究

生命科学や創薬研究ラボの観察をとおして、科学研究における知識産出の動態を詳細に比類ない精度でとらえる現代科学論。

四六・三九〇〇円

山口富子
福島真人 編

予測がつくる社会

「科学の言葉」の使われ方

地震予知、市場予測、技術評価、人口予測など、諸領域における予測がどのようにして社会をつくるのか。予測と社会の複雑かつ多面的な関係性を考察する。

四六・三二〇〇円

ここに表示された価格は本体価格です．ご購入の際には消費税が加算されますのでご了承下さい．

福島真人（ふくしま・まさと）
東京大学名誉教授
東京大学大学院社会科学系博士課程修了、博士（学術）
東京大学東洋文化研究所助手、国際大学助教授、東京大学大学院総合文化研究科教授、東京大学大学院情報学環・学際情報学府教授等を経て現職。
主要著書に、『身体の構築学』（編著、ひつじ書房、1995年）、『暗黙知の解剖』（金子書房、2001年）、『ジャワの宗教と社会』（ひつじ書房、2002年）、『学習の生態学』（東京大学出版会、2010年／ちくま学芸文庫、2022年）、『真理の工場』（東京大学出版会、2017年）、『予測がつくる社会』（共編著、2019年）、『ワードマップ 科学技術社会学（STS）』（共編著、新曜社、2021年）。

「実験」とは何か
科学・社会・芸術から考える

2025年3月28日　初　版

［検印廃止］

著　者　福島真人

発行所　一般財団法人　東京大学出版会
代表者　中島隆博
153-0041 東京都目黒区駒場4-5-29
https://www.utp.or.jp/
電話　03-6407-1069　Fax 03-6407-1991
振替　00160-6-59964

組　版　有限会社プログレス
印刷所　株式会社ヒライ
製本所　誠製本株式会社

ISBN 978-4-13-010160-8　Printed in Japan

人名索引

サ　行

タ　行

ナ　行

ノーノ（Nono, L.）　199
野村誠　212, 213

ハ　行

ハイデガー（Heidegger, M.）　226, 244
パーク（Park, R.）　64, 66, 67, 69, 71
バージェス（Burgess, E.）　69
バシュラール（Bachelard, G.）　334
パース（Peirce, C. H.）　34
パース（Peirce, C. S.）　34, 35, 78, 223, 295, 297
パスツール（Pasteur, L.）　31, 90, 245
パーチ（Partch, H.）　214, 277, 281
ハル（Hull, C.）　71
バルデサリ（Baldessari, J.）　338
バルトーク（Bartok, B.）　214
バロウズ（Burroughs, W.）　332
ヒューズ（Hughes, T.）　310
ピンチ（Pinch, T.）　23
ヒンデミット（Hindemith, P.）　210
ファイアアーベント（Feyerabend, P.）　78, 260
ファーウェル（Farwell, A.）　193
ファラデー（Faraday, M.）　23, 324
ファンデルリンデン（Venderlinden, B.）　244
フィッシンガー（Fischinger, O.）　230
フーコー（Foucault, M.）　35
フッサール（Husserl, E.）　226, 227
ブライヤーズ（Bryars, G.）　210, 211
ブラーエ（Brahe, T.）　21
ブルデュー（Bourdieu, P.）　276, 279
ブルトマン（Bultmann, R.）　244,324
ブレア（Blair, T.）　95
フレイリング（Frailing, C.）　260, 261, 269
フレック（Fleck, L.）　292, 339
ブーレーズ（Boulez, P.）　199, 334
フンボルト（Humbolt, A.）　28
ベイカー（Bijker, W.）　245
ベーコン（Bacon, F.）　20, 290
ベーコン（Bacon, R.）　290
ベッカー（Becker, H.）　194, 242, 257, 276, 305, 306, 307, 341
ベニテズ（Benitez, J.）　195, 196, 203
ペリー（Perry, S.）　16
ベルナール（Bernard, C.）　187, 222, 223, 224, 226, 229
ヘンシング（Hensing, J.）　324
ベンヤミン（Benjamin, W.）　239
ポアンカレ（Poincaré, J.-H.）　228
ボイル（Boyle, R.）　20, 234, 235, 291
ボーグドルフ（Borgdorff, H.）　264, 265, 272
ホースフォード（Horsford, E.）　34
ホッブズ（Hobbes, T.）　234, 235, 236, 291
ポパー（Popper, K.）　76, 78, 291
ホメルス（Hommels, A.）　122
ホワイトヘッド（Whitehead, A.）　63, 295, 296, 297, 298, 341

マ　行

マイケル（Michael, M.）　298
マイヤー（Meyer, L.）　196, 333
マトゥラナ（Maturana, H.）　244
マートン（Merton, R.）　16, 78, 328
マリノフスキー（Malinowski, B.）　iv
マルクス（Marx, K.）　274
ミッチェル（Mitchell, W.）　146
モリス（Morris, P.）　23, 29, 323
モルデリングス（Molderings, H.）　230
モレル（Morrell, J.）　28, 31

ヤ　行

山岡望　29, 30
ラモンテ ヤング（Young, L. M.）　209
ユング（Jung, C. G.）　337

ラ　行

ライヒ（Reich, S.）　209, 281
ライプニッツ（Leibniz, G.）　327
ラインバーガー（Rheinberger, H.=J.）　243, 248–255, 272–276, 294
ラトゥール（Latour, B.）　11, 12, 14, 15, 17, 26, 31, 43, 90, 158, 174, 235, 237, 243, 245, 247, 275, 314, 315, 323, 328
ラビノウ（Rabinow, P.）　328
ラボアジェ（Lavoisier, A.）　324
リクリ（Richli, H.）　250, 273
リード（Read, H.）　260
リービッヒ（Liebig, J. v.）　9, 23, 26, 27, 28–35, 171, 320, 321
リビングストン（Livingstone, D.）　45
リップマン（Lippman, W.）　298
リンチ（Lynch, M.）　12
ルソー（Rousseau, H.）　219
ルッソロ（Russolo, L.）　332
ルットマン（Ruttman, W.）　332
レイヴ（Lave, J.）　306
ロモノッソフ（Lomonossow, M. V.）　324

ワ　行

ワーズワース（Wordsworth, W.）　297
和田誠　190, 191

事項索引

あ 行

か 行

さ　行

た　行

な　行

は　行

ま　行

や　行

ら　行

わ　行

アルファベット

文　献

A

相磯佳正　1985 「訳者後記」ジャリ，A: 193–201.

アドルノ，T　1973 『新音楽の哲学』音楽之友社.

秋山邦晴　1985 「草月アート・センター」，秋山邦晴他（1985）: 445–498.

秋山邦晴他　1985 『文化の仕掛人―現代文化の磁場と透視図（パースペクチブ）』青土社.

アジア太平洋資料センター編　2014 『徹底解剖国家戦略特区―私たちの暮らしはどうなる？』コモンズ.

Akrich, M　1997　The description of technical objects, in Bijker, W & Law, J (eds.) *Shaping Technologies/ Building Society: Studies in Sociotechnical Change*, The MIT Press: 205–224.

Akrich, M et al (eds)　2013　*Débordements: Mélanges offerts à Michel Callon*, Presses des Mines.

Alexander, V et al (eds)　2018a　*Art and the Challenge of Markets Volume 1: National Cultural Politics and the Challenges of Marketization and Globalization*, Palgrave Macmillan.

Alexander, V et al (eds)　2018b　*Art and the Challenge of Markets Volume 2: From Commodification of Art to Artistic Critiques of Capitalism*, Palgrave Macmillan.

Alfons, B & Hausendorf, H　2006　Participatory science governance revisited: Normative expectations versus empirical evidence, *Science and Public Policy* 33(7): 478–488.

網野善彦　2003 『日本中世の百姓と職能民』平凡社ライブラリー文庫.

Anastasi, W　1991　Duchamp on the Jarry Road, *Artforum* (https://www.artforum.com/print/199107/duchamp-on-the-jarry-road-33754　2021年2月15日閲覧).

Anderson, V　2013　Whatever remains, whatever improbable: British experimental music and experimental systems, in Schwab (ed): 55–67.

Anderson, T & Shattuck, J　2012　Design-based research: A decade of progress in education research? *Educational Researcher* 41(1): 16–25.

荒樋豊　2020 『社会実験としての農村コミュニティづくり―住民・学生・大学教育との三者統合を目指して』筑波書房.

アルノー，N　2003 『アルフレッド・ジャリ―「ユビュ王」から「フォース・トロール博士言行録」まで』水声社.

畔上統雄　1983 「社会実験事業制度の提唱」『社会・経済システム学会誌』1: 37–42.

畔上統雄　1989　『公共プロジェクトの発注手続き―廃棄物問題からのアプローチ』東洋経済新報社.
綾部広則　2003　『現代社会と科学技術の共進化プロセス解明への視座―SSC 計画の事例研究（1982-1993)』東京大学大学院博士論文.

B

馬場正尊・Open A（編）　2016　『エリアリノベーション―変化の構造とローカライズ』学芸出版社.
馬場正尊他　2020　『テンポラリーアーキテクチャー―仮設建築と社会実験』学芸出版社.
ベーコン，F　1978　『ノヴム・オルガヌム（新機関)』岩波文庫.
Ballon, P Pierson, J & Delaere, S　2005　Test and experimentation platforms for broadband innovation: Examining European practice. Final draft paper to be presented at the 16th International Telecommunications Society Europe Conference, Porto, Portugal: 4-6, September 2005.
Balmer, A et al　2015　Taking roles in interdisciplinary collaborations: Reflections on working in post-ELSI spaces in the UK synthetic biology community, *Science and Technology Studies* 28(3): 3-25.
Barnes, B　1982　*T. S. Kuhn and Social Science*, Macmillan.
バーザ，A　2009　『歴史を変えた!?　奇想天外な科学実験ファイル』エクスナレッジ.
Bast, G et al (eds)　2015　*Arts, Research, Innovation and Society*, Springer.
Becker, H　1972　A school is a lousy place to learn anything, *The American Behavioral Scientist* 16(1): 85-105.
Becker, H　2000　The etiquette of improvisation, *Mind, Culture, and Activity* 7(3): 171-176.
ベッカー，H　2016　『アート・ワールド』慶應義塾大学出版会.
ベニテズ，H　1981　『現代音楽を読む―エクリチュールを超えて』朝日出版社.
ベンヤミン，W　1970　『複製技術時代の芸術』晶文社.
バーグマン，B・ホーン，H　1997　『実験的ポップ・ミュージックの軌跡―その起源から 80 年代の最前線まで』勁草書房.
ベルナール，B　1970　『実験医学序説』岩波文庫.
Berk, R et al　1985　Social policy experimentation: A position paper, *Evaluation Review* 9(4): 387-429.
Biggs, M & Karlsson, H (eds)　2011　*The Routledge Companion to Research in the Arts*, Routledge.
Bijker, W et al (eds)　1987　*The Social Construction of Technological Systems: New Directions in the Sociology and History of Technology*, MIT Press.

ブラム，D　2007　『幽霊を捕まえようとした科学者たち』文藝春秋.
ボブロウ，D・ドライツェク，J　2000　『デザイン思考の政策分析』昭和堂.
Bogner, A　2012　The paradox of participation experiments, *Science, Technology, & Human Values* 37(5): 506–527.
Borgdorff, H　2013　*The Conflict of the Faculties: Perspectives on Artistic Research and Academia*, Leiden University Press.
Borgdorff, H et al (eds)　2020　*Dialogues between Artistic Research and Science and Technology Studies*, Routledge.
Born, B　1995　*Rationalizing Culture: IRCAM, Boulez, and the Institutionalization of the Musical Avant-garde*, University of California Press.
Borup, M et al　2006　The sociology of expectations in science and technology, *Technology Analysis & Strategic Management* 18(3–4): 285–298.
ブルデュー，P　1989　『ディスタンクシオン―社会的判断力批判』新評論.
ブルデュー，P　1991　『ピエール・ブルデュー―超領域の人間学』藤原書店.
Bourrier, M　1996　Organizing maintenance work at two American nuclear power plants, *Journal of Contingencies and Crisis Management* 4(2): 104–112.
ボイル，B　1984　『懐疑の化学者』内田老鶴圃.
ブレント，J　2004　『パースの生涯』新書館.
Brock, W　1997　*Justus von Liebig: The Chemical Gatekeeper*, Cambridge University Press.
Brown, A　1992　Design experiments: Theoretical and methodological challenges in creating complex interventions in classroom settings, *The Journal of the Learning Sciences* 2(2): 141–178.
Brown, R　1997　The delayed birth of social experiments, *History of Human Sciences* 10(2): 1–21.

C
ケージ，J　1996　『サイレンス』水声社.
Callon, M　1980　Struggles and negotiations to define what is problematic and what is not, in Knorr, K et al (eds) *The Social Process of Scientific Investigation*. Springer: 196–231.
Callon, M　2001　From science as an economic activity to socioeconomics of scientific research: The dynamics of emergent and consolidated techno-economic networks, in Mirowski, P & Sent, E-M (eds): 277–317.
Callon, M et al (eds)　1986　*Mapping the Dynamics of Science and Technology*, Macmillan:
Callon, M et al (eds)　2009　*Acting in an Uncertain World: An Essay on Technical Democracy*, MIT Press.

Calvet, M & Broto, V 2016 Green enclaves, neoliberalism and the constitution of the experimental city in Santiago de Chile, in Evans, J et al (eds): 107-121.
Cameron, C 1996 *Dialectics in the Arts: The Rise of Experimentalism in American Music*, Praeger.
Campbell, D 1979 A tribal model of the social system: Vehicle carrying scientific knowledge, *Knowledge: Creation, Diffusion, Utilization* 1(2): 181-120.
Campbell. D 1985 Toward an epistemologically-relevant sociology of science, *Science, Technology, & Human Values* 10(1): 38-48.
Campbell, D 1991 Methods for the experimenting society, *Evaluation Practice* 12(3): 223-260.
Chang, H 2017 What history tells us about the distinct nature of chemistry, *Ambix* 64(4): 360-374.
筑摩書房編集部 2016 『武満徹―現代音楽で世界をリードした作曲家』筑摩書房.
Chilvers, J & Kearnes, M (eds) 2016 *Remaking Participation: Science, Environment and Emergent Publics*, Routledge.
Clarke, A & Fujimura, J (eds) 1992 *The Right Tools for the Job: At Work in Twentieth-century Life Sciences*, Princeton University Press.
Cobb, P et al 2003 Design experiments in educational research, *Educational Researcher* 32(1): 9-13.
Collingridge, D 1992 *The Management of Scale: Big Organizations, Big Decisions, Big Mistakes*, Routledge.
Collins, H 1985 *Changing Order: Replication and Induction in Scientific Practice*, Sage Publications.
Collins, H 2014 *Are We All Scientific Experts Now?* Polity.
Collins, H & Pinch, T 1982 *Frames of Meaning: The Social Construction of Extraordinary Science*, Routledge and Kegan Paul.
コリンズ, H・ピンチ, T 2001 『迷路のなかのテクノロジー』化学同人.
コンパニョン, A 1999 『近代芸術の五つのパラドックス』水声社.
Cory, D et al 1999 The Aware Home: A living laboratory for ubiquitous computing research, in Streitz, N et al (eds) *CoBuild '99, LNCS* 1670: 191-198, Springer-Verlag.
コックス, J 2013 『嵐の正体にせまった科学者たち―気象予報が現代のかたちになるまで』丸善出版.
Crispin, D 2013 Of Arnold Schoenberg's Klavierstueck op. 33a "A Game of Chess" and the emergence of new epistemic things, in Schwab (ed): 68-86.
Cugurullo, F 2016 Frankenstein cities: (de) composed urbanism and experimental eco-cities, in Evans, J et al (eds): 195-204.

D

Daichendt, G　2011　*Artist Scholar: Reflections on Writing and Research*, Intellect Ltd.

De Assis, P & D'errico, L（eds）　2019　*Artistic Research: Charting a Field in Expansion*, Rowman & Littlefield Intl.

デリダ，J　2008　『条件なき大学』月曜社.

ドヴァール，C　2017　『パースの哲学について本当のことを知りたい人のために』勁草書房.

デューイ，J　2000　『民主主義と教育』人間の科学社.

デューイ，J　2004　『経験と教育』講談社学術文庫.

デューイ，J　2010　『経験としての芸術』晃洋書房.

デューイ，J　2014　『公衆とその諸問題―現代政治の基礎』ちくま学芸文庫.

デューイ，J　2018　『確実性の探求―知識と行為の関係についての研究』東京大学出版会.

ダイアモンド，J・ロビンソン，J（編）　2018　『歴史は実験できるのか―自然実験が解き明かす人類史』慶應義塾大学出版会.

Dillon, S　2007　*The Palimpsest: Literature, Criticism, Theory*, Continuum.

Disco, C & van de Meulen, B（eds）　1998　*Getting New Technologies Together: Studies in Making Sociotechnical Order*, Walter de Gruyter.

Dombois, F et al（eds）　2012　*Intellectual Birdhouse: Artistic Practice as Research*, Walther König.

Doorn, N et al（eds）　2014　*Early Engagement and New Technologies: Opening Up the Laboratory*, Springer.

デュシャン，M・カバンヌ，P　1995『デュシャンは語る』ちくま学芸文庫.

Dunn, W（eds）　1998　*The Experimenting Society*, Transaction Publishers.

du Toit, J & Mouton, J　2012　A typology of designs for social research in the built environment, *International Journal of Social Research Methodology* 16(2): 125-139.

Dupré, S（ed）　2014　*Laboratories of Art: Alchemy and Art Technology from Antiquity to the 18th Century*, Springer.

E

Elkins, J　2006　Afterwords: On beyond research and new knowledge, in Macleod, K & Holdridge, L（eds): 241-247.

Elkins, J（ed）　2009　*Artists With PhDs: On the New Doctoral Degree in Studio Art*, New Academia Publications.

Elkins, J　2009a　Six cultures of the PhD around the world, in Elkins, J（ed): 3-16.

Elkins, J　2009b　List of PhD programs around the world, in Elkins, J（ed): 17-34.

Elkins, J　2009c　Fourteen reasons to mistrust the PhD, in Elkins, J (ed): 227–278.
Elkins, J　2009d　Positive ideas for PhD programs, in Elkins, J (ed): 303–324.
Epstein, S　1996　*Impure Science: AIDS, Activism, and the Politics of Knowledge*, University of California Press.
Evans, J et al (eds)　2016　*The Experimental City*, Routledge.
Evans, J & Karvonen, A　2014　Give me a laboratory and I will lower your carbon footprint!: Urban laboratories and the governance of low-carbon futures, *Journal of Urban and Regional Research* 38(2): 413–430.
Evans, J et al　2016　The glorious failure of the experimental city: Cautionary tales from Arcosanti and Masdar City, in Evans. J et al (eds): 218–235.

F

Farías, I & Wilkie, A　2016　*Studio Studies: Operations, Topologies and Displacements*, Routledge.
Fleck, L　1979　*Genesis and Development of a Scientific Fact*, University of Chicago Press.
Frailing, C　1993　Research in art and design, *Royal College of Art Research Papers* (1): 1.
Frailing, C　2006　Foreword, in Macleod, K & Holdridge, L (eds): xiii–xiv.
フリードランダー，M　1997　『きわどい科学—ウソとマコトの境域を探る』白揚社.
藤本穣彦　2022　『まちづくりの思考力—暮らし方が変わればまちが変わる』実生社.
藤本穣彦・島谷幸宏　2014　「住民参加に基づく地域政策形成の方法としての「社会実験」—研究史の整理と基本的考え方の構築」『社会環境論究』6: 67–84.
藤村晶子　2018　「「音楽の共同体」—ヒンデミット 1920 年代の模索」『ドイツ研究』52: 112–119.
Fujimura, J　1996　*Crafting Science: A Sociohistory of the Quest for the Genetics of Cancer*, Harvard University Press.
藤原さと　2020　『「探究」する学びをつくる—社会とつながるプロジェクト型学習』平凡社.
福島真人　1992　「説明の様式について—あるいは民俗モデルの解体学」『東洋文化研究所紀要』116: 295–360.
福島真人　2017　『真理の工場—科学技術の社会的研究』東京大学出版会.
福島真人　2020　「言葉とモノ—STS の基礎理論」，藤垣裕子他（編）『科学技術社会論の挑戦』第 3 巻，東京大学出版会: 214–232.
福島真人　2022　『学習の生態学—実験，リスク，高信頼性』ちくま学芸文庫.
福島真人　2023　「ラトゥールとは誰か—総説」『現代思想』51(3): 22–38.
福島真人　2024a　「科学のシャドーワーク—総説」『科学技術社会論研究』23: 9–14.
福島真人　2024b　「宇宙科学におけるシャドーワーク問題」『科学技術社会論研究』

23: 13–21.
Fukushima, M　2005　On small devices of thought: Concepts, etymologies, and the problem of translation, in Latour, B & Weibel, P (eds): 18–63.
Fukushima, M　2017　The experimental zone of learning: Mapping the dynamics of everyday experiment, *Mind, Culture and Activity* 24(4): 311–323.
Fukushima, M　2020　Before Laboratory Life: Perry, Sullivan and the missed encounter between psychoanalysis and STS, *BioSocieties* 15(2): 271–293.
Fukushima, M　2021a　Noises in the landscape: Disputing the visibility of mundane technological objects, *Journal of Material Culture* 24(1): 64–84.
Fukushima, M　2021b　Minoru Nomatu: The Allure of Polycromatic Topology, in White Cube (ed): 67–77.

G

Galison, P　1987　*How Experiments End*, University of Chicago Press.
Galison, P　1997　*Image and Logic: A Material Culture of Microphysics*, University of Chicago Press.
Galison, P　2001a　Interview, in Obrist, H & Vanderlinden, B (eds): 95–107.
Galison, P　2001b　Image and logic: Meaning and material culture in big science, in Obrist, H & Vanderlinden, B (eds): 219–223.
Galison, P & Hevly, B (eds)　1992　*Big Science: The Growth of Large-scale Research*, Stanford University Press.
Galison, P & Jones, C　2001　Trajectories of production: Laboratories/factories/studios, in Obrist, H. & Vanderlinden, B (eds): 205–209.
ギアーツ，C　1987　『文化の解釈学』岩波書店.
ギボンズ，M（編）　1997　『現代社会と知の創造―モード論とは何か』丸善.
Gieryn, T　1999　*Cultural Boundaries of Science: Credibility on the Line*, University of Chicago Press.
Gieryn, T　2006　City as truth-spot: Laboratories and field-sites in urban studies, *Social Studies of Science* 36(1): 5–38.
Ginsberg, P　1998　Cross-cultural research, ethnography and the multitrait-multimethod matrix, *American Journal of Evaluation* 19(3): 411–415.
Gitelman, L (ed)　2013　*"Raw Data" is an Oxymoron*, MIT Press.
ゴッフマン，E　1984　『アサイラム―施設被収容者の日常世界』誠信書房.
Glaveanu, V (ed) *The Palgrave Encyclopedia of the Possible*, Palgrave Macmillan.
Gooday, G　2008　Placing or replacing the laboratory in the history of science? *Isis*, 99: 783–795.
グラブス，D　2015　『レコードは風景をだいなしにする―ジョン・ケージと録音物たち』フィルムアート社.

Gooding, D et al (eds) 1989 *The Uses of Experiment: Studies in the Natural Sciences*, Cambridge University Press.
ゴットシャル, J 2022 『ストーリーが世界を滅ぼす—物語があなたの脳を操作する』東洋経済新報社.
Green, D & Gerber, A 2003 The Underprovision of experiments in political science, *The Annals, American Academy of Political and Social Science* 589: 94-112.
グリフィス, P 2003 『ジョン・ケージの音楽』青土社.
Gross, M 2009 Collaborative experiments: Jane Addams, Hull House and experimental social work, *Social Science Information* 48(1): 81-95.
Gross, M 2010 *Ignorance and Surprise: Science, Society, and Ecological Design*, MIT Press.
Gross, M 2016 Give me an experiment and I will raise a laboratory, *Science, Technology, & Human Values* 41(4): 613-634.
Gross, M & Krohn, W 2005 Society as experiment: Sociological foundations for a self-experimental society, *History of the Human Sciences* 18(2): 63-86.
Gross, M & Schulte-Römer, N 2018 Remaking participatory democracy through experimental design, *Science, Technology, & Human Values* 44(4): 707-718.
グァラ, F 2013 『科学哲学から見た実験経済学』日本経済評論社.
Guston, D 2001 Boundary organizations in environmental policy and science: An introduction, *Science, Technology, & Human Values* 26(4): 399-408.

H

ハッキング, H 2015 『表現と介入—科学哲学入門』ちくま学芸文庫.
Halewood, M & Michael, M 2008 Being a sociologist and becoming a Whiteheadian: Toward a concrescent methodology, *Theory, Culture & Society* 25(4): 31-56.
Hansson, S 2015 *The Role of Technology in Science: Philosophical Perspectives*, Springer.
原ひろみ 2008 「アメリカの職業訓練政策の現状と政策評価の取組み—労働力投資法を取り上げて」『日本労働研究雑誌』579: 42-52.
原野葉子 2008 「コレージュドパタフィジックと韜晦」『広島大学フランス文学研究』(27): 17-33.
ハーバード・ビジネス・レビュー 2020 「特集 A/B テストで成長を加速させる—実験する組織」『ハーバード・ビジネス・レビュー』45(6).
Harriet, B et al (eds) 2011 *Cities and Low Carbon Transitions*, Routledge.
ヘトリング, M 2022 『リバタリアンが社会実験してみた町の話—自由至上主義者のユートピアは実現できたのか』原書房.
日比野愛子・鈴木舞・福島真人(編) 2022 『科学技術社会学(STS)ワードマッ

プ』新曜社.
Hickman, L　1990　*John Dewey's Pragmatic Technology*, Indiana University Press.
平野健（編）　2008　『国境を越える政策実験・EU（政治空間の変容と政策革新）』東京大学出版会.
平芳幸浩　2021　『日本現代美術とマルセル・デュシャン』思文閣出版.
広瀬伸　2007　「小講座　社会実験」『農業土木学会誌』75(1): 41.
廣重徹　1973　『科学の社会史—近代日本の科学体制』中央公論社.
廣田襄　2013　『現代化学史—原子・分子の科学の発展』京都大学学術出版会.
肥前洋一（編）　2016　『実験政治学』勁草書房.
Hodson, M & Marvin, S　2009　Cities mediating technological transitions: Understanding visions, intermediation and consequences, *Technology Analysis & Strategic Management* 21(4): 515–534.
Hodson, M et al　2018　Putting urban experiments into context: Integrating urban living labs and city-regional priorities, in Marvin, et al (eds): 37–51.
Hoffmann, M　2012　*Climate governance at the crossroads: Experimenting with a global response after Kyoto*, Oxford University Press.
Hommels, A　2008　*Unbuilding Cities: Obduracy in Urban Socio-technical Change* MIT Press.
Honey-Rosés, J & Stevens, M　2017　Commentary on the absence of experiments in planning, *Journal of Planning Education and Research* 39(3): 1–6.
ホッセンフェルダー，S　2021　『数学に魅せられて，科学を見失う—物理学と「美しさ」の罠』みすず書房.
ヒューズ，S　1978　『大変貌—社会思想の大移動 1930-1965』みすず書房.
Hugill, A　2012　*Pataphysics: A Useless Guide*, MIT Press.

I

石橋鼓太郎　2021　『制約を創造に変えるアートマネジメント—〈野村誠 千住だじゃれ音楽祭〉のエスノグラフィ』東京藝術大学大学院博士論文.
石井榮一　2016　『人と思想 43　ベーコン』清水書院.
石川雄章他　2000　「道路政策の進め方の改革—評価システム，社会実験，PI などの取り組み」『行政研究叢書』35: 66–88.
伊藤俊秀・草薙信照　2019　『コンピュータシミュレーション』オーム社.
伊藤邦武　1985　『パースのプラグマティズム—可謬主義的知識論の展開』勁草書房.
伊東俊太郎（編）　1981　『ロジャー・ベイコン』朝日出版社.
泉山塁威　2016　「タクティカル・アーバニズム①　日本のパブリックスペースの潮流とタクティカル・アーバニズム」『ランドスケープデザイン』112: 114–119.
泉山塁威　2017a　「タクティカル・アーバニズム②　短いアクションから始めるボトムアップ型のプロセス—タクティカル・アーバニズム」『ランドスケープデザ

イン』113: 92–95.
泉山塁威　2017b 「タクティカル・アーバニズム③　市民のゲリラアクションから長期的イノベーション（政策や空間整備）につなげる」『ランドスケープデザイン』114: 92–97.
泉山塁威　2017c 「タクティカル・アーバニズム④　市民やコミュニティ主導のプレイスメイキングとタクティカル・アーバニズムをいいとこ取りで使おう！　2 概念の整理から見るタクティカル・アーバニズム」『ランドスケープデザイン』115: 100–105.
泉山塁威　2017d 「タクティカル・アーバニズム⑤　タクティカル・アーバニズムのロングタームチェンジとは何か？」『ランドスケープデザイン』116: 106–111.
泉山塁威　2017e 「タクティカル・アーバニズム⑥　タクティカル・アーバニズムの日本における展開可能性—戦略と戦術を補完しながら都市・地域再生につなげる」『ランドスケープデザイン』117: 108–113.
泉山塁威　2021 「長期的変化をデザインする」泉山他（編）: 134–141.
泉山塁威他（編）　2021 『タクティカル・アーバニズム—小さなアクションから都市を大きく変える』学芸出版社.

J

James, F (ed)　1989　*The Development of the Laboratory: Essays on the Place of Experiment in Industrial Civilization*, Macmillan.
ジャリ，A　1985 『フォーストロール博士言行録』国書刊行会.
ジャリ，A　2017 『超男性』白水社.
Jasanoff, S　1987　Contested boundaries in policy-relevant science, *Social Studies of Science* 17(2): 195–230.
Jasanoff, S (ed)　2004　*States of Knowledge: The Co-production of Science and Social Order*, Routledge.
Jasanoff, S et al (eds)　1995　*Handbook of Science and Technology Studies*, Sage Publications.
Joerges, B & Shinn, T　2002　*Instrumentation between Science, State and Industry*, Kluwer.
Jones, C　1996　*Machine in the Studio: Constructing the Postwar American Artist*, University of Chicago Press.
Jones, T　2006　A method of search for reality: Research and research degrees in art and design, in Macleod, K & Holdridge, L (eds): 226–240.
ユング，C　1972 『ユング自伝—思い出・夢・思想』みすず書房.

K

加賀乙彦　1970 「「実験小説論」と「実験医学序説」」『新潮世界文学 21　月報

(25)』新潮社: 8-10.
梶雅範　2009「ギーセン大学のリービッヒと有機分析装置」『化学と教育』57(11): 506-509.
柿沼敏江　2005『アメリカ実験音楽は民族音楽だった—9人の魂の冒険者たち』フィルムアート社.
Kälvemark, T　2011　University politics and practice-based research, in Biggs, M & Larlsson, H (eds): 3-23.
神山幸也　n.d.「300年前の公開実験を再現!!」(http://www.sci-fest.org/2012T/show4.html　2022年2月11日閲覧).
亀尾利夫　1975『デューイの哲学—知識と行為』勁草書房.
苅宿俊文他（編）　2012『まなびを学ぶ（ワークショップと学び　3)』東京大学出版会.
カント，I　2002『諸学部の争い—遺稿集』岩波書店.
Karvonen, A & van Heur, B　2014　Urban laboratories: Experiments in reworking cities, *International Journal of Urban and Regional Research* 38(2): 379-392.
笠原洋一　2019「Arts-Based Research による美術教育研究の可能性について」『美術科教育学会誌』40: 113-128.
Keaney, M　1999　Book review: William N Dunn (ed), The Experimenting Society: Essays in Honor of Donald T. Campbell (New Brunswick, NJ: Transaction Publishers, 1998, 232 pp., no price given, hbk.): Raimo Väyrynen (ed), Globalization and Global Governance (Lanham, MD: Rowman and Littlefield, 1999, 285 pp., £52.00 hbk., £18.00 pbk). *Millennium: Journal of International Studies* 28(3): 757-759.
Keating, P & Cambrosio, A　2003　*Biomedical Platforms: Realigning the Normal and the Pathological in Late-twentieth-Century Medicine*, MIT Press.
Kidd, C et al.　1999　The Aware Home: Aliving Laboratory for ubiquitous cumputing research, in Streitz et al. (eds): 191-198.
木原活信　1998『J. アダムズの社会福祉実践思想の研究—ソーシャルワークの源流』川島書店.
Kingdon, J　1984　*Agendas, Aternatives, and Public Policies*, Harper Collins Publications.
木下栄蔵・高野伸栄（編）　2004『参加型社会の決め方—公共事業における集団意思決定』近代科学社.
岸宣仁　2004『ゲノム敗北—知財立国日本が危ない！』ダイヤモンド社.
Klein, U　2003　*Experiments, Models, Paper Tools: Cultures of Organic Chemistry in the Nineteenth Century*, Stanford University Press.
Klein, U　2008　The laboratory challenge: Some revisions of the standard view of early modern experimentation, *Isis* 99: 769-782.

Kleinman, D　2003　*Impure Cultures: University Biology and the World of Commerce*, University of Wisconsin Press.

Knorr-Cetina, K　1999　*Epistemic Cultures: How the Sciences Make Knowledge*, Harvard University Press.

Knorr-Cetina, K & Mulkay, M（eds）　1983　*Science Observed: Perspectives on the Social Study of Science*, Sage.

Kohler, R　2002　*Landscapes & Labscapes: Exploring the Lab-field Border in Biology*, University of Chicago Press.

Kohler, R　2008　Lab history: Reflections, *Isis* 99: 761–768.

国土技術研究センター（編）　2003　『社会実験事例集—道路施策の新しい進め方』大成出版社.

国土交通省　2023　『道路の景観を変えていく社会実験』（https://www.mlit.go.jp/road/demopro/about/pamphlet.pdf　2020年9月4日閲覧）.

今佐和子　2021　「ストリートデザインガイドラインの舞台裏」泉山他（編）: 148–155.

Koolhaas, R　2001　Transformations, in Obrist, H & Vanderlinden, B（eds）: 199–202.

興津庄蔵他　2015　『実験国家満洲帝国のすべて』笠倉出版社.

クブラー，G　2018　『時のかたち—事物の歴史をめぐって』鹿島出版会.

久保田尚　1997　「都市交通計画の推進と社会実験」山本（編）: 31–56.

クーン，T　1971　『科学革命の構造』みすず書房.

Kusiak, A　2007　Innovation: The living laboratory perspective, *Computer-Aided Design & Applications* 4(6): 863–876.

L

Lampland, M & Star, S L（eds）　2009　*Standards and Their Stories: How Quantifying, Classifying, and Formalizing Practices Shape Everyday Life*, Cornell University Press.

Langlitz, N　2000　Pharmacovigilance and post-black market surveillance, *Social Studies of Science* 39(3): 395–420.

Latour, B　1987　*Science in Action: How to Follow Scientists and Engineers through Society*, Harvard University Press.

Latour, B　1983　Give me a laboratory and I will raise the world, in Knorr-Cetina, K & Mulkay, M（eds）: 141–170.

Latour, B　1988　The *Pasteurization of France*, Harvard University Press.

Latour, B　1993　*We Have Never Been Modern*, Harvester Wheatsheaf.

Latour, B　2001a　The theater of proof: A series of demonstrations, in Obrist, H & Vanderlinden, B（eds）: 185–186.

Latour, B　2001b　On spontaneous generation: Louis Pasteur's Sorbonne Lecture of 1864, in Obrist, H & Vanderlinden, B (eds): 230-233.

Latour, B　2003　L'impossible métier de l'innovation technique, in Mustar, P & Penan, H (eds) *Encyclopédie de l'innovation*, Edition Economica: 9-26.

Latour, B　2004　Why has critique run out of steam? From matters of fact to matters of concern, *Critical Inquiry* 30(2): 225-248.

Latour, B & Bastide, F　1986　Writing science: Fact and fiction, in Callon, M et al (eds): 51-66.

Laurent, B　2022　*European Objects: The Troubled Dreams of Harmonization*, The MIT Press.

レイヴ，J・ウェンガー，E　1993　『状況に埋め込まれた学習―正統的周辺参加』産業図書.

レキュルール，M　2019　『レーモン・クノー伝』水声社.

Le Dantec, C　2016　*Designing Publics*, The MIT Press.

Leminen, S　2015　Q&A: What Are Living Labs? *Technology Innovation Management Review* 5(9): 29-35.

Lewis, J & Smith, R　1980　*American Sociology and Pragmatism: Mead, Chicago Sociology, and Symbolic Interaction*, University of Chicago Press.

リヴィングストン，D　2014　『科学の地理学―場所が問題になるとき』法政大学出版局.

Lynch, M　1985　*Art and Artifact in Laboratory Science: A Study of Shop Work and Shop Talk in a Research Laboratory*, Routledge & Kegan Paul.

Lynch, M　2019　The production of essentially useless nanotechnology, in Sormani, et al (eds): 81-100.

M

Macleod, K & Holdridge, L (eds)　2006　*Thinking through Art: Reflections on Art as Research*, Routledge.

Maddox, J　1993　Recipe for a good research laboratory, *Nature* 366(23): 717.

前田裕之　2023　『データにのまれる経済学―薄れゆく理論信仰』日本評論社.

Mark, M　1998　The philosophy of science (and of life) of Donald T. Campbell, *American Journal of Evaluation* 19(3): 399-402.

Marres, N　2005　Issues spark a public into being: A key but often forgotten point of the Lippmann-Dewey debate, in Latour, B & Weibel, P (eds) *Making Things Public*, MIT Press: 208-217.

Marres, N　2007　The issues deserve more credit: Pragmatist contributions to the study of public involvement in controversy, *Social Studies of Science* 37(5): 759-780.

Marres, N　2013　Why political ontology must be experimentalized: On eco show homes as devices of participation, *Social Studies of Science* 43(3): 417-443.
Marvin, S et al (eds)　2018　*Urban Living Labs: Experimenting with City Futures*, Routledge.
的川泰宣　2017　『ニッポン宇宙開発秘史―元祖鳥人間から民間ロケットへ』日本放送出版協会.
松戸清裕　2017　『ソ連という実験―国家が管理する民主主義は可能か』筑摩書房.
松村一志　2021　『エビデンスの社会学―証言の消滅と真理の現在』青土社.
松本文夫（編）　2010　『Models―建築模型の博物都市』東京大学出版会.
松浦晋也　2016　『310億円の失敗から組織管理を学ぶ―X線天文衛星「ひとみ」喪失事故』(https://business.nikkei.com/atcl/NBD/15/262664/092600128/　2021年10月4日閲覧).
May, T & Perry, B　2016　Cities, experiments and the logics of the knowledge economy, in Evans, J et al (eds): 32-46.
マイヤーズ，M　2010　『セレンディピティと近代医学―独創，偶然，発見の100年』中央公論新社.
メイヒュー，C・エドワーズ，A　2017　『デューイ・スクール―シカゴ大学実験学校―1896年～1903年』あいり出版.
Merton, R (ed) *The Sociology of Science: Theoretical and Empirical Investigations*. University of Chicago Press.
Merton, R　1973　The normative structure of science, in Merton, R (ed): 267-278.
メナンド，L　2011　『メタフィジカル・クラブ―米国100年の精神史』みすず書房.
Meyer, L　1961　*Emotion and Meaning in Music*, University of Chicago Press.
Meyer, L　1967　*Music, the Arts, and Ideas: Patterns and Predictions in Twentieth-Century Culture*, University of Chicago Press.
Mirowski, P & Sent, E-M (eds)　2002　*Science Bought and Sold: Essays in the Economics of Science*, University of Chicago Press.
Molderings, H　2010　*Duchamp and the Aesthetics of Chance: Art as Experiment*, Columbia University Press.
Morishita, M　2010　*The Empty Museum: Western Cultures and the Artistic Field in Modern Japan*, Ashgate Publishing.
Morrell, J　1972　The chemist breeders: The research schools of Liebig and Thomas Thomson, *Ambix* 19: 1-45.
Morris, P　2015　*The Matter Factory: A History of the Chemistry Laboratory*, Reaktion Books.

N

中堀和英　1983　「畔上報告に対する討論」『社会・経済システム学界誌』1: 42-45.

中川克志　2008『聴くこととしての音楽―ジョン・ケージ以降のアメリカ実験音楽研究』京都大学大学院博士論文.
中川真　2007『サウンドアートのトポス―アートマネジメントの記録から』昭和堂.
Nakai, Y　2015　How to imitate nature in her manner of operation: Between what John Cage did and what he said he did, *Perspectives of New Music* 52(3): 141-160.
Nakai, Y　2021　*Reminded by the Instruments: David Tudor's Music*, Oxford University Press.
中島直人　2021「ニューアーバニズムなき日本のタクティカル・アーバニズム」泉山他（編）: 46-53.
中島伸　2021「政策・計画へつなぐ，実験・アクションの戦略」泉山他（編）: 68-73.
中村文彦（編）　2006『コミュニティバスの導入ノウハウ』薫風社.
中尾拓哉　2017『マルセル・デュシャンとチェス』平凡社.
中岡哲郎　1974『コンビナートの労働と社会』平凡社.
中須賀真一　2021「大学における超小型衛星開発の現状と将来」『日本リモートセンシング学会誌』41(2): 287-289.
ナイマン，M　1992『実験音楽―ケージとその後』水声社.
ネッツ，R・ノエル，W　2008『解読！アルキメデス写本―羊皮紙から甦った天才数学者』光文社.
Niitamo, V-P et al　2006　State-of-the-art and good practice in the field of living labs, IEEE International Technology Management Conference.
西出順郎　2020『政策はなぜ検証できないのか―政策評価制度の研究』勁草書房.
西村克己　2000『よくわかるプロジェクトマネジメント』日本実業出版社.
西尾好司　2012「Living Lab（リビングラボ）―ユーザー・市民との共創に向けて」『富士通総研経済研究所 研究レポート』395: 1-40.
西澤晴美　2010『Document　実験工房』東京パブリッシングハウス.
西澤晴美他（編）　2013『実験工房展―戦後芸術を切り拓く』読売新聞社.
沼野雄司　2021『現代音楽史―闘争しつづける芸術のゆくえ』中公新書.

O

Obrist, H & Vanderlinden B (eds)　1999　*Laboratorium*, Program Book.
オブリスト，H　2015『ミュージック―「現代音楽」をつくった作曲家たち』フィルムアート社.
小倉孝誠　2017『ゾラと近代フランス―歴史から物語へ』白水社.
岡沢憲芙・奥島孝康（編）　1994『スウェーデンの政治―デモクラシーの実験室』早稲田大学出版部.
オルムステド，J・オルムステド，E　1987『クロード・ベルナール―現代医学の先駆者』文光堂.

大橋弘（編） 2020 『EBPMの経済学―エビデンスを重視した政策立案』東京大学出版会.
太田勝敏他 1997 『「交通」の社会実験と市民参加―そのプロセスと効果』地域科学研究会.
おおたけしんろう（大竹伸郎） 1994 『ジャリおじさん』福音館書店.
Oudshoorn, N & Pinch, T (eds) 2003 *How Users Matter: The Co-construction of Users and Technologies*, MIT Press.

P

Palmer, T & Petrosino, A 2003 The “experimenting agency”: The California youth authority research division, *Evaluation Review* 27: 228–266.
Park, R et al 1967 *The City*, University of Chicago Press.
Parker, J et al (eds) 2010 *Collaboration in the New Life Sciences*, Ashgate.
Parshall, K et al (eds) 2015 *Bridging Traditions: Alchemy, Chemistry, and Paracelsian Practices in the Early Modern Era*, Pennsylvania State University Press.
Peden, K 2014 *Spinoza contra Phenomenology: French Rationalism from Cavaillès to Deleuze*, Stanford University Press.
Petryna, A 2009 *When Experiments Travel: Clinical Trials and the Global Search for Human Subjects*, Princeton University Press.
Pevsner, N 2014 *Academies of Art: Past and Present*, Cambridge University Press.
ポパー，K 1980 『開かれた社会とその敵』未來社.
プライス，L（編） 1980 『ホワイトヘッドの対話―1934-1947』みすず書房.

R

Rabinow, P & Bennet, G 2012 *Designing Human Practices: An Experiment with Synthetic Biology*, Chicago University Press.
ランドン，M・ガルシア，A 2021 「タクティカル・アーバニズムとは」泉山他（編）: 11–44.
Rapoport, E. 2016 The boundaries of experimentation in sustainable urbanism, in Evans, J et al (eds): 77–87.
リード，H 2001 『芸術による教育』フィルムアート社.
Reichardt, C 1998 Don Campbell: The person behind the scholarship, *American Journal of Evaluation* 19(3): 423–426.
Rheinberger, H-J 1997 *Toward a History of Epistemic Things: Synthesizing Proteins in the Test Tube*, Stanford University Press.
Rheinberger, H-J 2012 Experimental systems: Difference, graphematicity, conjuncture, in Dombois, F et al (eds): 89–100.
Rheinberger, H-J 2013 Forming and being informed, in Schwab (ed.): 198–219.

Rheinberger, H-J　2019　Epistemics and aesthetics of experimentation. Towards a hybrid heuristics? in Sormani, P et al (eds): 236-249.

Rickli, H　2012　Precarious evidence: Notes on art and biology in the age of digital experimentation, in Dombois et al (eds): 101-116.

Rickli, H　2013　Electrical images: Snapshots of an exploration, in Schwab (ed): 26-40.

ロベール，F　2009　『エクスペリメンタル・ミュージック―実験音楽ディスクガイド』NTT 出版.

Rocke, A　2003　Origins and spread of the "Giessen model" in university science, *Ambix* 50(1): 90-115.

ローゼンハーゲン，J 他　2019　『アメリカのニーチェ―ある偶像をめぐる物語』法政大学出版局.

Ryan, C et al　2016　Virtual city experimentation: A critical role for design visioning, in Evans, J et al (eds): 61-76.

S

Sabel, C & Zeitlin, J (eds)　2010　*Experimentalist Governance in the European Union: Towards a New Architecture*, Oxford University Press.

西條辰義・清水和巳（編）　2014　『実験が切り開く 21 世紀の社会科学』勁草書房.

齋藤直子　2009　『「内なる光」と教育―プラグマティズムの再構築』法政大学出版局.

笹尾和宏　2019　『Public hack―私的に自由にまちを使う』学芸出版社.

佐藤健太郎　2007　『有機化学美術館へようこそ―分子の世界の造形とドラマ』技術評論社.

Schiller, W　2001　*Experimental Systems: Future Thinking Through the Arts*, Routledge.

Schmidgen, H　2011　Laboratory (http://ieg-ego.eu/en/threads/crossroads/knowledge-spaces/henning-schmidgen-laboratory　2020 年 1 月 15 日閲覧).

Schot, J & Geels, F　2008　Strategic niche management and sustainable innovation journeys: Theory, findings, research agenda, and policy, *Technology Analysis & Strategic Management* 20(5): 537-554.

Schulman, P　1996　Heroes, organizations and high reliability, *Journal of Contingencies and Crisis Management* 4(2): 71-82.

Schwab, M (ed)　2013　*Experimental Systems: Future Knowledge in Artistic Research*, Leuven University Press.

Schwab, M (ed)　2016　*Knowledge in Artistic Research*, Leuven University Press.

Schwarz, A　2014　*Experiments in Practice*, Pickering & Chatto.

Senders, F et al　2016　Experimenting in the city: Unpacking notions of experimen-

tation for sustenability, in Evans, J et al (eds): 15-31.
セール，M　1988　『火，そして霧の中の信号―ゾラ』法政大学出版局.
Shapin, S　1988　The House of experiment in seventeenth-century England, *Isis* 79: 373-403.
シェイピン，S・シャッファー，S　2016　『リヴァイアサンと空気ポンプ―ホッブズ，ボイル，実験的生活』名古屋大学出版会.
シャタック，R　2015　『祝宴の時代―ベル・エポックと「アヴァンギャルド」の誕生』白水社.
Sheldrake, R　2001　Interview, in Obrist, H & Vanderlinden, B (eds): 33-45.
シェンカー，O　2013　『コピーキャット―模倣者こそがイノベーションを起こす』東洋経済新報社.
Sherman, L et al (eds)　2002　*Evidence Based Crime Prevention*, Routledge.
島尾永康　2002　『人物化学史―パラケルススからポーリングまで』朝倉書店.
白石美雪　2009　『ジョン・ケージ―混沌ではなくアナーキー』武蔵野美術大学出版局.
白取耕一郎　2007　『行政における『実験』の機能・方法と限界―構造改革特区・モデル事業・交通社会実験等，方法的に厳密でない「実験」の研究』東京大学行政学研究会　研究叢書 5.
庄野進　1991　『聴取の詩学―J・ケージから，そしてJ・ケージへ』勁草書房.
シルヴァーマン，K　2015　『ジョン・ケージ伝―新たな挑戦の軌跡』論創社.
Simon, H　1969　*The Sciences of the Artificial*, MIT Press.
Snider, K　2000　Expertise or experimenting?: Pragmatism and American public administration, 1920-1950, *Administration & Society* 32(3): 329-354.
園田聡　2016　『プレイスメイキング―アクティビティ・ファーストの都市デザイン』学芸出版社.
ソーントン，S　2009　『現代アートの舞台裏―5カ国6都市をめぐる7日間』ランダムハウス講談社.
Sormani, P et al (eds)　2019　*Practicing Art/Science: Experiments in an Emerging Field*, Routledge,
「草月アートセンターの記録」刊行委員会（編）　2002　『輝け60年代―草月アートセンターの全記録』フィルムアート社.
Stallschus, S　2013　A theory of experimentation in art?: Reading Kubler's History of Art after Rheinberger's experimental systems, in Schwab, M (ed): 15-25.
Star, S & Bowker, G　2002　How to Infrastructure?, in Lievrouw, L & Livingstone, S (eds) *The Handbook of New Media: Social Shaping and Consequences of ICTs*, Sage Publications: 151-162.
Star, S & Ruhleder, K　1996　Steps toward an ecology of infrastructure: Borderlands of design and access for large information spaces, *Information Systems Re-*

search 7(1): 111-134.

Stengers, I　2001　The first laboratory?, in Obrist, H & Vanderlinden, B (eds): 420-425.

Steyerl, H　2012　Aesthetic of resistance? in, Dombois, F. et al (eds): 55-64.

ストリックランド，E　1988　『アメリカン・ニュー・ミュージック―実験音楽，ミニマル・ミュージックからジャズ・アヴァンギャルドまで』勁草書房.

Strauss, A et al　1985　*Social Organization of Medical Work*, University of Chicago Press.

Stoker, G　2010　Translating experiments into policy, *The Annals of the American Academy of Political and Social Science* 628: 47-58.

Streitz, N et al (eds)　1999　CoBuild '99, LNCS1670.

杉谷和哉　2022　『政策にエビデンスは必要なのか―EBPM と政治のあいだ』ミネルヴァ書房.

Sullivan, G　2010　*Art Practice as Research: Inquiry in Visual Arts*, Sage.

鈴木透　2003　『実験国家アメリカの履歴書―社会・文化・歴史にみる統合と多元化の軌跡』慶應義塾大学出版会.

T

田口かおり　2015　『保存修復の技法と思想―古代芸術・ルネサンス絵画から現代アートまで』平凡社.

高橋洋二・久保田尚　2004　『鎌倉の交通社会実験―市民参加の交通計画づくり』勁草書房.

武満徹　2008　『武満徹対談選―仕事の夢 夢の仕事』筑摩書房.

瀧口修造　1992　「芸術と実験」『コレクション 瀧口修造 7　実験工房／アンデパンダン』みすず書房.

谷口忠顕　1986　『デューイの習慣論』九州大学出版会.

谷口守　2002　「「社会的フリーライダー」と「コミュニケイティブプロセスの限界」に配慮した第 3 者機関導入の方向性」『土木学会論文集』709(IV-56): 3-11.

Thistlewaite, D & Campbell, D　1960　Regression-discontinuity analysis: An alternative to the ex post facto experiment, *Journal of Educational Psychology* 51(6): 309-317.

トムキ，S　2021　『ビジネス実験の驚くべき威力』日経 BP マーケティング.

トムキンズ，C　2003　『マルセル・デュシャン』みすず書房.

Trochim, W　1998　Donald T. Campbell and research design, *American Journal of Evaluation* 19(3): 407-409.

土屋健治　1979a　「インドネシア政治思想研究序説―クビジャクサナアン概念の成立とその構造　1」『アジア経済』20(5): 2-22.

土屋健治　1979b　「インドネシア政治思想研究序説―クビジャクサナアン概念の成

立とその構造　2」『アジア経済』20(6): 27–42.
常田佐久　2016 「X 線天文衛星 ASTRO-H の喪失をこえて」『ISAS ニュース』424.
津富宏　2003 「系統的レビューに基づく社会政策を目指して―キャンベル共同計画の取組み」『日本評価研究』3(2): 23–39.
津谷喜一郎他　1999 『コクラン共同計画とは何か』ライフサイエンス出版.

U
宇宙航空研究開発機構　2016 『X 線天文衛星 ASTRO-H「ひとみ」異常事象調査報告書』(https://www.mext.go.jp/b_menu/shingi/gijyutu/gijyutu2/084/shiryo/__icsFiles/afieldfile/2016/06/01/1371443_1.pdf　2020 年 1 月 15 日閲覧).
上田篤　1984 『都市の実験』文藝春秋.
植木豊　2010 『プラグマティズムとデモクラシー―デューイ的公衆と「知性の社会的使用」』ハーベスト社.
魚津郁夫（編）　1978 『デューイ』平凡社.
内城喜貴　2022 「国内初コロナ飲み薬、「緊急承認」見送り 塩野義製薬，第 7 波で期待の一方慎重論多く継続審議に」(https://scienceportal.jst.go.jp/explore/review/20220722_e01/　2022 年 11 月 8 日閲覧).

W
ワインバーグ，R　1993 『がん研究レース―発がんの謎を解く』岩波書店.
ウェーバー，M　1987 『マックス・ウェーバー』みすず書房.

V
van den Belt, H & Rip, A　1987　The Nelson-Winter-Dosi model and synthetic dye chemistry, in Bijker. W et al (eds): 135–158.
Varela, F　2001　Interview, in Obrist, H & Vanderlinden, B (eds): 61–77.
Vaughan, D　1996　*The Challenger Launch Decision: Risky Technology, Culture, and Deviance at NASA*, University of Chicago Press.
Vermeulen, N　2010　*Supersizing Science: On Building Large-Scale Research Projects in Biology*. Universal-Publishers.
ヴィゴツキー，L 他　1989 『ごっこ遊びの世界―虚構場面の創造と乳幼児の発達』法政出版.
フォン・ヒッペル，E　2006 『民主化するイノベーションの時代―メーカー主導からの脱皮』ファーストプレス.

W
和田誠 (2002)「自分にとっての 60 年代」「草月アートセンター記録」刊行委員会(編): 135–139.

若林幹夫　2003　『未来都市は今―「都市」という実験』廣済堂出版.
渡辺靖　2015　『アメリカのジレンマ―実験国家はどこへゆくのか』日本放送出版協会.
渡辺裕　2012　『聴衆の誕生―ポスト・モダン時代の音楽文化』中央公論新社.
ウェーバー，M　1998　『プロテスタンティズムの倫理と資本主義の精神』未來社.
ウェイド，N　1992　『ノーベル賞の決闘』岩波書店.
ヴェクスラー，J（編）　1997　『科学にとって美とは何か―形・モデル・構造』白揚社.
White Cube (ed)　2021　*Companion: An Anthology of Writings, In-conversations and Visual Essays*, White Cube.
ホワイトヘッド，A　1979　『過程と実在』松籟社.
ホワイトヘッド，A　1982　『観念の冒険』松籟社.
Wilkie, A & Michael, M　2009　Expectation and mobilisation: Enacting future users, *Science, Technology, & Human Values* 34(4): 502-522.
Wilkie, A. et al (eds)　(2017)　*Speculative Research: The Lure of Possible Futures*, Routledge.

Y
矢作弘　1995　『ロサンゼルス―多民族社会の実験都市』中央公論社.
山田寛　2004　『ポル・ポト「革命」史―虐殺と破壊の四年間』講談社.
山本雄二郎（編）　1997　『「交通」の社会実験と市民参加―そのプロセスと効果』地域科学研究会.
山中俊治　2011　『デザインの骨格』日経 BP.
山岡望　1951　『化學史談』内田老鶴圃新社.
山岡望　1952　『ギーセンの化學教室』内田老鶴圃新社.
山崎エリナ　2019　『インフラメンテナンス―日本列島 365 日，道路はこうして守られている』グッドブックス.
山崎一真（編）　1999　『社会実験市民協働のまちづくり手法』東洋経済新報社.
矢野拓洋　2021　「まちのプレーヤーをつくる」泉山他編: 194-201.
Yarrow, T　2016　Experimental afterlives: Making and unmaking developmental laboratories in Ghana, in Evans, J et al (eds): 205-217.
安田信之助（編）　2015　『日本経済の再生と国家戦略特区』創成社.
吉村正和　2012　『図説錬金術』河出書房新社.

Z
ゾラ，E　1970　「実験小説論」『新潮世界文学 21 ゾラ』新潮社.
ゾラ，E　2004　『獣人―愛と殺人の鉄道物語』藤原書店.
ゾラ，E　2005　『パスカル博士』論創社.

写真一覧

第 1 章

図 1　ソーク研究所（ギユマン・ラボ）――ウィキペディアより（https://en.wikipedia.org/wiki/Salk_Institute_for_Biological_Studies）.

図 2　研究室の様子――福島撮影.

図 3　化学ラボの原形―― Morris（2015: 25, fig. 6）.

図 4　カリ球――Liebig, Instructions for the Chemical Analysis of Organic Bodies, 1839: pp. 10-11，梶（2009: 図 3）より転載.

図 5　リービッヒ・ラボ―― Morris（2015: 96, fig. 47）

図 6　理研 NMR 群――理化学研究所 NMR 基盤ウェブサイトより転載（https://www.ynmr.riken.jp/）.

図 7　超小型衛星――船瀬龍（2019）超小型衛星が切り拓く宇宙開発のフロンティア,『ウェブ航空と文化』114（同誌書籍版 2017 年新春号からの転載）. 日本航空協会ウェブサイト（https://www.aero.or.jp/web-koku-to-bunka/2019-10/2019-10.htm）.

図 8　自然実験の場――西之島：読売新聞オンライン「西之島，噴火から 10 年　今も活発な活動続く…「自然の実験場」としても注目」2023 年 11 月 18 日（https://www.yomiuri.co.jp/science/20231117-OYT8T50053/）.

第 2 章

図 9　鎌倉市交通実験――高橋・久保田（2004: i）.

図 10　パークレット――John Bela（2015）“Hacking public space with the designers who invented park(ing) day,” nextcity.org より転載（credit: Rebar）, https://nextcity.org/urbanist-news/hacking-public-space-designers-parking-day

図 11　テクノロジー移行図式――Schot & Geels（2008: 546, fig 5）.

第 3 章

図 12　草月ホールでのケージ――草月アートセンターの記録刊行委員会（2002: 49）.

図 13　『三つの停止原理』――3 stoppages étalon（3 Standard Stoppages）, ©Succession Marcel Duchamp/ADAGP, Paris and DACS, London 2024. テート美術館のウェブサイトより転載（https://www.tate.org.uk/art/artworks/duchamp-3-stoppages-etalon-3-standard-stoppages-t07507）.

図 14　インスタレーション例――Rickli（2013: 34, fig. 9）.